MICHAEL POLLITT

镜鉴

REFORMING
THE CHINESE ELECTRICITY SUPPLY
SECTOR

中国电力行业改革
与全球经验

LESSONS FROM GLOBAL EXPERIENCE

〔英〕迈克尔·波利特 著

冯永晟 张弛 等 译

社会科学文献出版社
SOCIAL SCIENCES ACADEMIC PRESS (CHINA)

Translation from the English language edition: Reforming the Chinese Electricity Supply Sector by Michael Pollitt Copyright © under exclusive license to Springer Nature Switzerland AG 2020. All Rights Reserved.

谨以此书献给曾在英国驻华大使馆工作的骆晓蓂先生，是他激发了我对中国电力市场改革的研究兴趣。如果没有晓蓂的热情、精力和魅力，也就不会有本书的问世。

前　言

中国电力行业的规模居世界之最，占全球电力供应的25%和全球温室气体排放量的约9%（截至2016年）。中国的电力公司，像国家电网和南方电网，都在世界最大公司之列。20世纪90年代，包括英国在内的许多其他国家都放松了电力系统管制，建立起竞争性的电力批发和零售市场，以及单独接受激励性监管的电网。与市场化改革之前相比，电力系统可谓今非昔比。中国的电力行业改革虽然进展缓慢，但已经启动了雄心勃勃的新一轮电改，旨在引入竞争性电力批发市场，并对电网实施激励性监管。2015年3月，中共中央、国务院发布了《关于进一步深化电力体制改革的若干意见》，即电改"9号文"，着力为中国工业用户提供更低的电价。本书将努力为中国电改提供来自国际经验的借鉴，细致介绍了世界各国的改革经验，分析了在中国背景下的具体应用，并特别关注市场化的电力系统到底如何决定工业电价。本书在一项为期三年的研究项目的成果基础上修改完善而成，这一研究受益于中英两国电力市场专业人士的交流互动，并得到了英国驻华大使馆的帮助。

迈克尔·波利特

英国剑桥

致 谢

因为这本书，我要衷心感谢许多人。

自2015年10月习近平主席访问伦敦期间我应邀参加中英能源对话以来，英国驻华大使馆一直在鼎力支持我的研究项目。从那时起，英国驻华大使馆与英国驻广州和上海领事馆一起先后接待了我八次，并将我引荐给中国电力行业不同领域的许多人士。我要特别感谢的是时任英国驻华大使馆新能源和能源改革主管的骆晓夐先生，并谨将此书献给他。正是晓夐启发了我，促使我能够在四年时间（而且还在继续）中专注于中国电力市场化改革的研究。就当我和晓夐在北京乘坐使馆的车奔波于不同会议之时，我曾不由自主地感受到了巨大的挑战（或许是天大的挑战？）——一定要认真对待中国电力市场化改革！我非常钦佩英国驻华大使馆尽心尽力的工作人员，并感谢许多官员为我的中国之行提供了如此愉快和富有成效的体验。英国驻华大使馆还慷慨资助了本书第二、第三和第四章的论文版本的中文翻译工作，并于2017年5月与剑桥大学共同主办了围绕本书第二章内容的学术会议。

我在此还要衷心感谢各个章节的合著者：杨宗翰、陈浩和路易斯·戴尔（Lewis Dale）。宗翰和陈浩帮助我查阅了许多关于电力市场化改革的中文论文，为我提供了许多中国学者看待改革的观点，并为第二、第三章的写作提供了大力支持。宗翰是我第一次广东之行令人非常愉快的同伴。在剑桥，他们俩都是能源政策研究小组（EPRG）的骨干。路易斯·戴尔一开始就支持本项目，并两次前往中国，为我提供了关于英国电改的第一手资料；他还回答了我们在研究过程中得到的来自中国电力行业人士的关于电力市场化改革的许多问题，并且一直乐于与来自中国电力行业的访问者交流会面。他是第四章的合著者。

此外，我还要感谢过去五年来与我当面讨论电力市场化改革的众多中国电力行业的从业者。这个主题非常宏大，没有他们，我就无法了解中国的问题出在哪里。感谢与我在北京、广东、云南、福建、浙江和江苏会谈的所有相关人员，感谢他们慷慨地花费时间回答我的问题、解释他们的观点。感谢中国社会科学院的冯永晟研究员。冯永晟研究员协助了第二、第三和第四章的学术论文版本在中国社会科学院期刊《财经智库》的发表，提供了许多睿智的编辑意见，并在出版过程中给予了很大支持。我还要感谢 Rachel Chen、解百臣、徐骏和 Geoffroy Dolphin 为本书初稿校订提供的帮助。

最后，感谢剑桥大学为我提供的所有支持。本书是 Energy@ Cambridge（现已成为 Energy Transitions@ Cambridge）的"寻找'好的'能源政策"重大挑战应对项目的成果。特别感谢 EPRG 的 David Newbery 教授、Energy@ Cambridge 的 Isabelle de Wouters 博士和 Shafiq Ahmed 博士给予本项目的支持。也很感谢能获得来自 ESRC 全球挑战研究基金（支持了第二章的研究）、ESRC 影响力加速奖（支持了第三章的研究）和贾吉商学院影响力基金（支持了第四章的研究）的资助。最后，我要感激我的家人 Yvonne、Daisy 和 Sammy，感谢他们对我中国之旅的所有支持和包容。

本书贡献者简介

迈克尔·G. 波利特（Michael G. Pollitt），剑桥大学贾吉商学院商业经济学教授，能源政策研究中心（EPRG）副主任，欧洲监管中心（CERRE）联合学术主任，国际能源经济学会（IAEE）副主席，欧洲领先能源经济学家之一，就全球电力改革及其影响等问题出版了大量著作。

陈浩，北京理工大学能源经济学博士，能源经济学家，现为中国人民大学能源经济学副教授。

路易斯·戴尔（Lewis Dale），电力系统工程师，拥有 40 多年从业经验，亲身参与英国电力行业改革，并在英国国家电网公司担任过多个工程和商业管理职位，包括输电系统规划、定价和监管三方面。

杨宗翰，剑桥大学国际环境法硕士、博士，台湾清华大学环境与文化资源系助理教授，剑桥大学环境、能源与自然资源治理中心（C‐EENRG）研究员。

联系方式：

迈克尔·G. 波利特：m. pollitt@ jbs. cam. ac. uk

陈浩：chenhao9133@ 126. com

路易斯·戴尔：Lewis. Dale@ nationalgrid. com

杨宗翰：chung‐han. yang@ oxfordenergy. com

序　言

在中国电力体制改革20年之际，剑桥大学贾吉商学院商业经济学教授迈克尔·波利特的这本书无疑给中国进行深入持续的改革带来了及时的新启发。中国经历了2002年的第一轮电改，实施了厂网分开的政策（《电力体制改革方案》），随后是2015年的第二轮电改，推动了中长期电力市场和现货市场的建设（《关于进一步深化电力体制改革的若干意见》）。同时，低碳转型带来大规模的新能源接入，导致常规电源不仅需跟随负荷变化来调整出力，还需平衡新能源的出力波动。这进一步凸显了电力市场改革势在必行。尽管政府、监管部门、改革的先驱对市场改革的整体框架达成了共识，但要实现新能源消纳能力的提高、系统运行效率的优化，以及能源资源在大范围内的优化配置，对相应的具体的市场交易和经济调度机制仍需要继续深入探索，找出一条适合中国国情的改革途径。

波利特教授的研究在国际上产生了巨大的影响。他通过严谨的实证分析来全面而综合地分析能源市场，特别是对市场的各个主体的社会经济和环境影响的分析，进而提出有建设性的具体建议，对英国和欧洲能源市场的设计和监管做出了重大贡献。本书也不例外，波利特教授系统地介绍了电力体制改革的14个关键环节，并通过对改革的几个试点的实际考察和与市场决策者和市场主体的深入探讨，给中国电力市场改革提出了一系列基于中国国情的深层次问题。比如，电力改革的初期是否需要各个环节全面展开竞争以释放电改红利？是否有比当前更好的改革路线？中国将如何实现电力体制改革，以满足负荷增长和去碳化并行？最后，通过对中国电力行业和改革现状的深入了解和分析，并结合国际经验，波利特教授分别从政策制定者、监管部门、发电企业、电网公司和售电商各个角度为相关方指出了电改的要点和国际成功案例经验。

波利特教授的研究一向颇具国际视角。鉴于中国电力行业的规模和对全球气候变化的影响（中国温室气体排放量约占全球9%），他对中国的电力市场改革有特殊的兴趣，尤其关注中国电力行业的高速发展和各省之间能源配置的巨大差异给电力市场改革带来的巨大挑战。从2015年起，波利特教授协助英国驻华大使馆开展中英部长级能源对话，并通过实地考察中国电力市场改革的试点省份，持续不断地向来自中国中央政府和各个省市的调研团提供英国电力市场发展的经验和教训。在他的支持下，从2019年开始英国驻华大使馆协同巴斯大学和剑桥大学成功地为中国国家能源局举办了每年一度的中英电力市场培训，系统性地为国家能源局相关业务司局和各大能源企业介绍英国电力市场30年发展中的经验，并和相关官员及从业者进行了深入交流。他希望通过这些对话和实证研究提出具体可行的建议，来帮助中国电力行业提高效率、降低用电成本，加速中国低碳转型，从而为减少全球温室气体排放做出贡献。正如英国驻华大使馆公使衔参赞孟姗兰女士（Shannan Murphy）所说："波利特教授在中国有着巨大的影响力。有中国政府智库的专家曾对我表示，他们在评估试点省份电改进程时经常参考波利特教授的相关著述。"毫不夸张地说，波利特教授是最了解中国电改的外国专家。

波利特教授肯定了中国电力体制改革自2015年以来取得的巨大成就。同时，他也清楚了解电力体制改革的艰巨性和复杂性，认识到一步到位是不可能的，在发达国家中也只有英国和挪威在此方面取得了较为全面的成功。但波利特教授对中国电改充满信心。中国电力行业的发展速度令他惊叹。仅仅 40 年前，中国的总发电能力只有大约 57 千兆瓦。如今，中国已跃升为世界上最大的电力生产国和消费国，为 14 亿多人口提供稳定的电力供应，总装机容量达到 1900 千兆瓦（其中 934 千兆瓦为可再生能源发电容量），年电力消耗量为 7510 太瓦时（TWh）。预计到 2030 年，中国的电力消耗量将再次上升至 11800 太瓦时（TWh），到 2060 年将达到 15700 太瓦时（TWh），以满足经济的持续增长和低碳转型的需求。自从本书英文原版出版以来，中国的电力现货市场运作已经从临时试点发展到了在 10 个省份的常规运转。我相信波利特教授会继续深度关注中国电力市场改革的进程，并希望通过本书让更多的改革先行者能了解改革的目的，为电力现货市场的继续完善、与中长期和辅助市场的衔接等关键环节提供具体可行的建议，推动电改的持续深入发展。

李芙蓉

2023 年 8 月 7 日于英国巴斯

译者序

与波利特教授初识是在2017年初中国人民大学的一次研讨会上，不过在那之前，我已经阅读过他不少研究成果。在那次会议上，他对中国电力市场改革的极大热情和研究视角给我留下了很深的印象，之后我们的联系便多了起来。大概2019年下半年，我与一位同事去剑桥拜访了他，在有限的见面时间里，他还不忘拿出正在做的研究与我讨论，后来这一成果也在国内发表了；见面后，他还为我重新调整了到英格兰和苏格兰主要能源研究机构和高校的路线，让此次英国之旅十分充实。

正如在其自序里所言，研究中国电力市场改革可能是一个"天大的挑战"，其实，对国内学者而言又何尝不是如此。中国电改既是中国经济体制改革的一个缩影，也具有其自身的特点。实际上，自改革开放以来，电力体制改革承担了很大比重的经济体制改革的探索任务，特别是在政企分开和国企改革领域，可以说，没有电力体制改革的成就，整个经济体制改革的成就至少是不完整的；而且就改革探索的制度创新而言，改革开放之初电力领域"集资办电"的重要性，可能并不亚于农业领域的"包产到户"。但是，电力市场改革的挑战在于其不同于农业和其他行业，市场形成具有自发性和自主性，也就是说，政府直接干预的退出自然而然地伴随着市场力量的进入，因而电力市场是需要设计的。在本世纪初，针对如何构建中国电力市场的问题，中国学者也在努力向国外同仁学习，基于当时已在主要发达国家取得成功的电力市场建设经验，国外学者主要给出了教科书式的建议。当然，我们也确实做了尝试，但市场建设结果远不及预期。尽管如此，中国电力行业仍然实现了跨越式发展，背后的原因和逻辑我已在以往研究中给出了解释，这里不再赘述，而只想说，无论如何，时至今日，电改挑战的难度从未降低，只是表现上有所差异。

同时，电改的挑战又恰恰是研究者的兴趣和责任感所在。除国内经济学家外，自本世纪初中国电改以来，国际上就不乏顶级经济学家关注中国电力市场改革，比如法国已故经济学家拉丰、英国经济学家纽伯利等。在2015年"9号文"电改启动后，国外对中国电改的关注度又空前高涨，一定程度上也反映出中国在全球经济和治理中的重要性，特别是在推进能源转型和应对气候变化等方面。因此，如何看待和理解中国的电力市场改革，已经不再是一个单纯的国内问题，而具有全球意义。某种意义上，中国电改的成功与否，在很大程度上会影响全球的能源转型和应对气候变化进程。

波利特教授是世界范围内研究电力市场改革的顶级专家之一。与电力市场改革紧密相关的议题，他都有所涉猎。在研究中国之前，他已经研究过许多英国之外国家的电力市场改革，因此，他对中国的研究便很容易被置于一个更广泛的国际比较框架之中，既包括对共性国际经验的广泛参照借鉴，也包括国别经验的深入对比。这一点，恰恰是国内学者十分欠缺的，特别是对中国的经济学家而言，更是如此。同时，他对电力市场的深入了解也有助于他对中国一些具体的改革实践做出细致的观察，从而能够提出一些不同于国内视角的见解。我想这些都是值得我们认真学习的。

得益于全书清晰的分析框架，中国读者应该会很容易地跟随波利特教授的国际视野来看待中国的电力改革，相应地，很可能会得到不少有益的启示。同时，波利特教授并没有武断地将其研究当作开给中国电改的权威药方,而是从一个学者的视角提出相关建议,其中的很多建议与中国电改的趋势非常吻合,比如提高监管能力、及时总结改革经验、分阶段稳步推进跨省区交易、推动用户全面进入市场等,不少已经在中国电改政策中有所体现;同时针对一些共性问题和特殊问题,他也留出了继续思辨和探讨的空间,而针对这些问题的回答,或许还有赖于中国改革探索的实践贡献。当然,对于更加熟悉国内禀赋、技术和制度条件的中国读者而言,如果能将中国实际与国际视野结合起来,那么我想本书的价值将会更大。

最后,我要向参与本书翻译、校对和出版的各位工作人员表达我的谢意。本书的译者除我之外,还有英国巴斯大学李芙蓉教授已经毕业的学生张驰,以及我的两位在读学生孙哲和杨添;其他两位学生史玙新和邓小泽对本书进行了认真校对;李芙蓉教授专门为本书作序;同时,社会科学文献出版社的恽薇老师对本书出版给予了巨大支持,武广汉老师为本书审校做了耐心细致的工作。没有大家的敬业付出,本书不可能顺利出版,在此,我对他们表示诚挚的感谢。当然,书中如有纰漏,那么主要责任在我。

是为序。

冯永晟

2023 年 8 月 8 日于中国北京

目 录
CONTENTS

第一章 中国电力系统及其改革概述 / 1

    第一节 研究背景 / 1

    第二节 本书结构 / 2

    第三节 2015年中国发电行业的规模 / 3

    第四节 中国电力行业的格局 / 8

    第五节 回顾中国电力体制改革 / 10

    第六节 2015年电改的驱动因素 / 14

    参考文献 / 16

第二章 国际电力行业改革经验对中国的启示 / 19

    引 言 / 19

    第一节 市场重组和所有权变更 / 22

    第二节 二级市场支持性安排 / 37

    第三节 适当的经济监管 / 46

    第四节 有效推广低碳排放技术 / 58

    第五节 所有好的电力市场化改革乃至所有的重大经济改革都应包括适当的过渡机制 / 68

    结 论 / 71

附　表　/ 77

参考文献　/ 79

第三章　中国电力市场化改革：来自广东的经验　/ 90

引　言　/ 90

第一节　改革的背景　/ 92

第二节　电力市场如何运转　/ 97

第三节　新参与者　/ 102

第四节　对运营和调度的影响　/ 108

第五节　改进的关键点　/ 111

附录　改变边际出价如何改变2016年电力市场拍卖设计中的拍卖结果　/ 121

参考文献　/ 124

第四章　改革后的电力市场中工业电价是如何确定的：来自英国的经验对中国的启示　/ 131

引　言　/ 131

第一节　英国的工业电价是如何确定的　/ 132

第二节　英国电力系统中的关键角色　/ 133

第三节　批发价格　/ 138

第四节　零售利润　/ 145

第五节　受监管电网费用的确定　/ 148

第六节　输电费用　/ 156

第七节　系统平衡费　/ 163

第八节　配电费用　/ 173

第九节　环境税与税收　/ 175

第十节　英国电价形成机制对中国的启示　/ 178

参考文献 ／181

有关英国电力改革的其他有用资源 ／186

第五章 展望中国电力行业改革 ／187

第一节 第一章至第四章总结 ／187

第二节 中国电力行业改革最新进展 ／188

第三节 对下一步电改工作的建议 ／195

第四节 中国电力行业改革面临的挑战 ／199

第五节 中国电力行业利益相关方视角下的电改要点 ／204

参考文献 ／207

第一章 中国电力系统及其改革概述

第一节 研究背景

本章开篇首先阐述了中国电力系统的现状和始于 2015 年 3 月的新一轮电力体制改革的背景。《中共中央国务院关于进一步深化电力体制改革的若干意见》("9 号文")标志着电改的启动,这一轮改革旨在引入电力批发市场,开展以中长期合同和现货市场为基础的电力交易,同时制定有效的输配电价监管政策。此轮改革的主要目的是还原电力商品属性,在可竞争的发电、售电环节,形成由市场决定价格的机制,特别是实现工业用电大户的用电价格市场化。尽管目前中国的电力行业仍由大型国有企业主导,但随着电力市场改革的深入推进,市场机制这只"看不见的手"将在行业运行和发展中发挥越来越重要的作用,中国的电力行业将从计划体制走向市场体制。

为了更好地推动新一轮电改,本书着重介绍了可供中国电力体制改革借鉴的国际经验,包括竞争性电力批发市场的引入和输配电价监管政策的制定,并结合中国具体国情提出相应的改革建议。

中国的国情在全球确实是独一无二的。事实上,美国、欧洲国家、澳大利亚和一些南美洲国家在推行电力市场化改革初期,也遭到了很多以"电力系统独特性"为由提出的反对。然而，电力系统所依托的物理原理和电力市场化改革所依托的经济原理却是具有普适性的。当然，这也并不意味着电力改革有一成不变、百无一失的模板。尽管许多国家都尝试过电力市场化改革，但只有一部分取得了"成功"，而且在这些尝试过改革的地方，电力市场化改革仍然颇具争议性。如果改革的"成功"是指"在建设了具有竞争性的批发和零售市场的同时，还制定了有效的针对输配电价的监管政策"，那么只有英国（或许还有挪威）的电力市场化改革是"成功"的。

第二节　本书结构

本书共分五章。

第一章详细回顾中国发电行业的规模，着重介绍装机容量、碳排放、可再生能源的推广和能源需求这几方面；讨论中国电力行业的架构，追溯中国电力行业的发展历史，介绍2015年电改的背景。

第二章介绍基于国际电力改革经验的14条要点，讨论它们的重要性，述评相关国际改革经验，并结合中国国情指出这些要点在中国的落地方式，旨在解答如何降低中国较高的工业电价（背景是电改前的2014年）。我们发现了四个有望降低电价的途径：（1）引入对发电厂的经济调度；（2）实现输配电的合理化；（3）降低高投资率；（4）理清居民电价中存在的交叉补贴问题。与此同时，本章总结了国际电力改革的经验教训和未来中国电力市场化改革的研究要点。

第三章通过考察中国颇具经济代表性的广东省，更深入地讨论中国电力市场化改革的进程。中国电改主要通过建立省级试点电力批发市场来推进，本章结合其他国家电改经验，介绍广东试点建立电力批发市场情况，讨论广东试点市场的运行机制，并将该市场的设计与其他已取得成功的国际案例做对比，探讨广东的改革是否成功地吸引了新的市场参与者，分析改革对电力行业企业运营和投资决策的影响。最后，本章为中国政府深化电力体制改革提供了几点建议。

第四章通过总结过去四年里中国电改的各利益相关方关注的问题，并借鉴英国在打破电力行业垂直一体化的垄断控制方面的经验，阐明电力体制改革如何在实践中取得成功。本章首先讨论英国工业电价的几个构成要素。作为全面电改的案例，英国电力市场规模与中国的一个省份相当。在分析电价的各个构成要素之前，本章首先探讨英国电力市场中的主要参与者，随后剖析工业电价中由市场自由决定的部分、由网络监管机制决定的部分，以及由中央政府决定的部分。本章涉及多种参与决定电价的变量，包括批发价格、零售利润、输电费用、系统平衡费用、配电费用以及环境税费，依次讨论了市场、监管机构、政府在决定电价的过程中所起的作用，并提供了一些可供中国借鉴的经验，归纳了可供中国借鉴的电价形成机制。

第五章对第二章至第四章描绘的改革愿景进行总结，讨论改革的优先顺序并回顾改革所取得的最新进展；对参与改革的政策制定者、监管机构、发电商、零售商和电网公司分别进行讨论，总结国内外经验对未来改革发展的启示。

第三节 2015年中国发电行业的规模

在开始讨论中国电改应采取的措施之前，首先要肯定中国发电行业在公有制和政府领导下取得的成绩[1]。截至2013年，中国已全面实现电气化，输配电线路损耗率仅为5.8%。图1-1从装机容量和发电量这两

---

[1] 详见 Yu（2014）。

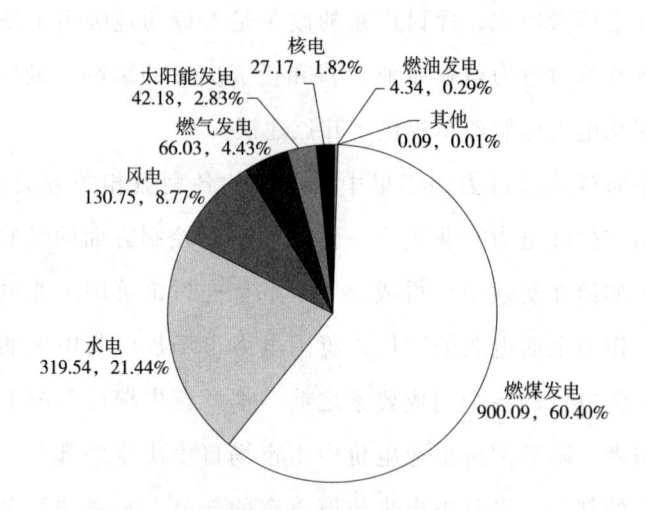

(a) 2015年中国各类型发电装机容量（GW）和占比

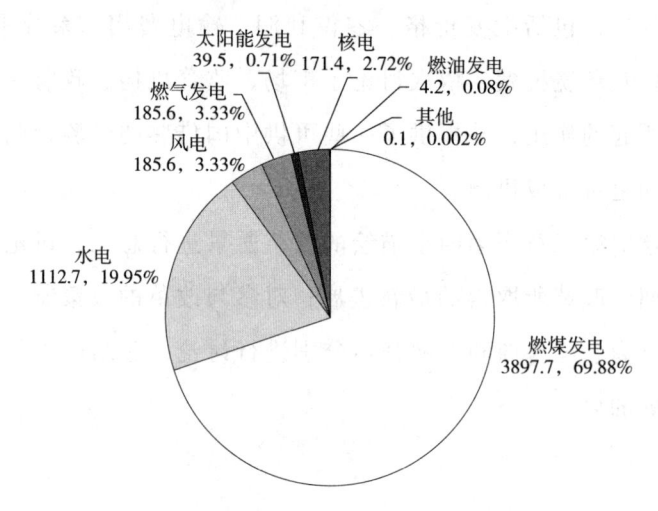

- 太阳能发电 42.18，2.83%
- 核电 27.17，1.82%
- 燃油发电 4.34，0.29%
- 其他 0.09，0.01%
- 燃气发电 66.03，4.43%
- 风电 130.75，8.77%
- 水电 319.54，21.44%
- 燃煤发电 900.09，60.40%

(b) 2015年中国各类型发电量（TWh）和占比

- 太阳能发电 39.5，0.71%
- 核电 171.4，2.72%
- 燃油发电 4.2，0.08%
- 燃气发电 185.6，3.33%
- 其他 0.1，0.002%
- 风电 185.6，3.33%
- 水电 1112.7，19.95%
- 燃煤发电 3897.7，69.88%

图1-1 中国电力行业的规模和结构

资料来源：国家统计局（2016）。

个角度展示了2015年中国电力行业的规模和结构。图1-2进一步表明了中国电力行业发展速度之快和规模之大。中国不仅实现了电气化程度与用电需求的同步增长，还实现了电力行业的经费自筹（与印度截然不同）。无论与哪个国家来比较，这都是令人赞叹的成就。同时，电力行业也提

（a）2008~2015年中国各类发电在建装机容量

（b）2010~2015年中国电力行业投资额

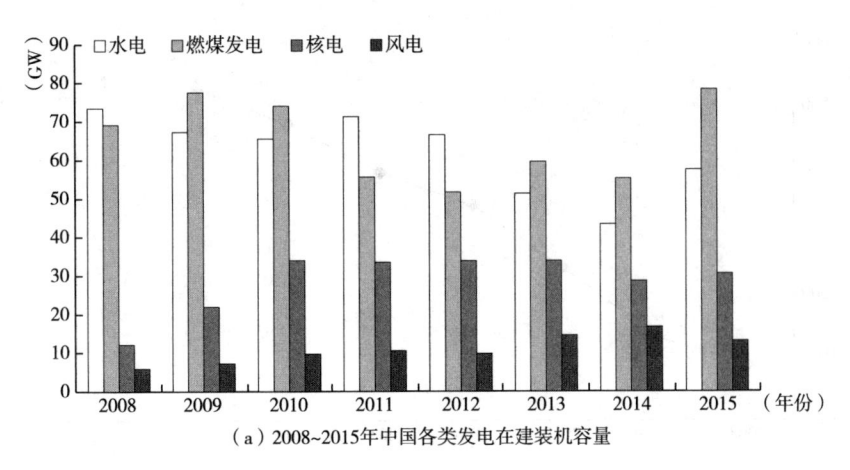

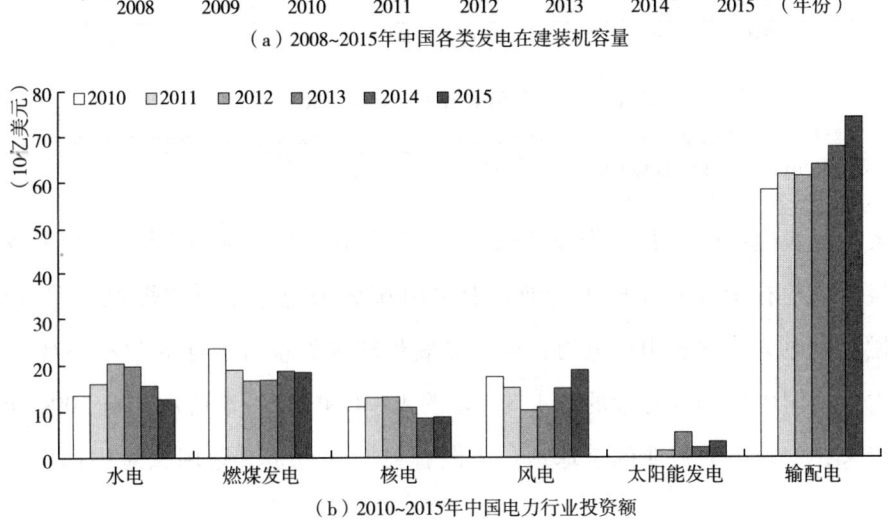

图 1-2　中国各类发电在建装机容量和电力行业投资额

资料来源：中国电力企业联合会（2015）。

供了大量就业机会，截至 2014 年，中国电力行业已有约 400 万名员工[1]。

然而，由图 1-3 可以看出，中国用电需求的增长（2008~2014 年的年均增速为 8.6%）似乎有放缓的趋势（2015 年为 1%）。如果这是用电需求的"新常态"，则对装机容量的投资也需要有所放缓。

中国在 2015 年是全世界发电量最大的国家（占全球总发电量的 24%），是第二大非水电可再生能源生产国（占全球产量的 17%）和最

---

[1] 详见中国电力企业联合会（2015a）。

图 1-3 中国用电需求（2008~2015 年）

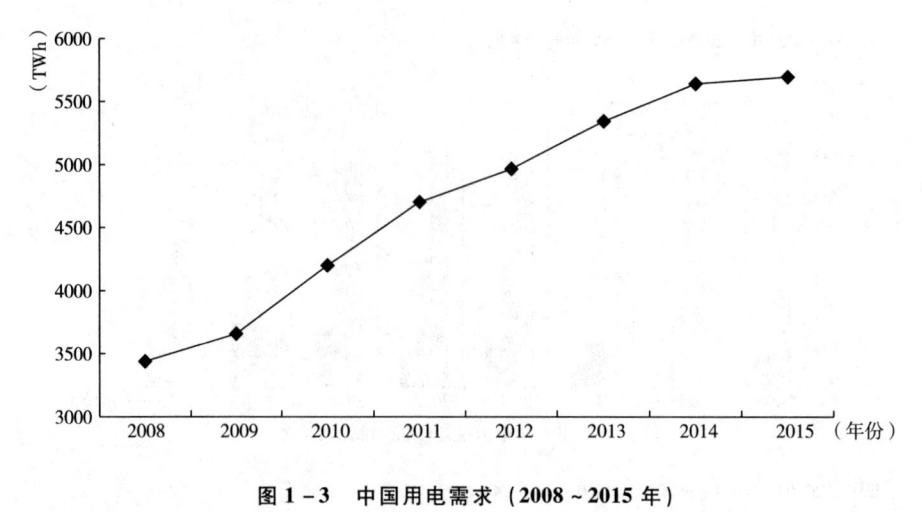

资料来源：中国电力企业联合会官网，http://www.cec.org.cn/guihuayutongji/tongjxinxi/niandushuju/2013-04-19/100589.html。

大的煤炭生产国（每年产煤 35 亿吨，占全球产量的 47%）[1]。中国的煤炭产量约有 45% 用于电力行业，而中国 65% 的电力来自燃煤发电。[2] 以燃煤发电为主体的中国电力行业，二氧化碳排放量占全球的 7%~9%[3]，占中国国内碳排放总量的约 1/3。如图 1-4 和图 1-5 所示，自 2004 年以来，中国电力行业的全球地位不断提升，这也是其他国家对中国电力

---

[1] 详见 International Energy Agency（2014）。

[2] 数据来自国家统计局《中国能源统计年鉴（2015）》。尽管中国煤炭储量处于较高水平，但正在逐渐枯竭。由于过去 30 年煤炭开采量的迅速增长，储采比仅为 35 年，远小于其他区域（北美为 250 年，俄罗斯为近 500 年，印度为 100 年）。另外，煤炭运输（从矿山到电厂）也对中国的铁路运输系统提出了挑战。煤炭运输在铁路运输总量中的占比从 2000 年的 41.4% 增长到 2011 年的 50.6%，而从矿山到电厂的平均距离从 1990 年的 548 公里增加到 2010 年的 642 公里，见 Xu（2017：30，32）。

[3] 据此可以得出很多推论。Alva 和 Li（2018）称中国燃煤电厂二氧化碳排放量占中国总排放量的 11.1%。根据国际能源署提供的总排放量，可以计算出 2016 年中国电力行业共排放了 35.87 亿吨二氧化碳。如果包含其他非二氧化碳碳排放，碳排放数字可能会更高。中国的电力和热力行业的二氧化碳排放量通常被汇总在一起定期发布。据国际能源署统计，2016 年中国电力和热力行业共排放二氧化碳 43.58 亿吨。假设 2016 年全球温室气体排放总量为 493 亿吨（Olivier et al.，2017），因此中国碳排放的上限是近 9%，这个百分比也被一些文献所引用，下限是约 7%。

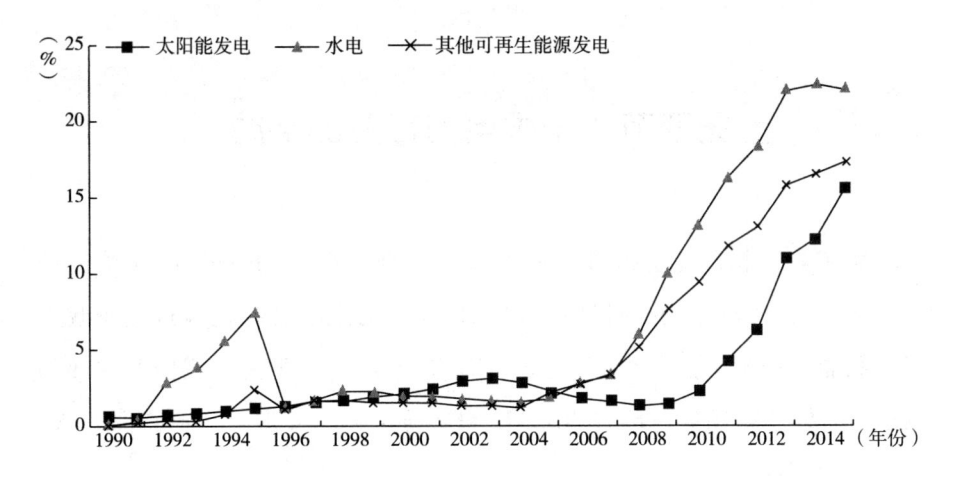

图 1-4 中国各类可再生能源发电量占全球比重（1990~2014 年）
资料来源：bp（2016）。

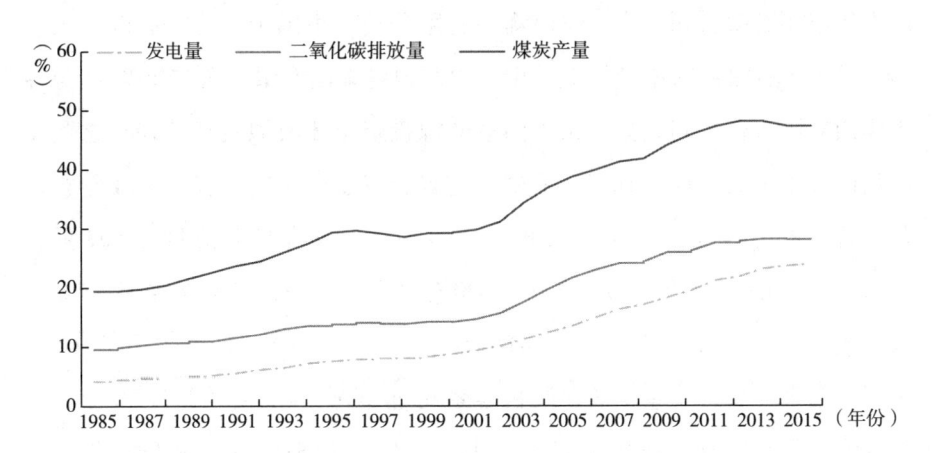

图 1-5 中国二氧化碳排放、煤炭产量和发电量占全球比重（1985~2015 年）
资料来源：bp（2019）。

行业及其改革产生浓厚兴趣的重要原因。

中国的电力市场化改革始于 1985 年，一直持续至今。2015 年 3 月，"9 号文"启动了新一轮的电力市场化改革。在"十三五"规划（2016~2020 年）的指导下，中国电力行业经历了从政府主导向市场主导的重大转变。本书着眼于此轮电力市场化改革，结合中国电力行业的实际情况，提供了一些可供借鉴的国际经验。

第四节　中国电力行业的格局

当前中国电力行业的格局很大程度上是 2002 年电力体制改革的结果。国家电力公司（在一段时期内取代原电力工业部，代为行使非政府管理职能）被拆分成了 11 个主体（Xu，2017）。大型发电集团与主要的输配电企业——国家电网（SGCC）和南方电网（CSG）——剥离开来，实现了"厂网分开"。

截至 2014 年，中国的五大发电集团分别是中国华能集团有限公司、中国大唐集团有限公司、中国华电集团有限公司、中国国电集团有限公司和国家电力投资集团有限公司。其中，中国国电集团有限公司在 2017 年与神华集团有限责任公司合并重组为国家能源投资集团有限责任公司。这些发电集团都由中央政府（通过国有资产监督管理委员会）所有，2014 年合计装机容量占比约为 45%（详见第二章）。五大发电集团均为世界 500 强企业，2018 年的营业收入为 280 亿～820 亿美元不等[1]，各家的装机容量与法国电力公司（EDF）相当（2014 年为 136.2GW）[2]。表 1-1 是 2014 年中国发电企业装机容量排名，装机容量超过 5GW 的发电企业有 20 家，除了五大发电集团外，还包含若干家大型省级（如浙江、广东和湖北）公司，以及核能和水力发电公司。另外，华润电力控股有限公司的母公司华润集团有限公司也是世界 500 强企业。上述提到的公司大多数为上市公司。

国家电网和南方电网负责其区域内的输配电和售电业务。两大电网公司按政府监管价格向所有用户供电。由此可见，中国电力行业的输配电和售电是垂直一体化的。国家电网公司作为世界第五大公司，2018 年

---

[1] 见 https://fortune.com/global500/2019/。
[2] 见 https://www.edf.fr/sites/default/files/contrib/groupe-edf/espaces-dedies/espace-finance-fr/informations-financieres/publications-financieres/rapport-annuels/EDF2014_Essentiels_vdef_va.pdf。

表1-1　2014年装机容量超过5GW的中国发电企业

公司	装机容量（GW）	公司	装机容量（GW）
中国华能集团有限公司	151.49	广东电力发展股份有限公司	26.95
中国国电集团有限公司	125.18	中国广核集团有限公司	21.28
中国华电集团有限公司	122.54	北京能源集团有限公司	17.32
中国大唐集团有限公司	120.48	中国核工业集团有限公司	9.19
国家电力投资集团有限公司	96.67	河北建设集团有限公司	8.77
神华集团有限公司	66.85	江苏国信集团有限公司	7.71
中国长江三峡集团有限公司	50.03	申能集团有限公司	6.76
华润电力控股有限公司	36.52	冀中能源集团有限公司	5.83
国投电力控股股份有限公司	32.05	深圳能源集团股份有限公司	5.83
浙江能源集团有限公司	27.27	安徽能源集团有限公司	5.55

资料来源：中国电力企业联合会（2015）。

营业收入为3870亿美元，并且正加速推进实现其全球能源互联网构想（Liu，2015）。南方电网也是世界500强企业，2018年的营业收入近810亿美元（略低于法国电力公司）。除了这两家公司以外，中国还有14家主要负责边远地区输配电的公司，其中有少数几家仍为输配电和售电垂直一体化的公司①。这14家公司中最大的是覆盖内蒙古西部的内蒙古电力（集团）有限责任公司，它也是一家输配电和售电垂直一体化的公司②。

国家电网和南方电网由中央政府所有（通过国资委），其他的公司则为地方国资，这有助于保证它们的独立性。

其他由政府所有的供应链公司从事发电厂的建设和维护业务，其中包括中国能源工程集团有限公司③和中国水利水电建设集团公司（电建国际）。然而，虽然电力企业大多数由各级政府履行出资人职责，但电

---

① 见 http://www.gcis.com.cn/china-insights-en/china-infographics-en/221-china-independent-grid-companies-and-their-geographical-coverage。

② 回顾详见 Xu（2017）。

③ 中国能源工程集团有限公司是世界500强企业。2019年，中国电力行业一共有9家公司跻身世界500强，包括2家电网公司、6家发电公司和1家供应链公司。

力行业中，各政府主体之间存在竞争关系（尤其是中央政府和省级政府之间），而且各公司之间存在交叉持股的情况，这意味着控制权并不完全掌握在中央政府手中。相较于促进行业发展，省属电力公司往往更关注回报率，但是从长远来看它们仍要受政策管控。

这些大型电力公司同时也是行业内的主要雇主，截至 2014 年，五大发电集团共计有员工 61.5 万人，南方电网有员工 30.3 万人，国家电网有员工 170 万人。[1]

另外，煤炭行业与电力行业关系密切。中国 60% 的煤炭用于发电[2]，煤炭企业中有 10 家跻身世界 500 强。这表明任何电力市场改革都会影响煤炭需求，并在煤炭行业产生一系列重要的连锁反应。2014 年，中国煤炭行业从业人数达 430 万人，电力市场化改革也势必会对煤炭行业庞大的从业人群产生影响。

第五节　回顾中国电力体制改革

如图 1-6 和表 1-2 所示，中国自 1985 年开始了漫长的电力体制改革进程。1985 年以前，中国发电环节没有任何私人部门参与。但 1985 年后，与其他发展中国家一样，中国面临着电力短缺的问题，公共部门和私人部门的投资者被允许进入发电行业，以帮助缓解电力短缺问题。后续最重要的一次改革是 2002 年对电力行业的重组[3]，将发电与输配电、售电拆分，实现厂网分开，这是向现代电力行业格局迈进最重要的结构调整。国家电网和南方电网（覆盖南部五省）应运而生。同时，与新格局相匹配的电力监管机构成立。中国向标准化的国际电力改革模式迈进，

---

[1] 见中国电力企业联合会（2015a）。
[2] 2017 年数字见 IEA（2019：22）。
[3] 2002 年 2 月，国务院正式批准《电力体制改革方案》（"5 号文"）。

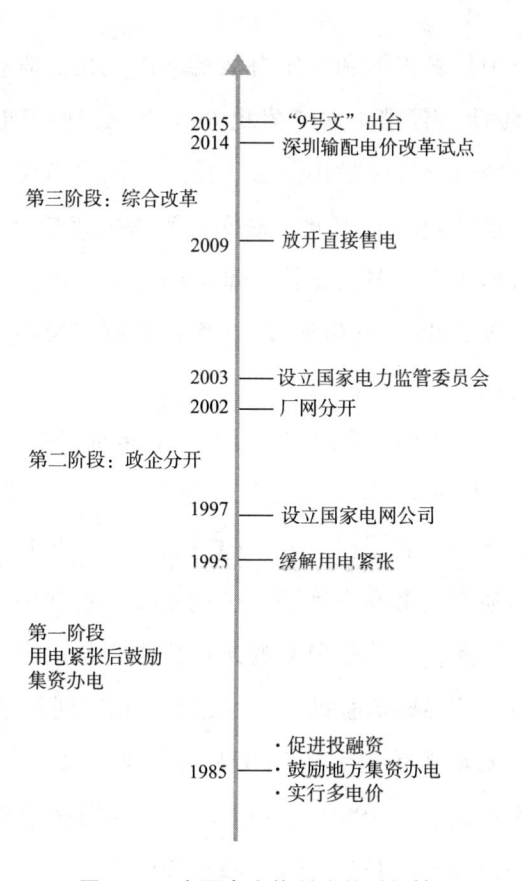

第一章 中国电力系统及其改革概述

```
2015 ─── "9号文"出台
2014 ─── 深圳输配电价改革试点

第三阶段：综合改革

2009 ─── 放开直接售电

2003 ─── 设立国家电力监管委员会
2002 ─── 厂网分开

第二阶段：政企分开

1997 ─── 设立国家电网公司
1995 ─── 缓解用电紧张

第一阶段
用电紧张后鼓励
集资办电

              · 促进投融资
1985 ─── · 鼓励地方集资办电
              · 实行多电价
```

图 1-6 中国电力体制改革时间轴

资料来源：An 等（2015：6）。

表 1-2 中国各轮电力体制改革主要情况

	1980~1984 年	1985~2001 年	2002 年至今
行业结构	垂直一体化	垂直一体化	厂网分开（2002）
所有权	绝大多数由中央政府所有	中央和省级政府所有，发电环节私人部门投资增加	中央和省级政府所有，私人部门投资占比降低
调度方式	基于总嵌入成本的经济调度	平均调度	平均调度；节能调度试点项目（2007）
批发定价机制	内部转移价格	基于财务周期的投资回收（1985）；基于运营周期的投资回收（2001）	标杆电价（2004）；煤电价格联动机制（2004）

资料来源：Kahri 等（2013：362）。

即建立竞争性电力批发市场和制定有效的输配电价监管政策。然而，这一进程在 2007 年前后停滞。对于发电企业来说，输配电价没有单独核定，受政府监管的电价继续沿用。对于用户来说，仍要向其所在区域的输配电垄断企业购买电力。因此，输配电和售电仍然处于 100% 垂直一体化的状态。目前仍有很多人支持大型电网公司，认为其能够有效应对重大自然灾害（如 2008 年汶川地震），而且具有与通用电气和西门子等垄断设备供应商抗衡的能力。①

值得一提的是，中国在 20 世纪 90 年代也同时开放了其他能源行业，如油气行业。Lin（2008）指出，油气行业的改革者早在 1993 年就认识到需要摆脱分散化的行业管理方式②；然而直到 90 年代后期，由于宏观经济失调和全球油气价格冲击削弱了国内主要利益相关方的影响力，改革才得以推进。因此，与其他国家的改革历程类似，中国电力体制改革在借鉴国内其他行业经验的基础上，经过了较长时间才得以推进。

另外，之前对能源价格、资源税和补贴的改革也为此轮电力市场化改革创造了前提条件。1985 年电改以来，市场在资源配置中的作用逐步凸显（Mou，2014；Lin & Ouyang，2014；Paltsev & Zhang，2015；Zhang，2014）。2013 年 11 月，中国继续深化电力体制改革，提出电力行业将为中国低碳经济转型和空气污染治理做出卓越贡献。

如表 1-2 所示，随着时间的推移，为适应批发燃料价格（尤其是煤炭价格）变化，对各个发电厂监管价格的核定变得越来越复杂。③ 然而，目前对发电厂的调度并不是按发电成本由低到高排序进行，而是按照平均分配的方式。这里的"平均分配"是指根据政府核定的发电机组年利用小时数对发电企业进行调度，同类型发电机组分配相同的年利用小时数，每天按照实现相同年利用小时数的标准进行调度。后面会再次讲到这个问题。

---

① 详见 Xu（2017：157，258，303）。
② 另见 Lin（2014）。
③ 详见 Wang 和 Chen（2012）。

在"9号文"的推动下,最新一轮电力市场化改革始于2015年3月(政策汇总见表1-3)。"9号文"特别针对工业用户推动建立具有竞争性的电力批发和零售市场,开展了一些试点项目。

表1-3 2015年3月发布的"9号文"的主要内容

重点任务	配套文件	改革进程
重点任务1 有序推进电价改革,理顺电价形成机制	《关于推进输配电价改革的实施意见》	中共中央、国务院在2015年3月发布《关于进一步深化电力体制改革的若干意见》("9号文")。中国此轮电力改革主要分两个阶段。在第一阶段(2015年3月~6月),国家发改委和其他相关政府部门发布了5个配套文件。在第二阶段(2015年11月开始),国家发改委和国家能源局又发布了5个配套文件。这些配套文件为落实"9号文"中设定的七大重点任务提供了切实的指导。"9号文"涵盖了电价、电力交易体系、批发侧设计、电网和政府监管等问题。中国电力辅助服务长期由并网的发电厂提供。"9号文"改变了这一状况,建立起分担共享新机制。这种"谁受益、谁承担"的机制完善了原先的补偿机制,鼓励用户通过与发电企业或电网企业签署合同参与辅助服务。配套文件《关于改善电力运行调节促进清洁能源多发满发的指导意见》同时推进了辅助服务和可再生能源消费。
重点任务2 推进电力交易体制改革,完善市场化交易机制	《关于完善跨省跨区电能交易价格形成机制有关问题的通知》	
	《关于推进电力市场建设的实施意见》	
重点任务3 推进发用电计划改革,更多发挥市场机制的作用	《关于完善电力应急机制做好电力需求侧管理城市综合试点工作的通知》	
	《关于有序放开发用电计划的实施意见》	
重点任务4 建立相对独立的电力交易机构,形成公平规范的市场交易平台	《关于电力交易机构组建和规范运行的实施意见》	
重点任务5 稳步推进售电侧改革	《关于推进售电侧改革的实施意见》	
重点任务6 开放电网公平接入	《关于改善电力运行调节促进清洁能源多发满发的指导意见》	
	《关于加强和规范燃煤自备电厂监督管理的指导意见》	
重点任务7 加强电力统筹规划和科学监管,提高电力安全可靠水平	《输配电定价成本监审办法(试行)》	

为了便于后续讨论，需要特别指明的是，"9号文"中提到的七项重点任务均与其他电力市场化改革的重点内容紧密相关。重点任务1涉及输配电价改革，可释放改革红利；重点任务2~5围绕推进电力市场建设，使发电、售电从自然垄断行业中充分分离，从而建立具有竞争性的批发市场；重点任务6聚焦于有效地分配有限的输电能力。有趣的是，"9号文"强调的是电力的"交易"，国际电改经验强调的是利用市场机制和竞争关系来分配有限的资源。"9号文"同时也强调"分离"，即在确保并网的平等性和有效实施监管激励约束政策的前提下，明确不同参与者的角色，特别是在竞争性活动和垄断性活动之间严格划清界限。此外，重点任务2、4、6特别强调了辅助服务以及建立并完善与之配套的采购机制的重要性。

第六节 2015年电改的驱动因素

2015年电改的驱动因素很明确。近些年美国电价的下降得益于页岩气的开采，大量廉价的天然气降低了美国的工业电价。相较而言，在中国，由于发电企业和终端用户的价格都是固定的，电价维持在较高水平。在2014年以前，中国的工业电价都显著高于美国。

表1-4展示了中国与美国电价与燃料投入价格的两个主要不同：中国居民电价低于美国居民电价，中国居民电价低于中国工业电价，中国燃料投入价格远高于美国。中国较高的工业电价并不能完全由边际燃料价格来解释（天然气是美国的主要发电燃料，而煤炭是中国的主要发电燃料）。2014年中美之间的边际燃料价格差异（中国煤炭价格减去美国天然气价格）仅能解释两国工业电价差异的63%，而余下37%的差异（约为2014年中国工业电价的12%）无法由燃料成本差价解释（虽然部分价格差异可由中国电力行业较高的增值税税率解释）。至于非燃料成

本，鉴于中国劳动力成本和单位资本成本更低，不难理解中国电价中包含的非燃料成本要低于美国。由于电改需兼顾经济发展和民生保障等多重需求，对居民电价进行改革、使其能够合理反映电力成本是十分困难的。以更高的工业电价补偿较低的居民电价这种交叉补贴的方式被认为是一种可行的解决办法，也是提高能源密集型企业效率的一种方法（Sun & Lin，2013；He & Reiner，2016；Zhang，2014）。

表 1-4　2014 年中美电价与燃料投入价格差异

	工业电价（美元/kWh）	用于发电的煤炭价格（美元/kWh）	用于发电的天然气价格（美元/kWh）	居民电价（美元/kWh）
美国	0.0710	0.0241	0.0159	0.1252
中国	0.1068	0.0384	0.0778	0.0908
中国 - 美国	0.0358	0.0143	0.0619	-0.0344

注：中国电价中包含增值税，详见 http：//cn.manganese.org/images/uploads/board-documents/8._2015_AC_-_Xizhou_Zhou-CN.pdf（第 20 页）；汇率：6.1428 元人民币 = 1 美元。

资料来源：中国数据来自中国国家能源局网站，美国数据来自美国能源信息署网站。

第二章将在借鉴国际经验的基础上，讨论什么样的改革可以消除中美电价之间无法解释的那部分差异，以使中国的工业电价实现上述 12% 甚至更多的下降。

参考文献

英文

Alva, H. A. C. , & Li, X. (2018). *Power sector reform in China: An international perspective*. Paris: IEA Publications.

An, B. , Lin, W. , Zhou, A. , & Zhou, W. (2015). China's market – oriented reforms in the energy and environmental sectors. Paper presented at the Pacific energy summit. http://nbr. org/downloads/pdfs/ETA/PES_ 2015_ workingpaper_ AnBo_ et_ al. pdf.

bp. (2016). *Statistical review of world energy* 2016, bp.

CEC (China Electricity Council). (2013). *Electricity industry statistics summary* 2012. Internal report, China Electricity Council.

He, X. , & Reiner, D. (2016). Electricity demand and basic needs: Empirical evidence from China's households. *Energy Policy*, 90, 212 – 221.

International Energy Agency (IEA). (2014). China PRC: Electricity and heat for 2014. https://www. iea. org/statistics/statisticssearch/report/? country = China&product = electricityandheat.

International Energy Agency(IEA). (2018). *CO2 emissions from fuel combustion:* 2018 edition. Paris: OECD.

International Energy Agency(IEA). (2019). *Coal information:* 2019 edition. Paris: OECD.

Kahri, F. , Williams, J. H. , & Hu, J. (2013). The political economy of electricity dispatch reform in China. *Energy Policy*, 53, 361 – 369.

Lin, K. C. (2008). Macroeconomic disequilibria and enterprise reform: Restructuring the Chinese oil and petrochemical industries in the 1990s. *The China Journal*, 60, 49 – 79.

Lin, K. C. (2014). Protecting the petroleum industry: Renewed government aid to fossil fuel producers. *Business and Politics*, 16(4), 549 – 578.

Lin, B. , & Ouyang, X. (2014). A revisit of fossil – fuel subsidies in China: Challenges and opportunities for energy price reform. *Energy Conversion and Management*, 82, 124 – 134.

Liu, Z. (2015). *Global energy interconnection*. San Diego: Elsevier.

Ma, T. (2016). China's 5 year plan for energy. The diplomat. http://thediplomat.com/2016/08/chinas – 5 – year – plan – for – energy/.

Mou, D. (2014). Understanding China's electricity market reform from the perspective of the coal – fired power disparity. *Energy Policy*, 74, 224 – 234.

National Development and Reform Commission PRC China(NDRC). (2016a). An overview of 13th five year plan. http://en.ndrc.gov.cn/policyrelease/201612/t20161207_829924.html.

National Development and Reform Commission PRC China(NDRC). (2016b). How China's 13th five year plan climate and energy targets accelerate its transition to clean energy. https://www.nrdc.org/experts/alvin – lin/how – chinas – 13th – five – year – plan – climate – and – energy – targets – accelerate – its.

Olivier, J. G. J., Schure, K. M., Peters, J. A. H. W. (2017). Trends in global CO2 and total greenhouse gas emissions. Summary of the 2017 report, The Hague: PBL Netherlands Environmental Assessment Agency.

Paltsev, S., Zhang, D. (2015). Natural gas pricing reform in China: Getting closer to a market system? *Energy Policy*, 86, 43 – 56.

Sun, C., Lin, B. (2013). Reforming residential electricity tariff in China: Block tariffs pricing approach. *Energy Policy*, 60, 741 – 752.

Wang, Q., Chen, X. (2012). China's electricity market – oriented reform: From an absolute to a relative monopoly. *Energy Policy*, 51, 143 – 148.

Xu, Y. C. (2017). *Sinews of power: Politics of the state grid corporation of China*. Corby: Oxford University Press.

Yu, H. (2014). The ascendency of state – owned enterprises in China: Development, controversy and problems. *Journal of Contemporary China*, 23(85), 161 – 182.

Zhang, Z. X. (2014). Energy prices, subsidies and resource tax reform in China. *Asia and the Pacific Policy Studies*, 1(3), 439 – 454.

中文

国家统计局. （2015）.《中国能源统计年鉴2015》. 中国统计出版社.

国家统计局.（2016）.《中国能源统计年鉴2016》.中国统计出版社.

中华人民共和国国务院.（2015）.《关于进一步深化电力体制改革的若干意见》.

中国能源网研究中心.（2016）.《中国电改试点进展政策研究与建议》.

中国电力企业联合会.（2015a）.《2015年年度电力统计》.http://www.cec.org.cn/.

中国电力企业联合会.（2015b）.《2015中国电力年鉴》.中国电力出版社.

第二章　国际电力行业改革经验对中国的启示

引　言

纵观全球电力行业改革,我们可以确定 14 项改革要素。我们从 Joskow(2008)[①]那里采纳了归纳出来的 11 项改革成功的关键要素,并补充了 3 项适合低碳转型的额外改革要素(Pollitt & Anaya,2016)[②],涉及目前得到补贴的低碳发电技术。我们将主要的改革内容分为四大领域:市场重组和所有权变更、二级市场支持性安排、适当的经济监管、有效推广低碳排放技术。对于这四个领域,Joskow 增加了适当的过渡机制,他认识到电力市场改革是复杂的,成功的转型不可能一蹴而就。我们围绕这四个领域组织后面关于中国案例的讨论。

根据 Joskow(2008)、Pollitt 和 Anaya(2016),在低碳排放背景下成功的电力市场化改革必须适当考虑以下因素。

市场重组和所有权变更

(1) 竞争要素(发电和零售)与自然垄断网络的垂直分离;

[①] 第 1~10 项、第 14 项来自 Joskow(2008)。
[②] 第 11~13 项来自 Pollitt 和 Anaya(2016)。

（2）将发电环节充分地横向重组，以创造具有竞争性的批发市场；

（3）建立广域独立系统运营商；

（4）垄断企业私有化。

二级市场支持性安排

（5）创建现货和辅助服务市场，以支持系统的实时平衡；

（6）需求方参与电力批发市场；

（7）受监管的第三方接入和有效分配稀缺输电能力。

适当的经济监管

（8）将受监管的网络费用和竞争性分段费用拆分；

（9）建立确保受监管的最终用户群体可以竞争性批发采购电力的机制；

（10）建立独立的监管机构来监管垄断网络收费和监控竞争性环节。

有效推广低碳排放技术

（11）低碳发电的竞争性采购流程，在一定程度上披露批发价格波动的影响；

（12）可再生能源的成本反映准入条款；

（13）对环境外部性（二氧化碳和其他大气污染物如二氧化硫的排放）进行适当定价；

（14）所有好的电力市场化改革乃至所有重大经济改革都应包括适当的过渡机制。

本章阐述欧洲国家（改革始于1990年的英国）以及其他电改国家（尤其是美国）的一般改革经验，并将这些经验用于分析中国的实际情况。欧盟立法主要包括三个电力指令（1996年、2003年和2009年），这些指令开放了欧盟电力市场，符合Joskow提出的改革成功模式（Jamasb & Pollitt, 2005; Pollitt, 2009）。这些措施引入了竞争性批发市场，规范了输配电网络第三方接入，使零售业务合法分离，为所有客户选择零售商，使输配电业务与行业其他部门分开，监管跨境贸易与设立独立监管机构。这个过程很缓慢，不同的欧洲国家推进改革的速度明显不同，但总体效果是显著的。

欧盟电力行业改革启动以来，低碳电力系统的建设也得到了大力推进，重点是提高可再生能源在电力系统中的份额，并引入电力部门的排放上限以及欧盟排放交易系统（EU ETS）[①]。中国目前也在经历可再生能源电力转型和低碳电力转型，可再生能源和核能发电显著增长（占比从2003年的17%增长到2018年的30%[②]），正在向全国碳市场迈进[③]。这对改革进程提出了新的挑战，包括如何将可再生能源成功整合到能源批发和辅助服务市场中、如何促进可再生能源适当地接入网络、如何建立适当的可再生能源融资机制，以及评估在大量可再生能源存在的情况下化石燃料发电厂的薪酬机制是否会受到影响。前面提到的改革要素11~13在全球范围内发展得不太好（得到的经验证据支持也较少）。先进的地方（如英国、德国、美国的加利福尼亚和纽约）目前正在尝试不同的机制来支持其低碳转型（Pollitt & Anaya，2016）。

本章旨在收集与前面确定的14项改革要素相关的信息，并根据我们与中国各相关方的讨论，讨论中国所做的与这些改革要素相关的事情。本章将评估改革的进展，以及介绍中国如何调整改革模式以适应其自身的特殊情况。虽然一个成功改革的总体思路可能很容易解释，但具体细节因地区而异。德国的电力改革与英国有很大的不同，加利福尼亚的电力改革也与纽约的不同。在下文中，我们的目标是从前面概述的改革模式中汲取对中国有用的特殊的经验教训。最重要的是，我们试图确定在中国这个世界上最重要的电力系统实现成功的电力改革需要克服哪些关键的制度问题。

---

① 见 Newbery（2016）和 Ellerman 等（2016）。
② 见 bp（2019），为水力、核能和其他可再生能源发电在总发电量中的占比。
③ 详见中华人民共和国国务院（2015）。

我们先依次讨论14项改革要素的理论意义、一般改革经验和在中国背景下的应用。

第一节 市场重组和所有权变更

一、垂直分离与横向重组

- 竞争要素（发电和零售）与自然垄断网络的垂直分离
- 将发电环节充分地横向重组，以创造具有竞争性的批发市场

（一）理论意义

电力行业由不同相关垂直细分行业组成，具有不同的成本和创新特征。这就产生了与细分市场相关的不同的最小公司有效规模。这些细分行业是电气设备、发电、输电、配电和零售。电气设备是一个受到全球竞争影响的竞争激烈的投资品部门。发电行业包括一个个广阔的区域市场，在这些市场中，公司（有些公司可能仅有一个发电厂）彼此竞争，以最低成本提供电力并进行投资，以满足未来的电力需求。输电行业在特定地区的特定资产集合的运营中具有自然垄断特征。配电行业是低压电网运营和投资方面的地方性自然垄断行业（通常地域性非常强）。电力零售是一项有竞争性的活动，涉及面向最终电力客户的电力合同、仪表计量合同和收费合同。单个零售公司可以在不同的地区经营，也可以专注于特定的地区。这些不同的活动可能具有截然不同的最低有效规模、风险状况，以及管理团队之间不同的主导逻辑。发电和零售需要大量的营销和贸易活动，而输电和配电由工程活动主导。发电和零售是高风险投资，而输配电是低风险投资。

电力行业不同垂直部门的特征差异有力地证明了垂直分离的必要性。

如果电网垄断部门仍然与竞争之中的发电或零售部门相结合，则有必要在非歧视性基础上对这些部门的接入进行定价，以便对具有相同电网接入要求的任何竞争性发电或零售公司收取相同的接入费用，避免扭曲它们之间的竞争。

除了规模过小的电力系统外，发电市场在所有电力系统中都具有潜在的竞争性。[①] 然而，这种竞争性取决于市场定价环节是否存在足够多的公司。因此，大量发电能力弱的发电厂无法在高峰时段影响市场价格。在只有少数公司具有峰值发电能力的情况下，大量的基础负荷发电厂不会约束高峰期的市场价格。如果只有少数几家公司拥有定价权，那么很可能发生串通。同理，如果一家公司有能力策略性地撤出产能，例如在没有足够产能（以剩余供应指数衡量）的情况下离开市场，那么一般该公司可以利用市场势力来提高价格。[②]

（二）一般改革经验

世界各地的改革经验都涉及重大的垂直分离。欧盟电力指令（1996年、2003年和2009年）明确提出建立竞争性的发电和零售市场，并在法律上完全摆脱垄断性的输配电网络。[③] 随着时间的推移，这种政策导致了输配电业务的投资下降和独立发电、零售公司的创建。零售市场逐步放开竞争，从大型工业用户用电开始，然后是所有非住宅用户用电，最后是住宅用户用电。

美国也有类似的改革过程，但没有私有化，因为大部分公司已经是私人企业。[④] 许多州要求既有综合公用事业公司大量出售发电资产，扩张区

---

① 参见 Besant–Jones（2006）关于2002年总装机容量为1.875 GW的危地马拉批发电力市场成功改革的讨论。
② 详见 Rahimi 和 Sheffrin（2003）、Sheffrin（2002）。
③ 详见 Jamasb 和 Pollitt（2007）、Pollitt（2008b）。
④ 详见 Joskow（2003）。

域发电市场，并逐步将零售竞争的范围从大型工业用户延伸到小型用户。

在没有大力推行垂直分离的情况下，有充分证据表明，在智利和德国等国电力行业中的竞争性领域[1]，存在垄断性电网公司对其竞争对手持续滥用市场势力的情况[2]。

引入竞争性电力批发市场、摆脱电力部门对发电环节的监管，在任何电力改革中都会带来重大风险。英国私有化改革后，批发市场的特点是90%的时间都是两家大公司在定价。[3]这导致两家公司之间默契串通，从而政府需要在批发市场进行初级价格监管并强制两家公司出售发电资产，以创建一个更具竞争性的市场。在2000~2001年电力危机爆发之前，美国加州电力市场的剩余供应指数也存在重大问题。[4]

经验表明，可以通过允许发电商与供应商签订长期合同来减少市场风险。长期合同比现货合同更具竞争性，因为长期合同可以在新进入者进入市场之前签订。正是由于不允许签订长期合同，加州的电力危机才会爆发。[5]短期市场势力带来的风险也可以通过"市场滥用监管"得到显著缓解，这种监管限制了发电商在短时间内从市场上战略性撤出以推高价格的能力。[6]

随着受补贴的且必须进行的可再生能源发电的兴起和电力需求增长的普遍放缓，在许多市场上，化石燃料发电商之间的串通问题变得不那么重要。

（三）在中国的应用

中国已采取意义重大且令人印象深刻的行动来垂直重构其电力行业。

---

[1] 详见 Pollitt (2005)。
[2] 详见 Bergman 等 (1998：158-162)。
[3] 详见 Newbery (2005)。
[4] 详见 Sweeney (2002)。
[5] 详见 Sweeney (2002)。
[6] 例如在英国，发电厂生产许可证条件中就有这样的限制。

其中最令人印象深刻的是2002年的重组,将1家国有公司变成了7家公司。[1] 这确实有效地将发电与输配电分开了。这次改革还创建了两家可以相互比较的输电公司。图2-1表明,规模较小的南方电网是一家比国家电网更高效的公司,这表明南方电网提供的价值可以促使整个行业的效率提高。改革还表明了"五个规模大致相同的公司是确保市场有效竞争的最低要求"这一一般竞争市场经验,切实激发了中国发电市场竞争性。[2] 然而,这些公司的规模仍然是在发电、零售等环节形成竞争性市场的阻碍。2014年,国家电网的资产规模比南方电网大4倍,比第一大发电商大3倍。国家电网拥有170万名员工,是全球员工人数最多的公司之一,占中国电力行业员工总数的40%(包括设备制造商)。[3]

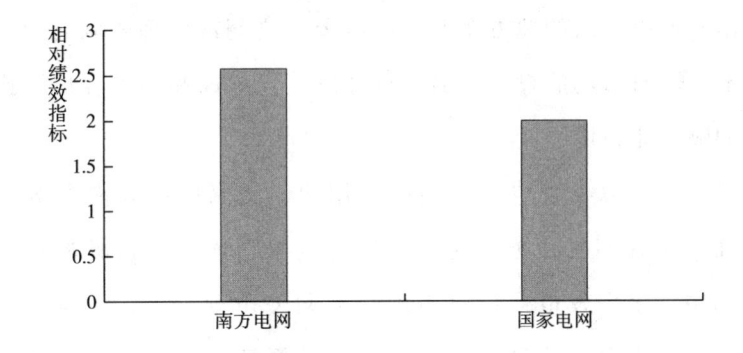

图2-1 2014年国家电网和南方电网的相对绩效指标

资料来源:国家电网(2015)和南方电网(2015)。

作为市场试点项目的一部分和对"9号文"的重点任务1的响应,最近中国已采取进一步措施,将两大电网公司内的电网业务与其他业务分开,以便将监管资产基础与相关电网成本、电力采购成本区分开,这对于确定用于接入网络的非歧视性第三方接入资费是必要的。

国家电网和南方电网对中国电力行业的供应链改革和电力市场化改

---

[1] 详见Cunningham(2015)。
[2] 详见Kahrl等(2016)、Kahrl等(2013)。
[3] 详见中国电力企业联合会(2015)。

革进程无疑产生了重大影响。这是因为它们继续在其庞大的服务领域内整合输配电和零售业务。它们也都是在行业内具有重要影响力的大型公司，能够影响竞争性领域的改革速度。2002年改革后，中国参考国际上的改革模式，计划在2007年前后进行进一步的改革，以完成最初的分离过程。然而，在2008年冬的电力短缺之后，电网公司认为垂直分离会使供应安全面临风险，因此改革中断。

其他国家的经验表明，电力部门组织机构不一定是输配电一体化的①，也没有证据表明输电、配电和零售的垂直分离会威胁供应安全。恰恰相反，有证据表明，任何国家如果将配电环节完全分拆（从输配电一体的状态），服务质量都会有所提高。②输电由地方或国家垄断，而配电往往由省或市一级的地方垄断。配电公司之间或管理团队之间的竞争使得配电公司对市场的投入增加、对客户（发电商和用电客户）服务质量需求的响应能力增强。

除了一些可以自发电的大型电力用户，国家电网和南方电网目前垄断了几乎所有零售业务。这会推迟将竞争引入批发市场的过程。在批发市场中，个别发电商应自由地与电网公司竞争，共同为最终用户提供电力采购组合。这种竞争必须是非歧视性的，这取决于电网公司收取的接入费是否正确反映了输配电的平均成本（不包括零售成本）。现有电网零售商在其电网和零售业务之间重新分配成本的能力会显著干扰竞争，它们可以通过将零售业务的大部分固定成本分配给电网业务来实现这一点。在英国，随着市场的竞争性提升，监管机构在现有区域性配电公司内部强制实施了配电部门和零售部门之间的严格的资产分配规则。这些公司最初试图将其名下资产的90%划分到配电部门，以增加新进入者的网络接入费用、降低其自身零售业务的成本。监管

---

① Chawla 和 Pollitt（2013）讨论了输电系统运行安排的全球趋势。
② Nillesen 和 Pollitt（2011）讨论了新西兰在所有权拆分方面的经验。

机构裁定，这些资产中只有大约75%可以分配给配电部门（Domah & Pollitt, 2001）。

正如我们已经注意到的那样，中国的发电资产所有权已经存在实质性分散。2002年的改革确实导致发电厂生产的火力发电价格大幅下降（显然是由于发电厂之间在投资建设方面的激烈竞争）。[①] 化石燃料发电也出现了大量富余，这表明随着工业电力市场走向竞争，批发电力价格不会上涨（在其他条件不变的情况下）。然而在一些省份，残留的市场力量是一个潜在问题，特别是在电网传输特征使一些化石燃料发电厂必须保持开工的情况下（由于电网稳定性的原因）。[②]

发电商的售电价格受到监管（除非它们的电在2015年之后创建的市场上出售）。表2-1显示了2014年中国燃煤发电的价格。这些价格一般接近于美国工业用电的最终零售价（0.071美元/kWh），以国际标准来看，监管电价看起来很宽松。

表2-1　2014年中国燃煤发电标杆上网电价（含脱硫）

省级电网	电价（元/kWh）	电价（美元/kWh）	省级电网	电价（元/kWh）	电价（美元/kWh）
北京	0.3987	0.0649	湖北	0.4702	0.0765
天津	0.4085	0.0665	湖南	0.5269	0.0858
河北北网	0.4228	0.0688	广东	0.5122	0.0834
河北南网	0.4316	0.0703	广西	0.4672	0.0761
山西	0.3887	0.0633	海南	0.4888	0.0796
内蒙古西部	0.3094	0.0504	重庆	0.4401	0.0716
内蒙古东部	0.3714	0.0605	四川	0.4607	0.0750
辽宁	0.412	0.0671	贵州	0.3791	0.0617
吉林	0.4094	0.0666	云南	0.3633	0.0591

---

① 据报道，燃煤发电机的成本从8000元/千瓦降至4000元/千瓦，这表明即使电价受到监管，独立发电商也有动力削减供应链成本。

② 关于云南试点的讨论，详见冯永晟（2016a）。

续表

省级电网	电价（元/kWh）	电价（美元/kWh）	省级电网	电价（元/kWh）	电价（美元/kWh）
黑龙江	0.355	0.0578	陕西	0.4002	0.0651
上海	0.4638	0.0755	甘肃	0.3329	0.0542
江苏	0.442	0.0720	青海	0.3570	0.0581
浙江	0.469	0.0763	宁夏	0.2862	0.0466
安徽	0.4331	0.0705	新疆	0.2620	0.0427
福建	0.4393	0.0715	河南	0.4382	0.0713
江西	0.4872	0.0793	山东	0.4472	0.0728

注：6.1428元人民币=1美元。

资料来源：国家能源局网站。

中国存在采取竞争性发电模式的空间，问题是传输限制将在多大程度上允许现有化石燃料发电厂相互竞争。与批发市场试点相关的一个问题是，这些市场均仅涵盖部分供需。为了使该细分市场中出现有实际意义的市场价格，必须允许供求曲线交叉并在每个交易期间产生单一的均衡价格。市场中所有需求方都应该以该均衡价格支付市场中的所有发电厂。这意味着市场上需要有足够数量的装机容量和负荷，这样市场机制分配的发电量才能产生有意义的价格。由于批发市场的引入，预计化石燃料发电厂得在没有补贴的情况下进入，这将产生市场激励效果，使得对新化石燃料发电能力的过度投资减少。

如果市场上的供需量被限制从而小于市场出清量，那么市场上的发电商就可以发挥市场势力并收取高价。2016年云南试点[①]和2017年广东试点（下一章讨论）似乎就是这种情况，定价机制在月度合同市场上限制供需，然后反向匹配，最后再取发电商最高报价和消费者最低出价的平均值。这导致每个区域都有不同的"市场"价格，但也为买家和卖家提供了博弈空间。因此，成本最低的发电商可以提高报价并获得更高的支付额。

[①] 详见Cheng等（2018）和Liu等（2019）对于云南改革的讨论。

二、建立广域独立系统运营商

（一）理论意义

系统运营商是电力系统的"空中交通管制员"。[1] 系统运营商的一项关键工作是以最低成本实时平衡市场。控制区域越大，系统越能优化低成本发电资源的使用并节省储备容量的持有（包括短期和长期）。竞争性电力批发市场通常与单个系统运营商的运营区域重合。在许多电力市场自由化过程中（如在英格兰和威尔士），广域系统运营商已经存在，因此从基于成本的调度转变为基于投标的调度是一个简单的过程。基于最小成本的广域调度是降低系统总运行成本的关键。

通过合并现有的控制区域来扩展系统运营商的控制区域，能够起到提升批发市场规模、扩大单一价格区域的效果（英国就是这么做的，英国国家电网的控制区域覆盖苏格兰、英格兰、威尔士。在美国，随着 PJM 公司控制区域在美国的扩展，PJM 公司变成了美国最大的独立系统运营商）。

系统运营商的运营独立于发电商和零售商（以及地方和中央政府）是非常重要的，因为是否得到物理调度与具体发电商的收入之间存在密切联系。至关重要的是，调度必须符合整个系统的最佳利益，而不是系统中某一方（或一些群体）的狭隘利益。

（二）一般改革经验

有证据表明，系统集成和联合系统的运行与调度显著降低了成本、提高了效率。在美国，独立系统运营商的扩张和发展，将以前的各个独立且垂直整合的公用事业的多个控制区域结合在一起，降低了成本。

---

[1] 详见 O'Donnell (2003)。

PJM公司的控制区域扩张在缓解先前分离区域的定价低效率问题方面产生了显著的可衡量收益。[1]

在自由化市场中，系统运营商的调度可以基于自由化市场的三个不同的原则成功进行，其中每一项原则都涉及成本最低的发电厂优先调度。南美洲国家[2]和爱尔兰[3]已实行基于成本的调度。这涉及根据已知的电厂运行参数计算的边际运营成本调度电厂。这是在较小的市场中约束市场势力的好方法，因为所有的大型关键发电厂都被纳入考虑。基于价格的集中调度涉及按照报价调度发电厂。这类似于基于边际成本的调度，不同之处在于使用的参数是发电商在日前市场中的投标。这正是美国独立系统运营商的标准调度系统。自调度是欧盟的做法[4]，发电商声明它们希望被系统运营商调度（根据它们的合同情况），然后系统运营商必须根据系统操作约束来调度它们。从理论上讲，自调度比集中调度更有效率，因为可以反映有关各个电厂的运营和需求状况的更多最新信息；但是在实践中，这可能会导致电厂的调度不符合价格次序，有证据表明自调度的效率比集中调度略低。[5]

（三）在中国的应用

中国有6个电网运营区，2002年的改革设想是将6个运营区转变为6个区域电力市场。[6] 这一过程尚未完成，调度主要发生在省一级组织之间，由一些更高级别的组织对大功率电力流动进行区域管理，这些大功率电力流动通常在各省份之间季节性地发生。省际调度效率低下，没有充分利用跨区域电力交易的巨大机会（例如在水电经常过剩的云南和边

---

① 详见 Mansur 和 White（2012）。
② 详见 Newbery（2016）。
③ 详见 Pollitt（2008b）。
④ 详见 Pollitt（2012）。
⑤ 详见 Sioshansi 等（2006）。
⑥ 详见 Zhang 等（2015）。

际生产成本高得多的广东之间）。① 广东有三个调度中心，而北京、天津和河北只有一个联合调度中心。调度中心由相关电网公司拥有和运营，但年度调度计划（1月1日~12月31日）由省级政府确定，其确定过程并不总是透明和及时的（有时在年初之后才能确定）。此外，还有一个国家级调度中心和若干市县级调度中心。②

表2-2 中国电网运营区和包含的部分省级电网

电网运营区	包含的省级电网
西部电网区	新疆、甘肃、青海、宁夏、陕西、西藏
中部电网区	河南、湖北、湖南、江西、重庆
南部电网区	贵州、云南、广西、广东、香港、海南
东部电网区	江苏、安徽、上海、浙江、福建
北部电网区	内蒙古西部、北京、天津、河北、山西、山东
东北电网区	内蒙古东部、黑龙江、吉林、辽宁

调度目前不以发电成本为基础，还有改革空间。省级调度中心隶属于国家电网或南方电网。它们按目标年运行时间（+/-1.5%）调度电厂以满足需求，优先调度核电和可再生能源。除此之外还有月度派遣计划。这意味着在任何一天，调度时间表都将根据一年的累计运行小时数来制定。化石燃料发电厂的年运行时间远远落后于目标，因而更有可能被优先调度。根据《中华人民共和国可再生能源法》（2010）③，所有可用的可再生能源发电都应优先调度。在实践中，可再生能源往往受到输电约束、帮助化石燃料发电厂实现其年度运行目标时间的计划以及可再生能源相对更高的调度价格（每千瓦时调度发电量的调度价格）等因素的综合制约。

---

① 不同省区市之间的电力交易将影响当地电力公司的发电量，从而影响地方GDP。因此，中央政府和地方政府之间的这种考量阻碍更广泛的电力交易市场形成，详见Xu（2017：141，176-179）。
② 详见Kahrl和Wang（2014）。
③ 关于可再生能源电力调度的监管激励措施，请参见其中第4章，特别是第14~18条。此外，国家发改委还分别于2011年、2013年、2014年发布了关于极地能源发电、地热发电和风力发电上网电价的通知，见Chen等（2019）和Wei等（2018）。

改革试点的重点是电力的月度合同,而发电商参与此类试点的动机是,如果它们在月度合同市场上销售更多电力,就可以证明其需要的调度量比省级调度中心安排的更多。鉴于年运行时间的分配通常在年初之后敲定,在市场上持有合同可以证明自己应该得到更多的运行时间。

中国的调度机构改革时机已成熟。2015年,中国约1.6%的电力需求可以通过被限制在系统之外的可再生能源发电来满足(我们将在本章后面讨论可再生能源弃电)。这基本上是免费的电力(一旦投资已经落地)。学术研究表明,通过减少可再生能源发电量损失和优先调度更高效的燃煤电厂,可将中国的煤炭需求最多减少6%。[1] 值得注意的是,仅调度行为本身带来的节省实际上是相当少的(尽管这种节省基本上代表了现有电力系统中可分配的利润),更大的是环境效益,这种改善可以减少全球二氧化碳排放量的0.5%。[2] 煤炭消耗减少6%,意味着工业用电支出总额减少1.7%[3];如果煤炭边际成本下降意味着电价普遍下降,那么节约的电力成本会更多。一旦考虑到真正的传输和系统稳定性约束,以及许多热效率低下的热电联产电厂(CHP)由于冬季的热负荷而必须保持运行这一事实,并非所有理论上的节约都可以实现。中国热电联产电厂发电量占2012年总发电量的19%(220GWh)(CEC,2013)。最重要的一点是,通过大幅激发单个发电厂降低运营成本从而提高被调度概率的意愿,择优调度促进了发电厂之间的竞争。

此外,区域电力流动的实际效率也很低。如果在最低成本的基础上提升区域调度中心而不是有利于省级发电厂的省级调度中心的作用,将大大缓解这一问题。

---

[1] 详见Chen等(2019)和Wei等(2018)。

[2] 减少约2.48亿吨二氧化碳排放量(或全球二氧化碳排放量的0.5%)。这是因为2014年中国电力和热力行业的煤炭消耗量为14.85亿吨(IEA,2016),燃烧1吨煤炭时产生2.78吨二氧化碳。

[3] 以534元/吨的价格计算,工业用电支出4020亿美元(2014年数据,通过将表1-4中0.1068美元/kWh的工业电价乘以2014年3770TWh的工业用电量得出。

当前改革调度的一个制约因素是优化系统运行的必要软件。目前的估计是，对于大多数省区市或地区来说，开发、测试和运行新的调度软件需要 18 个月的时间（事实上，浙江省从 2017 年开始，花了长得多的时间来部署和测试此类软件）。鉴于一些省份在 2019 年已经安装了必要的软件，这似乎在中期不是一个很大的障碍。更大的障碍是对现有发电厂合同的影响，这些合同的基础是对共享可用运行时间的期望。对于单个发电厂来说，重新分配运行时间对其造成的财务影响将是巨大的（例如，在共享小时数的基础上运行 4000 小时的两个工厂，一个运行 7000 小时，另一个运行 1000 小时）。对大型发电企业而言，在公司层面的影响也许不大，因为收入只是在不同发电厂之间进行了重新分配。大多数发电厂都是某种形式的国有企业（中央和地方各级国有企业），改革调度应有助于公共部门内部资产价值重组。然而，在发电厂商和政府部门之间以及政府不同部门之间，无疑需要建立补偿机制。

三、垄断企业私有化

（一）理论意义

由于市场的垄断性质，电力部门（或任何其他国家控制的部门）的绩效研究面临着许多理论问题。[①] 其中包括国家任意干预部门的经营和投资决策；缺乏关于特定国有企业业绩的可比较信息，致使管理者和主管部门无从对其业绩进行评估和激励；缺乏关于不同公司业绩的比较信息，致使外部监管机构或金融投资者无从对其业绩进行评估和激励；与利润驱动的私人公司相比，缺乏明确定义的或经验证明合理的公司目标；其他形式的垄断控制，例如国家对高级管理人员的聘用、资本获取、投入决

---

① 关于私有化的一般性讨论，详见 Newbery（2002）。

策的控制；国有垄断企业的司法豁免或限制，导致反竞争行为，如卫生、安全监管和环境监督松懈以及规章制度执行不力（与私人部门公司相比）。

垄断企业的私有化，即使企业结构没有任何变化，也会立即使企业暴露在资本市场、劳动市场和商品市场的竞争压力和外部监管之下，还会降低腐败和国家任意干预的可能。这将迫使垄断者提高其经营业绩，并在竞争对手和反垄断机构的压力下考虑进一步分拆。英国天然气公司就是一个很好的例子。1986年重组前，该公司是垄断天然气运输商、分销商和零售商。此类重组使英国市场最终成为欧洲最具竞争力的天然气批发市场之一。[1]

（二）一般改革经验

在发电和输电领域进行垄断国有企业的市场化通常伴有国有资产的私有化，通常是将国有资产拆分为独立竞争的发电公司和垄断的输电公司。此外，配电和零售公司（通常作为市政公司单独组建）也经历了明显的私有化。在英国、巴西、智利、秘鲁和阿根廷，有许多成功的私有化案例。[2]

一些地方选择了部分私有化。法国电力公司仍然只是部分私有化，德国公用事业公司的股票仍然由政府持有。在荷兰，输配电公司大部分仍为政府所有，而它们都出售了零售业务。

（三）在中国的应用

自1985年以来，中国对其电力部门进行了非常重要的改革，但国有企业在整个电力行业供应链中仍是主体。[3] 私人企业和国有竞争性企业

---

[1] 详见Bishop等（1994）的初步负面评估与Florio（2004）对私有化影响的评估。
[2] 英国案例见Domah和Pollitt（2001）；巴西案例见Mota（2003）；智利案例见Pollitt（2005）；秘鲁案例见Anaya（2010），阿根廷案例见Pollitt（2008a）。
[3] 详见Zhang和Heller（2007）、国家能源局（2015）。

大量进入发电领域。然而，大部分参与企业都是由省级投资公司指导的，它们自己也在追求非营利目标。最重要的是，7家国有企业（五大发电集团、国家电网和南方电网）占总发电量的40%以上（见图2-2）和

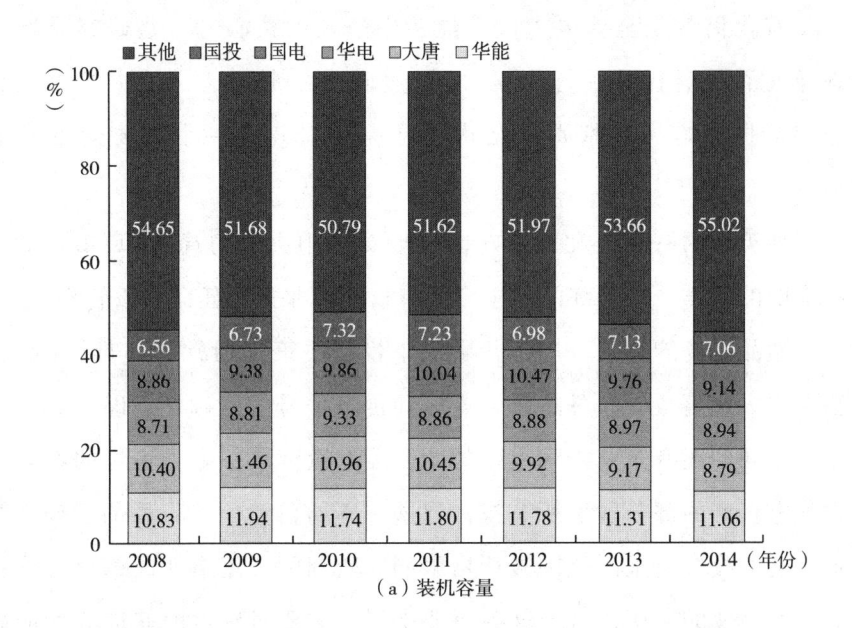

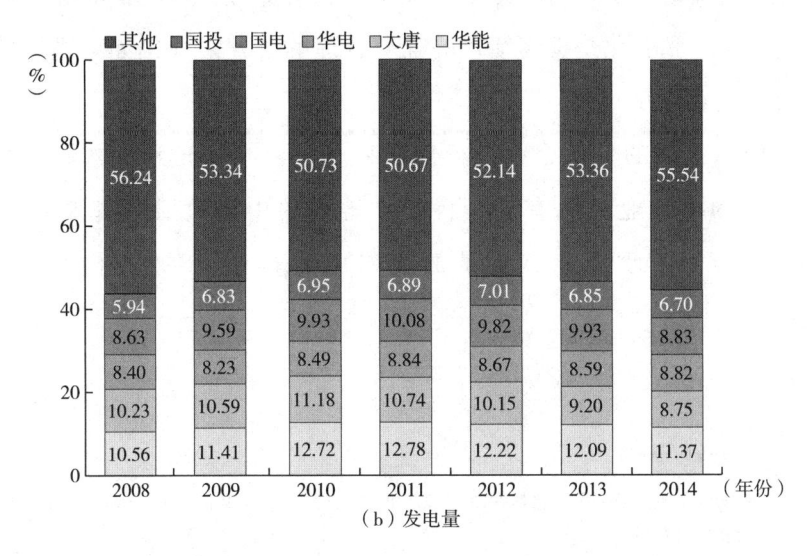

	2008	2009	2010	2011	2012	2013	2014
其他	54.65	51.68	50.79	51.62	51.97	53.66	55.02
国投	6.56	6.73	7.32	7.23	6.98	7.13	7.06
国电	8.86	9.38	9.86	10.04	10.47	9.76	9.14
华电	8.71	8.81	9.33	8.86	8.88	8.97	8.94
大唐	10.40	11.46	10.96	10.45	9.92	9.17	8.79
华能	10.83	11.94	11.74	11.80	11.78	11.31	11.06

（a）装机容量

	2008	2009	2010	2011	2012	2013	2014
其他	56.24	53.34	50.73	50.67	52.14	53.36	55.54
国投	5.94	6.83	6.95	6.89	7.01	6.85	6.70
国电	8.63	9.59	9.93	10.08	9.82	9.93	8.83
华电	8.40	8.23	8.49	8.84	8.67	8.59	8.82
大唐	10.23	10.59	11.18	10.74	10.15	9.20	8.75
华能	10.56	11.41	12.72	12.78	12.22	12.09	11.37

（b）发电量

图2-2 2008~2014年中国五大发电集团的装机容量和发电量占比
资料来源：各发电企业年报。

输电、配电、零售的100%。①

私有制的范围仍然非常有限,尤其是私人企业进入发电市场仍然存在限制。

私有化仍然是全球电力改革经验中争议的核心,一些研究质疑这类改革是否显著提升了行业绩效。② 然而,在中国这样的中等收入大国,垄断国有是一种特别的结构,是提高绩效的一个重要但微妙的障碍。

正如英国国有发电和输电垄断企业英国中央电力局(CEGB)的历史所表明的那样,电力部门的国家所有权允许非择优任命高级管理人员,限制了商品市场的竞争范围,并影响了投资决策(通常是灾难性的)。③这会滋生大量腐败,并可能破坏竞争和价格信号的准确性,即使所有权分散在不同的国有企业之间也是如此。虽然欧洲单一电力市场的特点是存在发电资产的部分国家所有权,但这并不妨碍竞争性市场的运作,非市场驱动的投资决策的范围被严格限制。欧洲的公用事业改革也有许多国有垄断企业的例子,对于这些企业来说,需要对资本的获取施加明确的监管激励,私有化是提高绩效的唯一合理解决方案(例如英国国铁公司和英国皇家邮政)。④

对中国最大的发电企业进行部分私有化,或对五大发电集团中的至少一家的批发业务私有化,将是显著削弱中央政府的垄断控制力度的第一步,使政府能够尝试放松对电力行业中的竞争性环节的控制。

---

① 五大发电集团的子公司不包括在图2-2中的"其他"中,"其他"包括私人公司、外资公司和其他国有公司。
② 详见Pollitt(2005)。
③ 关于1962~1989年英国中央电力局的表现,详见Kim(2016)。
④ 详见http://news.bbc.co.uk/1/hi/business/7401722.stm。

第二节 二级市场支持性安排

一、创建现货和辅助服务市场，以支持系统的实时平衡

（一）理论意义

以市场为基础的电力系统涉及使用定价机制来对不同的电力产品进行定价，这些产品必须能以合适的标准向最终客户提供电能（Stoft，2002）。完整的市场包括电力批发的现货和期货市场，以及包括频率响应、无功功率、电压调节和备用容量市场的辅助服务市场（见图2-3）。

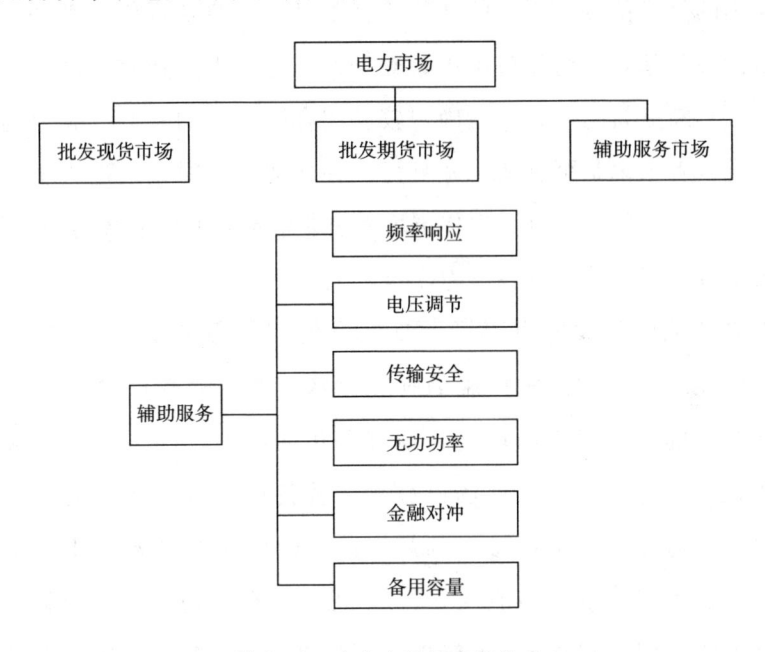

图2-3 电力市场的完整构成

资料来源：Stoft（2002：236）。

现货市场激励发电商，使其能够近乎实时地匹配供需。这通常涉及日前市场和日内（平衡）市场。这激励发电商（和负荷）根据系统的总

体状况和自身的运行情况做出调整。中长期市场（例如月度或年度合约市场）为发电商和负荷提供金融对冲。

辅助服务与实时维持电能质量有关。一般来说，在传统的以大型化石燃料发电厂为主的电力系统中，辅助服务市场很小。这是因为这些发电厂可以廉价地提供辅助服务，而辅助服务只是实际能源生产的副产品。随着电力系统变得更加复杂并涉及更多可再生能源，辅助服务提供的效率变得更加重要。在英国，辅助服务占批发电力成本的比重预计将从2015年的2%上升到2030年的25%。[1]

（二）一般改革经验

电力现货市场的发展一直是电力批发市场发展的核心。现货市场提供了基本的价格信号，所有的期货价格都可以围绕现货价格来确定。在所有以能源为基础的商品市场中都是如此。这是因为现货价格可以提供透明的、不断更新的信息，是确定较长期合同价格的基础。有效的现货市场对进入者来说是可见的，并且可以在任何特定时刻向进入者提供关于可行性的有效信号。电力现货市场发出非常重要的短期行动价值信号，市场需求方根据信号来调整电力需求。

世界各地成熟的电力市场一直在发展辅助服务市场。[2] 这是因为关于实际能源交付的激励措施的强化意味着必须对保障电力质量稳定进行适当奖励，否则市场环境将面临恶化的压力。这在备用容量方面最为明显，因为向自由化市场迈进意味着备用容量必然会萎缩。如果这导致系统运行面临不可接受的高风险，则可能有必要创建一个市场来专门奖励备用容量（与能源分开）。然而，公平地说，辅助服务市场仍然是无偿（强制提供）、固定支付、双边合同和基于投标的市场的拼

---

[1] 详见 Newbery 等（2016）关于到2030年英国电力系统中"灵活性"市场的重要性可能会提升的讨论。

[2] 详见 Pollitt 和 Anaya（2016），可了解关于德国、英国和纽约电力市场发展的讨论。

凑，激励作用有限。

(三) 在中国的应用

一般来说，单个发电厂通常会因其生产的电力获得一笔规定的报酬。这是一个协商价格，在各省不同，是一个在各地的生产成本和社会经济条件的基础上，与地方发改委达成一致的协商价格。其目的是在考虑电厂的成本和可能运行的小时数基础上，让发电厂获得合理的回报率（Ma, 2011）。系统运营商根据前面讨论的同等份额调度原则（Karhl et al., 2013, 2016）为发电厂分配发电小时数。目前的条件似乎非常宽松（见表2-1），目的是鼓励新发电厂的建设（Rioux et al., 2016）。

中国有一套以煤为基础的发电系统，最大限度地降低了对正式辅助服务市场的需求。[1] 在系统支持（电压支持或无功功率）下，有许多费用是必须向发电厂支付的。但是一般来说，辅助服务没有正式的付款机制，有人提出了如何在中国背景下改革市场的建议。[2]

如果在中国进行电力调度改革，缺乏正式的辅助服务采购机制将是一个更大的问题，因为一些需要辅助服务的发电厂可能会因为在电力批发市场缺乏竞争力而面临倒闭。因此我们可以设想，电力调度改革需要以辅助服务支付机制改革作为前提。

二、需求方参与电力批发市场

(一) 理论意义

在所有的电力市场中，降低电力成本最有效的方法之一就是减少需求。电力系统中有一部分设备没有实际运行。这是所有电力系统灵活性

---

[1] 详见 Ming 等（2014）。
[2] 详见 Zheng 和 Zhou（2003）、Ming 等（2014）、Yao 等（2015）、Mingtao 等（2015）。

的关键来源,在管理高峰需求和储备容量要求方面体现得特别明显。成功减少需求是鼓励市场竞争和平衡供需的低成本方式。电力现货市场的引入极大地激发了需求方的参与热情,因为现货市场是需求方最容易参与的市场。需求方参与者通常是大型工业用户,它们可以关闭或重新安排生产以响应电力交易系统。工业用户可以与聚合商签订合同,承诺为它们在高峰时段减少的电力需求支付大量费用(或者签订合同,以其他方式为其提供廉价电力,但如果它们在年度系统高峰时段消耗电力,则会面临非常高的价格)。随着分布式电能存储的出现,工业和商业负荷与批发市场交互的能力会进一步提高。

(二)一般改革经验

在竞争性电力市场中,需求方的参与非常重要(见表2-3)[①],因为在许多情况下,如果电力批发市场中没有需求方的积极参与,就会出现停电(在英国,发生过数起需求方积极参与应对极端状况的事件)。

表2-3 纳入电力需求方后的市场

	得克萨斯州 ERCOT	英国国家电网	美国 PJM 公司
需求侧响应占高峰需求的比例	3.20%	3.60%	9.10%

资料来源:Khalid(2016:3)。

需求方的参与在辅助服务市场中非常重要。最近,美国和英国的容量市场都因纳入需求方而使得价格显著下降。

(三)在中国的应用

需求方参与的限制之一是激励住宅和高价值商业用户降低或转移电力需求的成本更高(每降低1kWh的成本)。当前电力改革预计将强

---

① 详见 Taylor 等(2014)。

化需求方响应机制。① 这意味着随着时间的推移，美国和英国等去工业化经济体的工业负荷更小、更容易转移。这与中国目前的情况不同。如图 2-4 所示，中国 71% 的电力需求来自工业（而美国只有 25.71%）。这表明中国的需求侧响应潜力很大。②

（a）中国

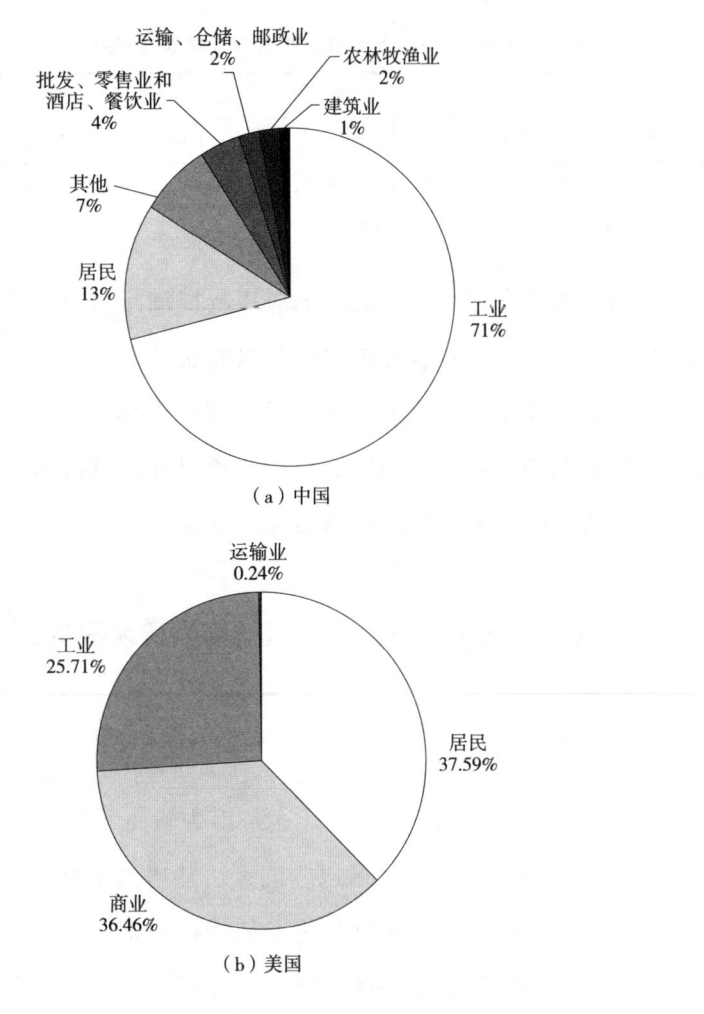

（b）美国

图 2-4　中国和美国的电力需求结构

资料来源：国家统计局（2015）、美国能源信息署网站。

---

① 详见 Lei 等（2018）。
② 详见国家发改委（2010）、Crossley（2014），另见 Zhang 等（2017）、Wang 等（2010）。

如表 2-4 所示，对上海的预测和江苏的实际经验表明，高峰需求侧响应的比例显著上升。在江苏，电网公司和相关政府部门于 2016 年夏季启动了需求侧管理试点工作。在有 3154 家用户参与的需求侧响应（DSR）试点中，峰值需求降低了 3.8%（3520MWh）。

表 2-4　上海和江苏电力需求侧响应的潜力

	江苏-2016	上海-2020	上海-2025	上海-2030
需求侧响应占高峰需求的百分比	3.8%	1.68%	3.04%	4.09%

资料来源：上海的数据来自 Liu 等（2015：16），江苏的数据来自 http://www.sdpc.gov.cn/fzgggz/jjyx/dzxqcgl/201607/t20160727_812571.html。

需要指出的是，当客户想要响应市场以满足自身需求的时候，需求侧响应取决于客户是否有先进的设备以测量其电力消费。2015 年，云南只有一半的工业用户拥有能够让其参与现货市场的电表。需求方本身也要有市场化激励，否则它们可能有动机通过在接到降低需求指令之前故意运行设备，以此来利用需求侧响应。

三、受监管的第三方接入和有效分配稀缺输电能力

（一）理论意义

输电容量是一种稀缺资源。[①] 这是因为输电系统投资很大，输电容量会因输电线路所经过的社区以它们无法从中受益为由提出的反对而难以扩张。由于电网中的环流以及将它们连接起来的配电系统的约束，为解决一个约束而构建输电线路可能会产生其他约束和漏洞。在发展中国家，面对某些地区发电量或负荷的快速增长，建设适当的输电容量通常会带来输电限制。输电容量通常只能以相当大的增量增加，这意味

[①] 详见 Hogan（1992）。

着在下一次输电容量扩张到来之前，输电系统内的一些需求会受到限制。世界上每个发达国家的输电容量都存在一个难以突破的上限。

这表明一个对可用输电容量进行分配的系统是必要的。当最便宜的发电源相距最大、最有价值的负荷很远时，这一点则变得更重要。以有效的方式在发电机和负荷之间分配输电容量，并为输电系统接下来的扩张方向提供信号，是电力改革的重要组成部分。发电机和负荷之间的输电容量分配应该是非歧视性的。这对发电商支配输电容量的国家非常重要，可以防止接入条款不公平引发的批发市场失灵。

衡量输电系统中的限制因素的一种方法是在输电系统中的每个节点使用短期价格信号：位置边际价格（LMPs）。不同位置的 LMPs 存在价差，出电口 LMPs 较低，进电口 LMPs 较高。[①] LMPs 提供的信号使得在出口受限地区关闭高成本发电机并开启较低价值负荷以及在进口受限地区关闭较低价值负荷并开启较高成本发电机成为可能。那些使用电力传输系统的人必须支付线路两端 LMPs 之间的差额，才能在电力流动的方向上使用系统。

另一种方法是按位置分配输电系统成本，使连接在出口受限地区的发电机比连接在进口受限地区的发电机面临更高的系统使用费，对负荷则情况相反。[②]

这两种方法都有助于充分利用现有的输电系统，并在降低相关约束费用的基础上指导输电系统的扩展方向。

（二）一般改革经验

随着各国舍弃综合发电和公用输电事业的思想，基于受监管的第三方实现的对输电系统的非歧视性准入一直是电力市场改革的核心要素。

[①] 详见 Bohn 等（1984）。

[②] 例如在英国，由于北部的发电中心和南部的负荷中心之间的传输限制，苏格兰（较低）和伦敦（较高）的负荷传输费用存在很大差异。

案例表明，发电和输电的持续整合确实导致输电企业向相关发电商提供优先使用权（如在智利），这导致了长期的竞争纠纷。① 欧盟表示，将发电方与受监管的第三方接入（单一接入价格）的所有权分拆是输电系统的首选组织方式。

输电容量的分配在很大程度上是根据已公布的具有固定输电权（有保障的接入）的电价进行的。在发电企业或负荷因传输限制而不得不减少其供应或需求的情况下，电价会完成自动补偿。在英国，这种稳定的输电权伴随着位置信号，即使使用系统费用在网络中需求受限的部分连接发电，反之亦然。美国的独立系统运营商主要使用 LMPs 来实时优化输电系统的使用，然后允许现有系统用户对每六个月分配一次的金融输电权（FTRs）②进行交易，从而允许输电系统用户对冲它们接触 LMPs 的风险。

对于重要的输电线路，例如美国的长距离高压直流（HVDC）线路③或欧洲的国际输电线路④，拍卖是一种在用户之间有效分配输电容量的方式。然而，这种基于网络阻塞的收费机制并不能保证线路的固定成本能够收回，因此一般需要额外收费。

（三）在中国的应用

最近，中国一直在快速提升发电能力、扩大电力需求和建设新的输电线路。中国在高压直流输电线路上进行了大量投资⑤，高压电网的快速发展情况见表 2-5。相比之下，中国输电系统内的容量分配不完善，一些重要的容量未得到充分利用（如云南和广东），而一些线路没有得到有

---

① 详见 Pollitt（2005）。
② 详见 Chao 和 Peck（1996）。
③ 详见 Archer 等（2017）和 Zhou 等（2016）。
④ 详见 Bergman 等（1998）。
⑤ 详见 Zheng 等（2016）。

表 2–5 中国输配电网的扩张

单位：千米

类型	电压	2017 年	2016 年	2015 年	2014 年	2013 年	2012 年
交流	1000kV	10073	7425	3114	3111	1936	639
	750kV	18830	17968	15665	13881	12666	10088
	500kV	173772	165875	157974	152107	146166	137104
	330kV	30183	28366	26811	25146	24065	22701
	220kV	415311	397050	380121	358377	339075	318217
	110kV	631361	611431	591637	566571	545815	517983
	35kV	508682	499400	496098	484296	464525	456168
	合计	1788212	1727515	1671420	1603489	1534248	1462900
直流	800kV	20874	12295	10580	10132	6904	5314
	660kV	1334	1334	1336	1336	1400	1400
	500kV	13552	13539	11872	11875	10653	9145
	400kV	1640	1640	1640	1640	1031	1031
	合计	37400	28808	25428	24983	19988	16890

资料来源：中国电力企业联合会（2018）。

效分配（如来自低成本地区的可再生能源）。这表明围绕输电容量的定价和分配机制改革将是有益的，并且与电力调度改革和电力批发市场的其他改革方向相一致。

  在现行的最终用户收费制度下，即使最大的用户也无法单独确定输配电费用。这是因为最终用户价格和发电价格均受政府监管。以不同电压水平连接不同用户的单位费用有所不同（正如用户之间固定成本的最佳分配所表明的那样）。最近，政策已从按单位收费转向对一些大型工业用户收取固定费用。[①] 根据最近的改革试点，省级输配电收费方式已经确定。然而，中国的这些新的输配电费用是成本加成的，并且不包含位置或使用时间的长期运行信号，也不包含网络的实时状况。发电企业

[①] 详见 http：//www.sdpc.gov.cn/zcfb/zcfbtz/201607/t20160706_810665.html，http：//www.chinasmartgrid.com.cn/news/20160909/618793.shtml。

不承担输电系统的任何成本（与英国不同），依靠限电和调节能源价格来显示有利的连接位置。改革输电收费方式来更好地分配可用容量似乎是有利的，特别是在指示可再生能源的位置、建立新的输电容量以及确定哪些发电企业应该在网络的受限区域运行等方面。

第三节 适当的经济监管

一、将受监管的网络费用和竞争性分段费用拆分

（一）理论意义

正如 Joskow 和 Schmalensee（1983）明确指出的［继 Weiss（1975）之后］：在垂直整合程度很高的美国电力行业中，电力批发和零售都是竞争性的，只有输配电网络才具有自然垄断的特征。即使配电环节的企业仍是地方垄断企业，多个配电系统仍然可以在一个国家内共存，监管机构借此能够使用竞争标准来对这些地方自然垄断企业的能力进行比较（Shleifer，1985）。输电垄断可以在更大区域和个别线路上形成规模经济效益，但大范围的自然垄断实际上是电力系统运营造成的，而不应该归因于输电线路本身的所有权和运营问题。因此，在美国的许多地方，输电资产所有权实际上分散在地方性的公司之间，而系统调度（例如在 PJM 公司中）则在广泛的区域内进行。

输配电网络与系统其他部分之间的这种分离使得定价机制得以凸显。电力批发和最终零售环节的价格可以通过竞争确定，而分配和传输费用的水平和结构继续受到监管。需要注意的是，我们应当确保此类收费是非歧视性的，即它们不会基于所有权特征而偏袒网络中的任何特定用户，即便其本身属于拥有传输和分配系统的公司。

（二）一般改革经验

输配电收费和电力批发零售要素收费之间逐步严格分离一直是在全球范围内成功创建具有竞争性的批发和零售电力市场的关键因素。在英国，输配电网络所有权在私有化时代已经与发电资产所有权分离。在欧盟层面，连续的电力指令（1996年、1999年和2003年）要求将输配电网络元素与系统的其余部分进行会计核算分离和法律分拆。[①] 这意味着，输电和配电业务必须在与发电和零售保持一体化整合的公司内创建。在欧盟，输配电业务必须在法律上相互分离。鉴于非歧视性输电接入在促进零售竞争中发挥的关键作用，欧盟已表示倾向于将输电资产的所有权与电力系统的其他部分分离。正如我们前面所讨论的，严格的分离促进了电力供应领域的公平竞争。

自由化改革总收益的很大一部分来自电网业务。在许多国家，电网和竞争性环节分离的一个关键成功之处已被证明是引入对电网业务的激励监管的能力。这涉及 CPI－X 对电网公司收入的监管，计算方式会提前几年（通常为3~5年）决定。这导致电网公司运营效率的显著提高。在英国，自由化进程带来的总收益有 1/3 可能都来自对电网公司监管的改进，而不是竞争本身（Littlechild，2006；Pollitt，2012）。

（三）在中国的应用

中国 2002 年的电力改革采取了一系列非常重要的措施，旨在将电网与竞争性环节分开。这确实使发电业务与电力系统的其余部分分离。然而正如我们已经观察到的，输电、配电和零售业务仍然被捆绑在国家电网和南方电网中。[②] 发电公司根据合同向电网公司提供电力，以供应最

[①] 详见 Jamasb 和 Pollitt（2007）。
[②] 详见 Li 等（2016）。

终用户，这是一种单一买方模式，在一些国家的电力市场改革初期使用。这也是1996年欧盟电力指令下的一个选项。如今在欧盟，这种模式（在化石燃料发电中）已经被叫停，转而在竞争性电力批发市场中确定大宗电力的价格。

作为改革进程的一部分，各省（包括广东）公布了电网接入费用，发电商需要支付这些费用才能使用输配电系统并以竞争形式向最终用户出售电力。[①]对这些费用的识别是基于省内输配电系统的受监管资产，以及计算收费多少可以使相关电网公司在弥补其成本的同时从该资产中获得公平的回报，已公布的初始费用在三年内不改变。这应该会激励电网公司削减其网络成本并保持节约。

中国电力系统对电网和竞争性环节进行更严格的分离是值得鼓励的。中国要与国际最佳实践接轨，必须对输配电和零售业务进行严格的经济和法律意义的分拆。这种严格的分拆将需要公布电网公司成本数据，这有助于对受监管的电网业务进行独立比较基准测试，而根据目前国家电网和南方电网提供的高度横向和纵向综合业务数据，目前很难做到这一点。分拆还将大大方便对配电和输电系统的使用实行非歧视性接入收费。它还将允许引入对输电和配电的激励性监管。一个明显的前进方向是在省级层面比较配电和输电成本，根据一定的基准，为输电和配电要素设定有效的收入水平。在开始设置更长时期的价格控制之前，将CPI-X价格上限设置为3年是一个良好的开端，这可以让绩效上的一些差异迅速显现出来，然后再转而设定更长的价格控制期（在英国，配电和输电的最初价格控制期分别是5年和4年，之后都是5年，现在两者都是8年）。鉴于近年来对输电网络的高投资率，对投资的监管也很重要。目前中国缺乏限制这些投资的激励措施，与具有激励监管的地区不同，这些地区制定了复杂的审计和清单管理制度来限制垄断性电

---

① 详见Zheng等（2016）、Alva和Li（2018：50）。

网公司的过度投资行为。①

二、建立确保受监管的最终用户群体可以竞争性批发采购电力的机制

（一）理论意义

除非所有零售市场都自由化，否则将继续有大量用户享受受监管的最终电价。如果是这种情况，则需要为这些用户提供批发电力，而批发电力是在竞争基础上采购的。因为如果不这样做，批发市场的竞争性将显著下降。无论零售商需要在受监管的零售市场中向客户提供的最终合同的基础是什么，所有零售商都没有理由不在批发市场上以竞争性的方式采购电力。②

（二）一般改革经验

世界上大多数拥有竞争性电力批发市场的国家也有受监管的最终用户。一半的欧盟国家（ACER，2015）、美国大部分地区和整个南美洲都属于这种情况。这些用户包括美国和欧盟的默认服务合同用户，以及南美洲大多数最终家庭用户。他们得到的仍然是受管制的最终电价。在所有这些情况下，为这些受保护的用户供电背后的采购都是在竞争基础上进行的。

这是通过监管机构制定允许和受监管的最终用户签订大宗电力合同来实现的。在丹麦，监管机构为居民用户制定了一个默认的加价公式③，这

---

① 详见 Jamasb 和 Pollitt (2007)。
② 关于美国俄亥俄州背景下的讨论，详见 Littlechild (2008)。
③ 详见 DERA (2014)。

是基于竞争性批发采购电力的受监管的加价。[1]

在美国,为特定配电公司区域内的默认服务合同用户提供批发电力的合同通常被拍卖,然后拍卖价格被用来给居民用户收取的默认服务合同中的批发成本要素定价。[2]

(三) 在中国的应用

目前,两家大型电网公司以规定的价格为其所有用户提供电力。[3]它们可以收取的最终价格和它们为批发电力支付的价格是受到监管的。根据国际经验,中国很有可能希望大量用户在可预见的未来继续采用受监管的价格。在居民用电领域尤其如此,用户目前支付的费用低于其用电的全部经济成本。[4]如果中国居民用电价格提高到美国水平,工业用电价格最多可以下降5%。[5]事实上,在这一轮改革中并没有放开居民用电市场的计划。这可能是因为政策制定者之间就电力是一种商品(应该以定价反映成本)还是公共服务(应该继续得到交叉补贴)进行了争论。[6]

服务客户并不意味着电力批发市场不需要全面的竞争,这可以通过对化石燃料发电厂的批发电力进行竞争性采购来实现。这种机制还可用于根据基本电力采购成本的变化引入基于成本的定期更新的零售价格。

---

[1] 详见 DERA (2014)。

[2] 详见 Littlechild (2008)。

[3] 详见 Ma (2011)。

[4] 详见冯永晟 (2016b)。

[5] 2014年,美国居民电价为0.125美元/kWh,中国为0.0907美元/kWh。将中国居民电价提高38%将额外增加146.5亿美元的收入[假设需求弹性为0.3 (He et al., 2011),初始销售量为718TWh]。假设工业需求的弹性为0.18 (He et al., 2011),这将允许工业电价下降约5%,即下降到0.10675美元/kWh。这可以通过添加三个效应来粗略计算:初始额外居民用电收入 = 初始工业用电收入的3.6% + 价格下降引起的工业需求响应 (0.18 * 3.6%) + 居民需求减少导致的系统节约(如果工业电价下降5%,居民电价上涨38%,则总需求下降导致总系统成本下降0.5%,边际系统节约主要是节约30.038美元/kWh的煤炭成本)。

[6] 详见 Xu (2017: 117)。

随着收入的持续增长，这将成为逐步提高零售价格的基础，最终达到完全反映成本的水平。明确与默认服务客户相关的采购成本，结合单独的网络收费，就可以明确这些客户目前获得的补贴水平。这将带来一个额外好处：监管注意力将集中在如何随时间推移而减少这种补贴。

三、建立独立的监管机构来监管垄断网络收费和监控竞争性环节

（一）理论意义

竞争性批发和零售市场需要得到仔细的监管，以确保它们正常运作。这是因为它们是现有垄断企业的产物，并表现出重新整合的自然趋势。这意味着一般的竞争管理机构不太可能足够灵活地应对可能出现的所有竞争问题，尤其是在自由化之后的最初几年。此外，该行业仍存在大量受监管的垄断企业，需要对其收费水平、费用分配以及它们向希望使用其网络的零售客户和发电商提供的服务质量进行监管。此类监管是一项艰巨的任务，要求详细了解行业的成本结构，并关注其实施的各类财务控制的激励效果。因此，与其他重要的公用事业行业（电信、天然气、铁路、供水）类似，设立一个专门的监管机构可能是最适合的、确保社会保持持续关注的方法。

可以仔细考量这种监管机构的制度形式，这在一定程度上取决于其所在国家的规模和能力。可以与其他受监管的行业合并（如德国的联邦电力局），可以囊括国家和地方机构〔如美国联邦电力监管委员会（FERC）和美国州公用事业委员会（PUCs）〕，可以成为竞争主管机构的一个部门（如荷兰的DTe并入NMa），可以成为单独的电力监管机构（如巴西的ANEEL），也可以成为电力和天然气联合监管机构（如英国的Ofgem）。

在大多数电力市场自由化的国家，负责监督竞争和垄断监管的监管机构独立于中央政府，相关政府部门（包括能源部门）对监管机构的干预权力有限。世界银行和欧盟都强烈支持这种监管方式。[①] 这是因为自由化改革后的电网行业的一个关键问题是监管占用（Gilbert & Newbery，1994）。当政府有动机鼓励私人公司投资，在投资发生后迫使它们降低价格，以便将投资者的更大收益"分配"给用户时，就会出现这种情况。"独立"监管的主要目的是平衡股东的收益权和消费者得到公平（即反映竞争成本水平）价格的权利。

（二）一般改革经验

自由化市场的经验是，独立监管机构为自由化电力市场中的私人投资提供支持，在监督日常竞争问题方面发挥了重要作用，并在发展电网监管体系方面取得了重大进展。Offer（1990~1999年的英国电力行业监管机构）和 Ofgem（1999年至今的英国电力和天然气行业监管机构）在英国发挥了非常重要的作用。肩负法定职责（特别是促进竞争）的指定监督者（或者监管委员会）以及监管委员会的存在，让投资者相信政府不会任意干预市场以降低价格。

这导致私有化后的几年里，电力行业涌现了大量新投资，大量外国投资进入该行业（资产以高价出售给海外投资者），也导致了早期对竞争过程的严格监管（Newbery，2005），最终使竞争管理机构采取执法行动（由 Ofgem 批准），以进一步拆分已有的发电商。Offer 和 Ofgem 为电网公司制定了非常复杂和成功的激励监管措施，1990~2005年，配电的实际费用下降了近60%，输电的实际费用下降了40%（Jamasb & Pollitt，2007；Ofgem，2009）。这些结果在其他地方也得到了反映，Cub-

---

[①] 世界银行关于独立监管和电力市场改革的观点见 Bessant-Jones（2006）、Jamasb 和 Pollitt（2007），关于欧盟电力指令下的独立监管，见 Pollitt（2008b）。

bin 和 Stern（2006）发现，在一些国家，私有化和独立监管带来了显著的电力投资收益，其中许多国家以前饱受电力基础设施投资不足问题的困扰。

英国监管机构的一项特别成就是削弱了电力行业已有公司的权力，原有发电商的解体以及电网公司与系统其他部分的分离极大地促进了这一点。监管机构一直主张引入更多竞争，比如在电网资产的采购方面，以及改变电网和行业规则方面，尽管改变规则会增加客户的成本。随着改革的推进，旧的问题得到处理，新的问题也随之浮出水面，监管机构成为电力部门的重要知识来源。

许多发展中国家已经建立了名义上独立的电力监管机构，但这些机构往往缺乏真正的政治意愿，政府无法将电力行业交由监管机构监管，监管机构缺乏有效实施竞争和网络监管的资源（Pollitt & Stern，2011）。监管机构需要经验丰富的经济学家、律师和会计师来有效地进行经济监管。在与资源相对充足的原有公司竞争人才的情况下，较低的公务员薪酬使得许多国家和地区的监管机构很难吸引和留住具有相关行业知识和经验的高素质员工。

（三）在中国的应用

如图 2-5 所示，中国负责对电力行业进行监管的监管机构很复杂。[①] 2003 年，国家发改委曾试图设立一个独立的经济监管机构（国家电力监管委员会）来监督电力竞争和定价行为，但这一机构后来被并入国家能源局。受监管的最终价格和支付给发电商的价格目前由隶属于国家发改委的国家级和省级定价部门负责。国家发改委是监管经济改革的政府部门。没有哪个机构拥有协调电力政策的专属权力，也没有哪个机构希望被别的机构协调。因此，不同政府机构的行动有时很难实现协同，后果

---

① 详见 An 等（2015）。

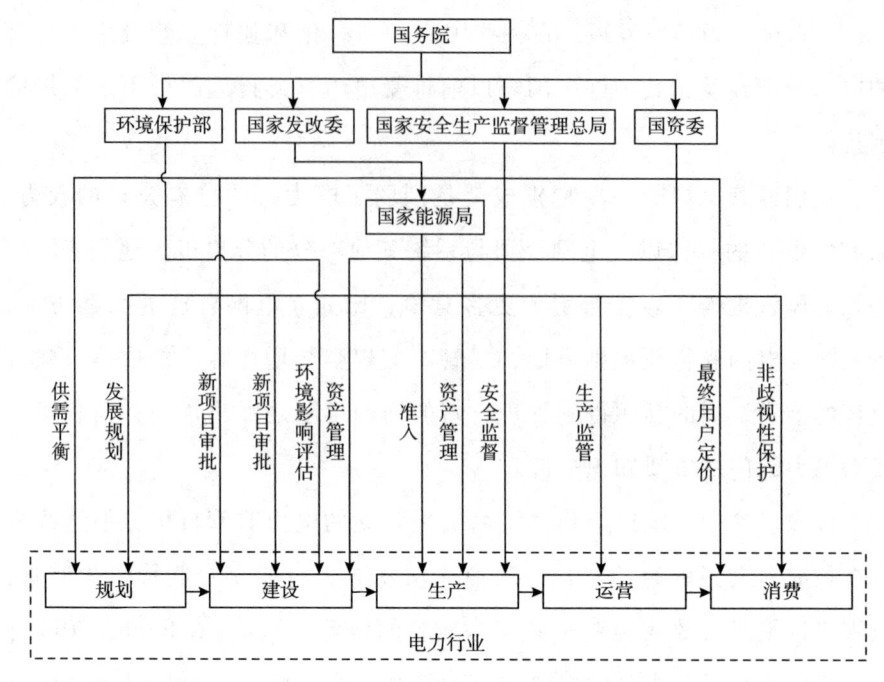

图 2-5　中国电力行业监管架构

资料来源：潭荣光、赵国宏（2016）。

之一是《能源发展"十二五"规划》直到 2013 年才出台（Xu, 2017: 83, 122, 126）。

中国没有独立监管的传统，甚至在电信行业（在国际上，政府对电信行业放松管制的程度通常比能源行业更高）也没有独立于工信部的监管机构（Yeo, 2008）。电力供应商大多是国有企业或国有控股企业，这使得情况变得复杂。然而近年来，中国在改进一般竞争管理机构的运作方面取得了一些成功，这些机构更加积极地监督和促进整个经济中的竞争（Slaughter and May, 2016）。中国的《反垄断法》第 7 条第 2 款涵盖了国有企业，规定禁止滥用市场支配地位。然而，该法也保护涉及国家经济活力和国家安全的国有企业，现行《反垄断法》对电力行业中的大型国有企业没有实现完全覆盖。中国的反垄断执法权分散于三个政府部门（见图 2-6）。然而有证据表明，随着 2018 年新的反垄断机构——国

第二章 国际电力行业改革经验对中国的启示

```
反垄断执法机构 ──┬── 国家发改委
                │     查处价格违法行为和价格垄断行为
                │
                ├── 国家工商行政管理总局
                │     非价格垄断协议、非价格滥用市场
                │     支配地位、滥用行政权力排除限制
                │     竞争行为的反垄断执法
                │
                └── 商务部
                      经营者集中的反垄断审查
```

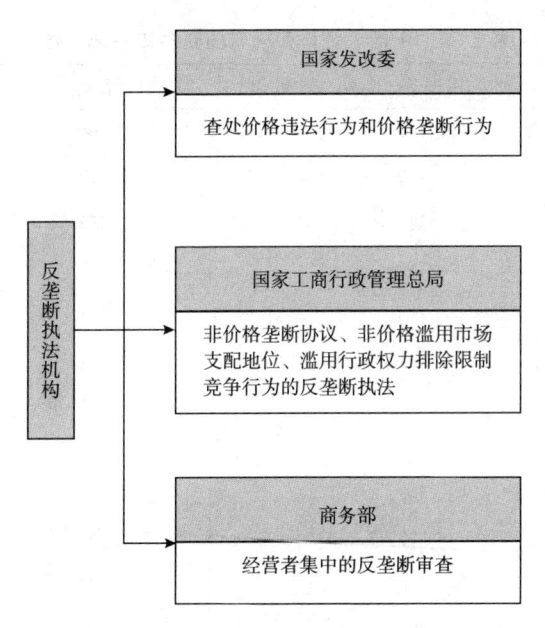

图 2-6　中国的反垄断机构

资料来源：Slaughter and May（2016：2）。

家市场监督管理总局的成立，中国政府的反垄断执法能力正在增强。[①] 要像发达国家一样让市场在电力领域发挥作用，强化反垄断机构的职权就十分重要。[②]

监管机构的效率只取决于其职员的人数和专业度。中国的公务员薪酬仍然相对较低，这是招聘和留住人员以履行监管职能要面对的问题。有证据表明，与其监管的国有企业相比，相关政府部门的工资仍然较低（见表 2-6），尽管差距在逐渐缩小。

一个资源充足的监管机构是中国电力行业持续改革成功的重要组成部分。美国的联邦能源管理委员会（FERC）有 1500 名员工从事电力和天然气行业相关工作，在各州公用事业委员会中还有大量编外人员从事

[①] 详见 https://www.chinalawvision.com/2019/02/uncategorized/new-era-comes-highlights-anti-monopoly-law-china-2018/。

[②] 在英国，可以说竞争管理机构在促进批发电力市场竞争方面比监管机构更为重要（Newbery，2002）。

55

表 2-6 中国公务员薪酬与国企员工薪酬指数

年份	电、气、水公用事业国企薪酬指数（1）	公务员薪酬指数（2）	（1）/（2）
2003	121	100	1.21
2004	140	113	1.24
2005	161	132	1.22
2006	185	147	1.26
2007	218	181	1.20
2008	252	211	1.19
2009	276	231	1.19
2010	312	250	1.25
2011	349	275	1.27
2012	383	301	1.27
2013	445	322	1.38
2014	490	347	1.41
2015	523	407	1.29
2016	549	463	1.19
2017	597	525	1.14

注：2003年公务员薪酬=100。

资料来源：历年《中国统计年鉴》。

燃油行业相关工作。英国天然气电力市场办公室（Ofgem）拥有907名员工（英国人口为5800万人）。

鉴于中国缺乏独立监管的经验，确保监管机构的独立性是一项富有挑战性的工作。一种解决方案是一开始就将电力监管纳入一般竞争管理机构。这样做的好处是既可以强化当局的职能，又可以将最初的重点放在促进竞争上（这也是"9号文"的主旨）。

另一种解决方案是建立一个委员会成员任期为五年的独立的监管机构，并将其作为中国公共事业部门改革的示范案例。这些委员应该具有不同背景，由监管机构的执行和非执行成员组成。

对中国电网系统进行激励性监管可带来显著的效率提升，参见图2-7。

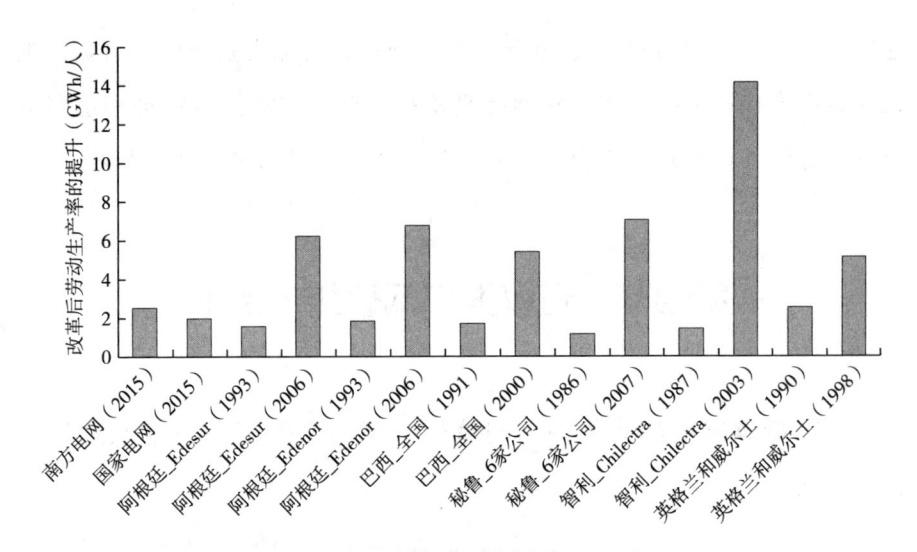

图 2-7 改革对各国电网系统劳动生产率的影响

注：秘鲁 6 家公司是 Electro Sur Medio、Electrolima、Edelnor、Luz del Sur、Ede Chancay 和 Ede Cañete。

资料来源：各公司年报。

1990~1998 年，在英国的电力市场自由化改革期间，电力行业就业人数下降了 43%，而输电和配电的劳动生产率提高了 100% 以上。考虑到国家电网和南方电网拥有 200 余万名员工，单位劳动力节省是可观的，保守估计，可达每年 87 亿美元或工业用户电力支出的 2.1%，电价可能会降低 2%~3%。[1] 但并非所有员工都参与电力供应业务，相当一部分员工从事其他活动，因此节约的人力成本可能会低于此数。[2]

根据国家能源局的一份监管报告，中国电网核算中也存在电网资产折旧问题，这是一种对当前成本（和收费）的高估。例如，贵州电网输电线路的官方折旧期为 17 年，然而实际折旧期不足 5 年。[3] 在欧盟国家，

---

[1] 假设 2015 年，43% 的员工（87 万人）可以以每名员工 10000 美元的价格从该行业离职。工业需求为 3770TWh，电价为 0.1068 美元/kWh。中国的平均工资为 62029 元/年或 8965 美元/年（汇率 6.92），工业用电价格弹性假设为 0.018。

[2] 例如，2005 年国家电网共有约 150 万名员工，其中 72% 从事电力业务（发电、输电和零售），21.6% 从事建筑业，2% 从事研究和设计（Xu, 2017：142）。

[3] 详见 http://zfxxgk.nea.gov.cn/auto92/201606/t20160614_2264.htm。

输电资产的折旧期通常超过40年。在不断扩张的电力系统中，新资产的快速折旧会提高记账成本，从而提高价格。对电网资产核算进行适当的监管，并将其体现在电价中，可能会为工业用户带来更可观的节约。

第四节　有效推广低碳排放技术

一、低碳发电的竞争性采购流程，在一定程度上披露批发价格波动的影响

（一）理论意义

在大多数情况下，低碳发电与化石燃料发电相比，在经济上没有竞争力。这意味着如果政府想要支持低碳发电，就需要寻找隐性（如通过禁止使用化石燃料）或显性（如通过使用上网电价）补贴的方法。面对与化石燃料发电的竞争，补贴低碳发电有两个很好的经济理由。第一，由于低碳发电仍处于初级发展阶段，因此无法从化石燃料发电累积的技术中获益，因此补贴是合理的，因为未来积累的低碳发电技术会使行业受益（Grubb et al., 2008；Twomey & Neuhoff, 2008）。第二，化石燃料发电会产生环境污染物，如颗粒物、二氧化硫和二氧化碳，因此清洁低碳发电技术可以证明额外的财政支持是合理的，这反映了减少污染物排放的价值。低碳发电的另一个问题是，与化石燃料发电相比，此类投资受现金流的性质影响，前期成本高而后期成本低。这意味着长期购电合同对低碳发电更具价值，可以降低资本成本并提高低碳投资的净现值（NPV）。

这些原因表明，低碳发电可能需要长期固定价格，以帮助发电商在当前的技术发展阶段获得回报。无论太阳能光伏、陆上和海上风能等新技术，还是水电和核能等成熟的低碳技术，都是如此。

必须得到补贴并不意味着低碳发电不能通过竞争性过程进行采购。显然，从理论上讲，最小化每兆瓦时清洁电力的补贴成本是可取的，这可以通过设计适当的采购拍卖流程来实现，我们将在后文描述这种流程。

另一个问题是电力在某一天、某一周和某个季节的特定时间更有价值，这与简单的兆瓦时固定价格合同产生冲突，这种合同不随电力的相对价值的改变而改变成交价格。市场设计者应该找到一种方法，为可再生能源发电提供更多的激励，来应对供需因素可能带来的批发电价变化。这可以通过与政府签订差价合约（CFD）来保证基于平均批发价格的追加付款来实现，或者通过固定电价溢价（FIT）来实现，让低碳发电公司完全参与批发市场并获得市场价格加上政府设定的溢价（而不仅仅是固定价格）。

（二）一般改革经验

虽然许多国家已经规定了每兆瓦时的固定上网电价，但是已经有一些国家正在使用竞争性采购方法来支持低碳发电，同时它们也面临实时电价波动的风险。最常见的方法是使用可交易的绿色证书（TGCs）（Currier，2013）。这要求供应商所提供的电力要有一定比例来自"绿色"能源，它们需要提供证书来证明自己已经做到了这一点。低碳发电商生产 1 兆瓦时的电力时，就会得到证书。这为绿色证书创造了一个市场，绿色证书以正价交易，为低碳发电商提供了额外的收入来源（Ciarreta et al.，2014）。这使发电商处于实时电价的影响之下，如果证书市场具有竞争性，证书价格将反映出达到目标百分比（"绿色"能源电力占供应商供电总量的比例）的最低成本方式。美国许多州（如纽约州）都存在此类计划。该方案的一个问题是目标百分比过高而绿色证书短缺，这导致了惩罚性价格约束。这种情况在英国一直发生，结果是证书的价格上升到惩罚性价格的水平，可能太高了（Pollitt，2012）。

英国和美国也已采取了低碳电力的拍卖模式。这一措施在降低低碳电力价格方面非常成功。2015年，英国举行了一次可再生能源低碳发电的拍卖，以供应来自可再生能源的低碳电力。与之前公布的行政定价相比，陆上风能和太阳能光伏发电的价格大幅下降（约下降20%）。此次拍卖的合同为15年CFD（DECC，2015）。随后在2017年和2019年的拍卖中，海上风电价格大幅下跌。[①] 美国已经可以很好地利用拍卖组织电力生产，特别是在采购小规模可再生能源方面。一个很好的例子是加利福尼亚州的可再生能源拍卖机制（RAM），此机制使得3MWh ~ 20MWh级电力的拍卖价格大幅下降。这些拍卖是以固定价格（非CFDs）进行的，但每年有多达50小时的时间无人供电，这意味着当电厂开工不符合系统利益时，配电公司可以从系统中剔除发电商（Anaya & Pollitt，2015）。

（三）在中国的应用[②]

在中国，可再生能源发电和核电按每兆瓦时的固定价格支付，价格由国家发改委和地方政府在省级层面确定。[③] 国家可再生能源目标是指到"十三五"末可再生能源发电量占总发电量的一定比重，以及国家希望增加的新核电量目标。2020年中国各省区市非水电可再生能源发电目标占比见表2-7。

[①] 2018/2019年海上风电拍卖价格从114.39英镑/MWh下降至2022/2023年的57.50英镑/MWh和2024/2025年的41.61英镑/MWh。详见https://assets.publishing.service.gov.uk/government/uploads/system/uploads/attachment_data/file/643560/CFD_allocation_round_2_outcome_FINAL.pdf，https://assets.publishing.service.gov.uk/government/uploads/system/uploads/attachment_data/file/832924/Contracts_for_Difference_CfD_Allocation_Round_3_Results.pdf。

[②] 详见Liu等（2013）、Kahrl等（2011a，2011b）和Chen等（2010）。

[③] 2016年，中国陆上风电和太阳能光伏发电的国家基准价格很高，分别为0.60元/kWh和0.98元/kWh。

表2-7 2020年中国各省区市非水电可再生能源发电目标占比

省区市	占2018年实际总发电量的比重	省区市	占2018年实际总发电量的比重
北京	10%	湖北	7%
天津	10%	湖南	7%
河北	10%	广东	7%
山西	10%	广西	5%
内蒙古	13%	海南	10%
辽宁	13%	重庆	5%
吉林	13%	四川	5%
黑龙江	13%	贵州	5%
上海	5%	云南	10%
江苏	7%	西藏	13%
浙江	7%	陕西	10%
安徽	7%	甘肃	13%
福建	7%	青海	10%
江西	5%	宁夏	13%
山东	10%	新疆	13%
河南	7%	全国平均	9%

资料来源：国家能源局网站，http://zfxxgk.nea.gov.cn/auto87/201603/t20160303_2205.htm。

然而，出于GDP增长目标的原因，或由于当地对清洁能源的偏好（通常受有利于可再生能源的天气条件驱动），个别省区市可能希望增加可再生能源和核能发电。

可再生能源和核能发电既不受竞争性采购的影响，也不受批发价格的直接影响。事实上，可再生能源发电通常由于电网限制或为大型化石燃料发电厂的合同运行时间让路而被限制在系统之外。如前文所述，这是因为在有补贴的情况下，减少可再生能源发电的运行时间会降低系统成本。这表明可再生能源上网电价目前并不能反映社会对可再生能源的支付意愿（高于支付意愿）。

出于两个原因，通过竞争性采购来确定可再生能源发电的价格似乎是可取的。首先，它消除了谈判价格因素，谈判似乎是导致可再生能源发电价格高于社会实际支付意愿的原因。其次，竞争性采购是一种更稳固的合同承诺，因为改善可再生能源发电的电网接入将直接降低采购价格。

有必要对竞争性采购进行试点，这将是政府在一个由国有企业主导的行业中实现其目标的不同寻常的过程。发电行业有许多公司，显然有很多竞争性投标的机会，拍卖会应该被精心设计以提供有竞争力的结果。在更广泛的地区（比如几个省区市）组织的跨技术（风能和太阳能发电）拍卖将突出不同区位和不同技术的价值，而目前的有关技术和地区的上网电价差异却没有突出这方面的价值区别。目前，没有一个市场试点项目涉及对可再生能源的竞争性采购。可再生能源竞争性采购试点项目的时机似乎已经成熟，中国政府宣布有意自2017年7月开始实行一种新的绿色证书交易方案[1]，现在这种方案已经被引入了。[2]

根据中国官方统计，可再生能源税征收不足导致可再生能源基金出现累积赤字，进而延迟了对可再生能源发电企业的支付。截至2017年1月，这一赤字已增至500亿元。[3]

二、可再生能源的成本反映准入条款

（一）理论意义

可再生能源的地理区位是一个特殊的问题，虽然化石燃料发电厂可以选择靠近负荷中心的位置或选择很容易获得传输容量的位置，但可再生能源发电需要选择具有丰富资源的位置。可再生能源高度普及的电力

---

[1] 详见http：//www.reuters.com/article/us-china-economy-renewables-idUSKBN15I0AK。
[2] 详见http：//www.nea.gov.cn/2017-02/06/c_136035626.htm。
[3] 详见http：//www.jyjch.com/xzlw/2017/0119/4746.html。

系统是这样的系统：负荷和发电机的集中点往往相隔很远，小规模可再生能源可能分布在整个网络中。鉴于电力的成本包括发电成本和运输成本，因此发电商所面对的运输要素的定价非常重要。

可再生能源发电得到补贴一事使得将可再生能源发电接入电网的位置问题复杂化了。这意味着，在发电条件非常有利的地方（即有风和/或阳光充足的偏远地区），位置因素可能会（往往是一定会）惩罚性地提高可再生能源的传输成本。这产生了一个违反直觉的结果，即相比条件更有利的地区，我们更愿意为在条件较差的地区生产的风能或太阳能支付更多的费用。

（二）一般改革经验

许多地方均选择按相同的每兆瓦时价格对可再生能源发电进行支付，无论发电商位于何处，都不向其收取反映特定地点连接系统成本的差异性连接费用。事实上，大多数电力系统只是将向可再生能源发电商提供固定连接（100%保证出口容量）的成本社会化，因此可再生能源发电商只需支付其直接连接成本（在物理上接入现有电网或其他电网的成本被称为"浅连接成本"）。

随着可再生能源占比在某些地区显著增加，情况开始发生变化。美国加利福尼亚州的 RAM 拍卖会在考虑特定项目的系统传输成本后对项目进行排名（Anaya & Pollitt, 2015）。在英国，可再生能源发电商确实为其电网系统支付了一部分升级成本（它们必须付费才能连接到网络中不受限制的部分，或者承担升级它们连接的第一个变电站的费用，即浅连接费用）。英国的灵活即插即用项目为发电商提供非固定连接，发电商只需要支付浅连接费用，但是要额外承担连接中断的风险。嵌入建设好的配电系统中的小型可再生能源项目仅用于供应负荷，这显著降低了项目总成本（Anaya & Pollitt, 2015）。

标示电网连接位置并将可再生能源连接到网络受限部分的成本暴露

给系统，这样的做法还处于早期发展阶段。鉴于可再生能源的间歇性、可再生能源项目的高固定成本（这意味着最大限度地发电很重要）以及为可再生能源提供稳定的电网出口能力的高固定成本，以上做法似乎很重要。

（三）在中国的应用

出于长距离传输电流的限制，即使间歇性（非水电）可再生能源的渗透率相对较低，中国电网也已经承受着巨大的压力（Ming et al.，2016）。随着可再生能源发电的增长，长距离电力传输的潜力正在发挥出来。中国可再生资源主要分布在北部和西部，远离作为需求中心的东部和南部，这表明靠近负荷的小型可再生能源项目具有重要价值。

目前，发电商不能直接得到能够体现发电商与特定地点的网络连接的价值的价格信号。它们通过削减开支间接得到这一信号。由于这种削减是随意的，因此尚不清楚这是否恰当地表明了网络特定部分连接的真实价值（张晓萱等，2015；Zhang & Li，2012）。

中国的电网成本很高，并且有进一步上升的可能。目前，人们希望解除电网的所有传输限制并使电网适应预计的发电能力。然而，面对需求的持续增长和越来越多地使用远离负荷的可再生能源（实际上化石燃料也远离负荷），这看起来具有挑战性。考虑到所涉及的规模，为可再生能源发电提供有效的连接信号很有价值。

这表明可再生能源发电商应该得到能够表示发电商与特定地点的网络连接的价值的位置信号。这涉及一系列的区域收费：每年收取为并网发电提供传输容量的设施的费用（按照英国的区域输电收费制度）[①]，收取输配电系统升级费用，以保证并网发电有更高出口容量的组合（Pollitt & Anaya，2016）。

---

① 详见 Pollitt 和 Bialek（2007）。

三、对环境外部性（二氧化碳和其他大气污染物如二氧化硫的排放）进行适当定价

（一）理论意义

化石燃料发电与重大的环境外部性有关，其中包括氮氧化物（NOX）、二氧化硫（SO_2）、二氧化碳CO_2和颗粒物等污染物。一氧化二氮和二氧化硫导致酸雨，二氧化碳导致全球变暖，颗粒物导致危险的地区污染。

考虑到不同环境特征下不同发电技术的存在，对这些外部性进行定价以表明清洁电力生产对社会的相对价值是十分重要的。

环境污染税、许可计划和造成损害的法律责任（Viskusi et al., 2005）。都可以有效地将外部成本落实在污染的生产者身上。这提高了化石燃料发电相对于核能和可再生能源发电的成本。

（二）一般改革经验

将改革后的批发市场与适当的环境外部性定价相结合，全球电力行业已经取得了非常积极的经验。这导致环境的大幅改善和系统成本的降低。

三个很好的例子分别是美国在全国性二氧化硫排放许可计划方面的实践、美国南海岸空气质量管理区（SCAQMD）的氮氧化物定价计划（RECLAIM）和欧盟的二氧化碳排放交易计划。

美国二氧化硫排放许可计划始于1994年（Ellerman, 2003），要求美国所有大型燃煤电厂为每吨二氧化硫排放配备许可证。该计划通过鼓励引进新的更便宜的烟气脱硫（FGD）设备和改用低硫煤，以非常低的成本成功地在2000年之前将这些工厂产生的二氧化硫减

少了60%。

RECLAIM 计划始于1994年①，是在南加州（包括洛杉矶）对氮氧化物定价的许可计划。这涉及对氮氧化物定价以反映经济活动对覆盖区域大气条件的影响，在管理该地区的大气污染方面取得了成功。

欧盟于2005年推出了二氧化碳排放交易计划，涵盖了电力部门和许多其他能源密集型工业部门（最近还扩展到了航空业），电力部门交易约占当前计划的60%。该计划支持在燃煤发电和燃气发电之间进行转换，这对于保持许可证交易市场所允许的二氧化碳数量是必要的（Koenig, 2011）。

（三）在中国的应用

中国发电厂制造的空气污染问题已经十分严重。2014年，大约30%的二氧化硫、28%的氮氧化物和5%的颗粒物来自电力部门。② 小型燃煤电厂已被关闭，取而代之的是热效率更高的大型电厂。③ 所有新建的燃煤电厂都已经开始安装烟气脱硫装置。不过到目前为止，价格发挥的指导作用非常有限，无法将空气污染降至更低的水平。

中国已经采取措施完善价格激励机制，以实现化石燃料发电厂的清洁生产。④ 国家发改委允许具有烟气脱硫装置的发电厂提高价格，并且已经引入了7个碳市场试点项目，每个试点都涵盖电力部门，并以类似于欧盟排放交易计划的方式运作（Zheng et al., 2016; Yu et al., 2014）。试点项目中的排放定价为每吨二氧化碳 1~2 美元。这远低于2015年在考虑新电厂投资时促使投资者放弃燃煤发电选择燃气发电的

---

① 详见 Fowlie 等（2012）。
② 数据来自中国国家电力监管委员会和国家统计局。
③ 详见 Wei 等（2011）和 Dupuy 等（2015）。
④ 详见国家能源局（2012）。

18.60 美元（见附录 1），更不用说在现有燃气发电和燃煤发电之间切换所需的价格（接近 48.61 美元，见附录 2）。

在某些地区，二氧化硫排放的定价是受限制的。上海对氧硫化物、氮氧化物排放征税 4000 元/吨（袁家海，2016）。受管制的发电价格包括在存在烟气脱硫装置的情况下用煤发电的溢价。① 但是该溢价适用于所有安装了烟气脱硫装置的发电厂，并不考虑其污染物减排绩效。因此，一些发电厂安装低成本、低质量的烟气脱硫装置，只是为了享受溢价。此外，一项研究发现，安装烟气脱硫装置的发电机组中有多达 40% 没有使用它们（Chow & Perkins, 2014）。

中国宣布在 2017 年引入全国二氧化碳排放许可证市场，但尚未实施。这是《巴黎协定》中的国家自主贡献减排（INDC）的关键部分。② 这将覆盖整个电力部门，并成为全球温室气体减排努力的重要补充。这项措施可以鼓励逐步提高煤炭使用效率，鼓励电力部门从煤炭转向天然气。

一个关键的建议是，中国需要开始使用基于市场的机制为空气污染定价，其成本既取决于时间也取决于地点。覆盖电力部门和其他工业部门的全国二氧化硫排放许可证市场似乎是一个好主意，而各地设置空气资源委员会（遵循 RECLAIM 的经验）来为当地烟雾和颗粒物污染进行定价的想法也非常有价值（Chen et al., 2016）。

---

① 2007 年 7 月 1 日至 2014 年 5 月 1 日，利用烟气脱硫技术的发电厂全国溢价水平为 0.0015 元/kWh。在最新政策中，政府对燃煤发电厂的溢价规定为 0.001 元/kWh（2016 年 6 月 1 日前接入电网）和 0.0005 元/MWh（2016 年 1 月 1 日之前接入电网）。详见 http://www.nea.gov.cn/2014-04/04/c_133235649.htm; http://www.hebwj.gov.cn/News.aspx?sole=20160104163510593; http://www.cec.org.cn/xinwenpingxi/2011-08-25/65025.html; http://www.cec.org.cn/xinwenpingxi/2011-0825/65025.html; http://www.sdpc.gov.cn/fzggzz/jggl/zcfg/201404/t20140403_615508.htm。

② 详见 http://newsroom.unfccc.int/unfccc-newsroom/china-submits-its-climate-action-plan-ahead-of-2015-paris-agreement/，另见 Jackson 等（2015）和 Sha 等（2015）。

第五节 所有好的电力市场化改革乃至所有的重大经济改革都应包括适当的过渡机制

一、理论意义

在最优政策设计中,传统经济理论强调终点和均衡结果。简单地说,改革所需要的是以特定方式重新设计整个系统,这将产生一系列理想的结果。电力市场化改革的问题在于系统庞大、复杂且有些不可预测。即使设计得最好、实施得最好的改革也可能出现很多问题。更重要的是,考虑到许多改革不能立即不计成本地实施,许多年来,理论上稳健的电力市场化改革并不能落实所有改革要素。系统将"失去平衡",并且人们将会怀疑这种"失衡"的情况是否比之前的情况更好。许多经济学家认为,改革的先后顺序(Aghion & Blanchard, 1994)和过渡安排都非常重要,特别是对关键利益相关者(如贫困居民或小型企业)来说。

二、一般改革经验

许多电力改革并未如社会预期的那样顺利进行。1996年加利福尼亚的电力改革被证明是灾难性的,导致2000~2001年的间歇性停电。正如我们已经观察到的,这是过渡性安排(固定零售价格和零售商使用套期保值合同的限制)和竞争性发电商在需求高企情况下的机会主义行为的部分后果。

即使在英国等改革成功的国家,1990年代电力批发市场也存在问题(Newbery, 2005),自2008年以来,零售市场缺乏对惰性零售客户的竞争(CMA, 2016)。

包括英国在内的许多国家都使用了过渡性安排，其中包括在市场开放竞争后仍提供违约管制收费。英国的零售电力市场从 1999 年开始完全自由化，但零售商在 2002 年之前一直对其标准电价实行控制；在北爱尔兰，尽管现任电力零售商收取的零售利润率在 1999 年开始引入竞争，但在技术上仍受到监管。这表明过渡性安排可以持续一段时间。

三、在中国的应用

中国在限制全面竞争、保护公司和现有用户的过渡性安排方面经验丰富（Mathews & Tan, 2013; Kahrl et al., 2011a, 2011b）。在价格持续受到监管的经济体中，这种安排尤其重要，因为对所有价格同时放松管制造成的"大爆炸"将导致严重的经济混乱。

全面的电力批发市场竞争极为有利于低成本的化石燃料生产商。虽然从长远来看这是可取的，但这将导致某些发电厂的产量和收入立即大幅下降，并因此导致对某些煤矿的煤炭需求减少。此处的过渡性安排可能包括按产能向发电厂支付费用，以保持其运转并盈利。[①]

激烈的零售竞争也会给电网公司带来损失，前提是它们设定正常电收费水平以维持运营。

中国距离全面放开电力批发和零售市场尚有一段距离。即使在许多细分市场（如大型工业用户电力）开放的情况下，也有一些过渡性安排（如限制最高价格），限制发电商、零售商通过提高其他价格来交叉补贴。可以有选择地在必要时引入过渡性安排。为了评估过渡性安排是否充分或必要，有必要对价格对消费者消费能力和国有企业盈利能力的影响进行良好的监测。

改革的一项关键任务似乎是减少电力部门的新投资额。正如我们已

---

① 详见 Menezes 和 Zheng（2016），另见国家发改委和国家能源局（2015）。

经注意到的那样,在 2015 年电力需求增长开始放缓的时候,这一数字为 1200 亿美元。降低这一投资水平将需要分阶段重新部署大量资源,用于新电站建设和电网资产扩张。即使电力部门新投资每年仅减少 100 亿美元,也可以使工业电价降低 2.5% 左右。①

中国已经建立了大量的试点项目(见表 2-8),但其中许多试点并没有体现出我们在本书中概述的自由市场的许多设计原则。例如,在一系列试点项目中缺少实时测试电力现货市场的实验,也没有体现可再生能源发电的竞争性采购和位置定价信号。事实上,除了基于价格进行安排的系统和工作方式之外,在试点项目中要做什么测试并不总是清晰明确的。

表 2-8 中国电力市场化改革试点项目

地方试点	进展概述
深圳市	国家发改委在 2014 年 11 月启动深圳市输配电价改革试点。国家发改委对输配电价进行详细核对,在实行改革后,输配电价下降,降低了终端售电价格。改革期间建立了许多售电公司,深圳市商业电价降低,工商业、公用事业均从降价中受益。
内蒙古自治区	2015 年 6 月,国家发改委批准内蒙古自治区输配电价改革试点。2015 年 9 月,国家发改委审核了内蒙古输配电运营收入和价格,明确了不同电压等级、不同用户的输配电价。电力用户按照接入的电网电压等级支付含交叉补贴的输配电价。因此,在这个改革试点中,降价主要惠及大工业用户。
宁夏回族自治区	2015 年 9 月,国家发改委批复了宁夏输配电价改革试点方案,这也是国家电网辖区内获批的首个试点方案。与内蒙古和深圳的电改方案相比,宁夏的方案明确了输配电价改革推动机制。
云南省	云南省是中国市场化电力交易的先锋。2015 年,云南省工信厅建立"3134"交易模式,包含"三个主体,一个中心,三个市场,四种模式"。基于这些市场化交易和输配电改革进展,2015 年 10 月,国家发改委批复了云南省电网输配电价改革试点方案,在 2015 年 11 月批准云南建立电力体制改革综合试点。

---

① 2014 年,中国工业用电市场规模为 4020 亿美元,2.5% 即为 100.5 亿美元。

续表

地方试点	进展概述
贵州省	2015年7月，贵州省政府公布了《贵州省进一步深化电力体制改革工作方案》，采取了与深圳市输配电价改革类似的模式。贵州改革试点有四大动力：（1）火电公司因发电利用小时数减少而面临困难；（2）贵州省有充足的煤炭资源；（3）本地耗电行业需要低价的电力供应；（4）贵州省有直接电力交易的坚实基础。
山西省	2016年2月，国家发改委、国家能源局批复了山西省电改试点，这是国家电网系统内第一个综合改革试点。该试点的三大特征是：（1）山西电网独立运行交易中心，其他各方参股；（2）试点改革明确了增量配电的界定标准；（3）建立了现货交易机制。
重庆市	2015年11月，国家发改委、国家能源局批复了重庆电改试点。2015年12月，成立了3家试点售电公司，标志着重庆试点的启动。2016年2月，12家企业与一家售电公司签署协议。
广东省	广东的售电侧改革与重庆类似，但进展更慢。2016年，相关部门制定了交易机制的基本规则，通过模拟运行完善了技术支持系统，电力交易于2017年正式启动。

资料来源：中国能源网研究中心（2016：34-61）。

以往研究指出，中国地方能源机构没有充分的决策权和政策空间来启动自己的试点项目。目前的大多数试点项目都是由国家发改委设计的（尽管有省级和地方能源机构的参与）。中央和地方发改委监督省级能源机构开展地方试点项目。在有地方政府和行业利益相关者支持的情况下，给予地方试点项目更多自由，例如在南方电网覆盖的省区市开展试点项目，似乎是可取的。

Xu（2017：170）认为，2015年3月之前的市场化试点不成功，原因是缺乏发电能力、零售价格低于成本、互联不足以及缺乏经验丰富的监管监督。这证明了为持久而成功的改革做好时间安排和充分准备的重要性。

结　论

一、可供中国借鉴的国际经验和政策重点

中国的成功改革与其电力公司的成功与否无关（比如像在美国和德

国那样），除非真正高效的电力公司通过释放劳动力来提高其他地方的生产率和降低电力成本，以支持经济的其余部分。1979～1997年，英国的整个公共事业私有化计划将2%的劳动力释放到经济的其他部门，并提高了总体经济的生产率。

当前中国改革的一个关键驱动因素是工业用电价格比美国更高。我们已经确定了电力行业的四大节约措施，这将降低工业用电的价格：调度改革（可能将煤炭使用量减少多达6%，并使工业用电价格下降1%～2%）；提高电网公司的效率（可能会使工业用电价格下降2%～3%）；通过向居民收取更多电费补贴工业用户，使电力价格系统重新达到平衡，以更好地反映基础系统成本（这可能会使工业用电价格下降多达5%）；以每年减少100亿美元投资的速度降低发电、电网行业的高投资率，这也可以将工业电价降低2.5%。没有一项措施是容易实现的，因为它们都会对分配产生重大影响。然而，它们已经在许多其他国家得到了实现，尽管实现的过程可能长达10年。通过这四项措施，我们确定的中美之间可以消除的非燃料成本差异相当于目前中国工业电价的12%。

如果要进一步缩小与美国的差距，中国需要对煤炭行业（以及电力行业的增值税）进行全面改革。煤炭行业的合理化可能会使成本下降到美国的水平，这将大大缩小电价差异。税收变化或使用更便宜的能源（如页岩气）可以进一步缩小电价差距。

中国需要从电力部门能够为中国经济其他部分做些什么的角度来审视电力市场化改革，并抵制电力行业内试图限制改革的既得利益分配现状。电力市场化改革对中国经济其他部分的一个关键作用是，通过减少煤炭需求和提高煤炭行业的生产率，提供一个使煤炭生产行业（拥有430万名从业人员，略高于整个电力行业）合理化的机会。电力政策与国家对化石燃料和核技术的采购战略脱钩是欧洲和美国新投资降低成本的关键驱动因素。减少中国电力生产对煤炭的依赖的另一个推动力是近期中国煤炭储采比迅速下降。

中国以 2002 年的改革（即将电网与发电分离，但改革随后停滞）为基础，继续推进基于建立竞争性批发和零售市场以及独立监管的电网业务的全面电力市场化改革。主要目标是降低工业用户的支出，附加目标是减少"弃风"和减少对新的、污染性较强的燃煤电厂的过度投资。电力市场化改革的实施仍然与减少煤炭使用量有关。除非中国有意愿在单个工厂或矿井层面优化和减少煤炭使用，否则电力市场化改革实际取得的进展将仍旧有限。

中国已将大量能源投资决策权下放给各省区市。这有利于省级煤矿发展，并鼓励各省区市追求能源自给。这是因为煤炭生产和煤炭发电为地方 GDP 目标做出贡献，地方煤矿和煤炭发电为地方税收做出贡献。但这会破坏区域市场和国家市场的根基，不利于国家经济发展。显然，中央政府必须大力规范省际电力交易并鼓励其发展。

尽管改革的大部分过程都在强调电力市场化交易，但发电厂仍没有按照成本顺序实时调度。想要形成真正的批发市场从而降低运营成本并通过更好地利用现有发电机组来显著提高效率和收益，政府需要优先考虑调度改革（对煤炭使用和现有发电资产价值的影响大）。

政府目前监管具有竞争性的电力部门的能力是有限的。能够管理和规范市场机构的高素质、训练有素的员工（会计师、经济学家和律师）十分缺乏，部分原因是公共部门的工资较低（相对于国有企业）。中国仍然需要降低电网公司在电力行业总体政策上的发言权，以支持资源充足且独立的监管机构。可以将电网公司的部分研究职能上收，并在政策讨论中将电网公司视为拥有内部财务激励措施的利益相关方。

值得称道的是最新一轮改革的意图，但考虑到解除当前电力行业监管安排的复杂性和关联性，改革推进也相当谨慎。一些引入工业电力批发远期市场的试点项目正在进行中，政府正在谨慎地推进全面的市场化改革，这是正确的。改革在将发电、零售与电网业务分离方面已经取得了实际进展，现在公布了省级网络接入价格（基于对监管资产和运营成本基础的评估）。中国市场中已有数百家电力零售公司，但没有一家与国家电网和南方电网直接竞争（我们将在下一章讨论）。然而，对国家电网和南方电网的电网业务进行激励监管的前提条件已经具备。

2015 年是推进改革的好时机。终端价格一开始是很高的（对于工业用电而言，美国低廉的能源价格是改革的主要动力）。相对于基本成本（随着大宗商品价格下跌而下降）而言，2015 年电力行业是盈利的。试点批发市场上工业用户的电力支出下降（我们将在下一章进一步讨论）。环境压力下，弃风率仍然很高，这主要是由于燃煤发电厂持有基于分配小时数的合同。如果大宗商品价格持续上涨，这一好时机当然会过去。

二、对未来研究的建议

我们确定了降低工业电价的五个措施，对此值得进一步开展多方面的研究。

（1）调度节省的能力。这需要对约束条件和对个别公司的分配影响以及需要多少补偿进行仔细建模。

（2）对十年内完成工业用户向居民用户重新分配费用的影响进行建模，在此期间，收入和家庭消费预计将继续强劲增长。

（3）对电网公司成本降低范围和激励监管风险的效率进行建模，关于电网公司不同业务部门效率的研究还很少。

（4）对过度投资对电力用户的财务影响进行建模，研究如何减少对化石燃料发电的新投资（在需要的范围内）。

（5）进一步研究中国化石燃料生产行业的合理化以及中国如何获得更便宜的煤炭和天然气。这可能与欧洲、韩国和日本历史上的重工业合理化进程相似。

此外，还要注意到以下几点。

需要对试点项目的设计和经验进行调查。当前的试点项目需要证明它们正在支持该行业的基本合理化，这是降低成本和提高环保业绩所需的。可能需要额外的试点来试验改革的不同方面（如价格投标主导的调度）。

网络费率的计算需要仔细分析。这得益于独立研究，因为监管机构最初相对于受监管的公司处于信息弱势。网络费率计算错误或未校准的情况普遍存在。

1985年以来，中国采取了许多重大改革措施。学界对于不同改革措施的影响没有进行更仔细的分析。例如，国有发电商相对于私营发电商的表现如何？国家投资工具在有效管理资产方面的表现如何？特别是，最好更仔细地研究2002年发电和配电重组对效率的影响。

中国需要将自己的表现与其他国家的表现进行比较。这在改革的初始阶段特别有价值，因为此时很难获得有意义的内部基准，因此需要更多关于其他国家和中国之间发电成本和网络成本的比较分析。

中国的电力市场化改革仍需解决空气污染问题。虽然电力部门的合理化将减少污染，但仍需要低碳转型，需要密切关注如何使可再生能源和核能发电采购更具竞争性。

应该更多地关注中国部门之间的比较研究：其他部门的成功自由化和经济监管能否为中国的电力改革提供参考？其他行业中有一些可借鉴的监管和自由化技巧。

需要对如何在中国设计一个成功的监管机构（借鉴其他国家和部门的经验）进行新的制度经济学分析，考虑公务员内部的激励措施，有效监管大型垄断公司，确保这一机构在一定程度上独立于中央和省级政府的任意干预。

如何更好地利用不同地区以不同速度发展的现状，这一问题应该被仔细考虑（如首先改革富裕省份的居民用电价格）。针对特定省份改革情况的研究将是有价值的。

最后，考虑到全球的人们都对降低电价以及从电力和煤炭系统释放劳动力的宏观利益有着很大程度的误解，最好能有一些描述电力市场化改革对中国经济利益影响的更一般的均衡模型。

附　表

附表1　2015年燃煤发电转向燃气发电的成本及其计算过程

顺序	步骤	煤炭	天然气	资料来源
1	均化电力成本LCOE（贴现率7%）（美元/MWh）	77.72	92.79	IEA（2015：98）
1	均化电力成本LCOE（贴现率7%）（美元/kWh）	0.07772	0.09279	
1	均化电力成本LCOE差距（美元/kWh）（煤炭-天然气）	-0.01507		
2	燃料消耗	442.216（克/kWh）	0.19125（标准立方米/kWh）	Zhang et al.（2012：232）
2	排放系数（煤炭）	2.78124 千克CO_2/千克		Zhang et al.（2012：233）
2	排放系数（天然气）		2.19362 千克CO_2/标准立方米	Zhang et al.（2012：233）
2	二氧化碳排放（千克CO_2/kWh）	1.230（442.216*2.78124/1000）	0.420（0.19125*2.19362）	
2	二氧化碳排放（吨CO_2/kWh）	0.00123	0.000420	
2	CO_2排放差（吨CO_2/kWh）（煤炭-天然气）	0.000810		
3	煤炭转向天然气的转换价格（美元/吨CO_2）	18.60（0.01507/0.000810）		

附表 2　2015 年燃煤发电向燃气发电转换价格的计算过程

	工业电价（美元/kWh）（2014 年）	单位发电量煤炭价格（美元/kWh）（2014 年）	单位发电量天然气价格（美元/kWh）（2014 年）	转换价格（美元/吨 CO_2）
美国	0.0710	0.0241	0.0159	6.98
中国	0.1068	0.0384	0.0778	48.61

中国		
	煤炭	天然气
热效率	442.216 克/kWh	0.19125 标准立方米/kWh
价格	534 元/吨	2.5 元/标准立方米
碳排放	2.78124 千克 CO_2/千克	2.19362 千克 CO_2/标准立方米
发电成本差异（元/kWh）	-0.241981656	
碳排放差异（吨 CO_2/kWh）	0.000810379	
转换价格（美元/吨 CO_2）	48.61	

美国		
	煤炭	天然气
热效率	442.216 克/kWh	0.19125 标准立方米/kWh
价格	54.5 美元/吨	0.1555995 美元/标准立方米
碳排放	2.78124 千克 CO_2/千克	2.19362 千克 CO_2/标准立方米
发电成本差异（美元/kWh）	-0.005657632	
碳排放差异（吨 CO_2/kWh）	0.000810379	
转换价格（美元/吨 CO_2）	6.98	

参考文献

英文

ACER (Agency for the Cooperation of Energy Regulators). (2015). ACER Annual Market Monitoring Report 2015. http://www.acer.europa.eu/Official_ documents/Acts_ of_ the_ Agency/Publication/ACER_ Market_ Monitoring_ Report_ 2015.pdf.

Aghion, P., & Blanchard, O. J. (1994). On the speed of transition in Central Europe. NBER Macroeconomics Annual, 9, 283–330.

Alva, H. A. C., & Li, X. (2018). *Power sector reform in China: An international perspective*. Paris: IEA Publications.

An, B., Lin, W., Zhou, A., & Zhou, W. (2015). China's market-oriented reforms in the energy and environmental sectors. Paper presented at the Pacific energy summit. http://nbr.org/downloads/pdfs/ETA/PES_ 2015_ workingpaper_ AnBo_ et_ al.pdf.

Anaya, K. L. (2010). The restructuring and privatisation of the Peruvian electricity distribution market. Cambridge: Faculty of Economics, University of Cambridge.

Anaya, K. L., & Pollitt, M. G. (2015). Options for allocating and releasing distribution system capacity: Deciding between interruptible connections and firm DG connections. *Applied Energy*, 144, 96–105.

Archer, C. L., Simão, H. P., Kempton, W., Powell, W. B., & Dvorak, M. J. (2017). The challenge of integrating offshore wind power in the US electric grid. Part I: Wind forecast error. *Renewable Energy*, 103, 346–360.

Bergman, L., Brunekreeft, G., Doyle, C., von der Fehr, N.-H. M., Newbery, D. M., Pollitt, M., & Regibeau, P. (1998). A European Market for Electricity?. London: Centre for Economic Policy Research.

Bessant-Jones, J. E. (2006). Reforming power markets in developing countries: What have we learned? Energy and Mining Sector Board Discussion Paper No. 19, September 2006. Washington, DC: World Bank.

Bishop, M., Kay, J., & Mayer, C. (1994). *Privatization and economic performance.* Oxford: Oxford University Press.

Bohn, R. E., Caramanis, M. C., & Schweppe, F. C. (1984). Optimal Pricing in Electrical Networks Over Space and Time. *RAND Journal of Economics*, 18(3), 360 – 376.

bp. (2019). Statistical Review of World Energy 2019. London: bp.

CEC (China Electricity Council). (2013). Electricity industry statistics summary 2012. Internal report.

Chao, H. P., & Peck, S. (1996). A market mechanism for electric power transmission. *Journal of Regulatory Economics*, 10(1), 25 – 59.

Chawla, M., & Pollitt, M. (2013). Global trends in electricity transmission system operation: Where does the future lie? *The Electricity Journal*, 26(5), 65 – 71.

Chen, Q., Kang, C., Xia, Q., & Zhong, J. (2010). Power generation expansion planning model towards low – carbon economy and its application in China. IEEE Transactions on Power Systems, 25(2), 1117 – 1125.

Chen, H., Tang, B. J., Liao, H., & Wei, Y. – M. (2016). A multi – period power generation planning model incorporating the non – carbon external costs: A case study of China. *Applied Energy*, 183, 1333 – 1345.

Chen, H., Chyong, C. K., Mi, Z. F., & Wei, Y. M. (2019). Reforming the operation mechanism of Chinese electricity system: Benefits, challenges and possible solutions. *The Energy Journal*, 41(2), 191 – 217.

Cheng, C., Chen, F., Li, G., Ristic, B., Mirchi, A., Qiyu, T., & Madani, K. (2018). Reform and Renewables in China: The architecture of Yunnan's hydropower dominated electricity market. *Renewable and Sustainable Energy Reviews*, 94, 662 – 693.

Chow, G. C., & Perkins, D. H. (2014). *Routledge handbook of the Chinese economy.* Oxford: Routledge.

Ciarreta, A., Espinosa, M. P., & Pizarro – Irizar, C. (2014). *Switching from feedin tariffs to a tradable green certificate market. In The interrelationship between financial and energy markets* (pp. 261 – 280). Berlin Heidelberg: Springer.

CMA. (2016). Energy Market Investigation Final Report. London: Competition and Markets Authority.

CNESA (China Energy Storage Alliance) (2015), China's New Electric System Reforms. http://en.cnesa.org/featured-stories/2015/8/4/chinas-new-electric-system-reforms

Crossley, D. (2014). Energy efficiency as a resource for the power sector in China. Beijing: Regulatory Assistance Project.

Cubbin, J., & Stern, J. (2006). The impact of regulatory governance and privatization on electricity industry generation capacity in developing countries. The World Bank Economic Review, 20(1), 115 – 141.

Cunningham, E. A. (2015). The state and the firm. : http://ash.harvard.edu/files/chinas-energy-working-paper.pdf.

Currier, K. M. (2013). A regulatory adjustment process for the determination of the optimal percentage requirement in an electricity market with tradable green certificates. *Energy Policy*, 62, 1053 – 1057.

Danish Energy Regulatory Authority. (2014). 2014 National Report to the European Commission. http://www.ceer.eu/portal/page/portal/EER_HOME/EER_PUBLICATIONS/NATIONAL_REPORTS/National%20Reporting%202014/NR_En/C14_NR_Denmark-EN.pdf

DECC(Department for Business, Energy & Industrial Strategy). (2015). Contracts for difference(CFD) allocation round one outcome. https://www.gov.uk/government/statistics/contracts-for-difference-cfd-allocation-round-one-outcome

Domah, P., & Pollitt, M. G. (2001). The restructuring and privatisation of the electricity distribution and supply businesses in England and Wales: A social cost-benefit analysis. *Fiscal Studies*, 22(1), 107 – 146.

Dupuy, M., Weston, F., & Hove, A. (2015). Stronger markets, cleaner air, power sector-Deepening reform to reduce emissions, improve air quality and promote economic growth. http://www.paulsoninstitute.org/wp-content/uploads/2015/09/2-Power-Sector-EN-Final.pdf

Ellerman, A. D. (2003), Ex post evaluation of tradable permits: The U.S. SO2 cap-and-trade program. MIT CEEPR Working Paper 2003 – 03. http://ideas.repec.org/p/mee/wpaper/0303.html

Ellerman, A. D., Marcantonini, C., & Zaklan, A. (2016). The European Union emissions trading system: Ten years and counting. *Review of Environmental Economics and Policy*, 10(1), 89 – 107.

Florio, M. (2004). *The great divestiture: Evaluating the welfare impact of the British privatizations*, 1979 – 1997. Cambridge, MA: MIT press.

Fowlie, M., Holland, S. P., & Mansur, E. T. (2012). What do emissions markets deliver and to whom? Evidence from Southern California's NOx trading program. *The American Economic Review*, 102(2), 965 – 993.

Gilbert, R., & Newbery, D. M. (1994). The dynamic efficiency of regulatory constitutions. *RAND Journal of Economics*, 25(4), 538 – 554.

Grubb, M., Jamasb, T., & Pollitt, M. G. (2008). *Delivering a low – carbon electricity system – Technologies, economics and policy*. Cambridge: Cambridge University Press.

He, Y. X., Yang, L. F., He, H. Y., Luo, T., & Wang, Y. J. (2011). Electricity demand price elasticity in China based on computable general equilibrium model analysis. *Energy*, 36, 1115 – 1123.

Hogan, W. (1992). Contract networks for electric power transmission. *Journal of Regulatory Economics*, 4(3), 211 – 242.

Hove, A., & Mo, K. (2016). Going for gold: Championing renewable integration in Jing – Jin – Ji. http://www.paulsoninstitute.org/wp – content/uploads/2016/07/Renewable – Energy – Integration – EN.pdf

International Energy Agency(IEA). (2015). *Projected costs of generating electricity:* 2015 edition. Paris: OECD.

International Energy Agency(IEA). (2016). *CO2 emissions from fuel combustion:* 2016 edition. OECD: Paris.

Jackson, R. B., Canadell, J. G., Le Quéré, C., Andrew, R. M., Korsbakken, J. I., Peters, G. P., & Nakicenovic, N. (2015). Reaching peak emissions. *Nature Climate Change*, 6, 7 – 10.

Jamasb, T., & Pollitt, M. (2005). Electricity market reform in the European Union: Review of progress toward liberalization & integration. *The Energy Journal*, 29(Special Issue on European Electricity Liberalisation), 11 – 42.

Jamasb, T., & Pollitt, M. (2007). Incentive regulation of electricity distribution networks: Lessons of experience from Britain. *Energy Policy*, 35(12), 6163 – 6187.

Joskow, P. L. (2003). The difficult transition to competitive electricity markets in the US. Mimeo. http://economics.mit.edu/files/1160.

Joskow, P. L. (2008). Lessons learned from electricity market liberalization. *The Energy*

Journal, Vol. 29 Special issue No. 2, The future of electricity: Papers in honor of David Newbery, 9 – 42.

Joskow, P. L. , & Schmalensee, R. (1983) . *Markets for power: An analysis of electric utility deregulation.* Cambridge, MA: MIT Press.

Kahrl, F. , & Wang, X. (2014) . Integrating renewables into power systems in China: A technical primer – Power system operations. Beijing: Regulatory Assistance Project. http://www. raponline. org/document/download/id/7459.

Kahrl, F. , Williams, J. , & Ding, J. (2011a) . Four things you should know about China's electricity system. https://www. wilsoncenter. org/publication/four – things – you – should – know – about – chinas – electricity – system

Kahrl, F. , Williams, J. H. , Jianhua, D. , & Junfeng, H. (2011b) . Challenges to China's transition to a low carbon electricity system. *Energy Policy*, 39(7) , 4032 – 4041.

Kahrl, F. , Williams, J. H. , & Hu, J. (2013) . The political economy of electricity dispatch reform in China. *Energy Policy*, 53, 361 – 369.

Kahrl, F. , Dupuy, M. , & Xuan, W. (2016) . Issues in China power sector reform: Generator dispatch. http://www. raponline. org/knowledge – center/issues – in – china – power – sector – reform – generator – dispatch/.

Khalid, O. (2016) . Exploring the market for demand – side response. 13 May 2016 Spring Seminar. http://www. eprg. group. cam. ac. uk/wp – content/uploads/2016/05/O. Khalid. pdf.

Kim, T. H. (2016) . The Central Electricity Generating Board(CEGB) and the politics of fuels and power generation 1961 – 89. PhD Thesis, University of Cambridge.

Koenig, P. (2011) . Modelling Correlation in Carbon and Energy Markets, EPRG Working Paper No. 1107.

Lei, N. , Chen, L. , Sun, C. , & Tao, Y. (2018) . Electricity market creation in China: Policy options from political economics perspective. *Sustainability*, 10(5) , 1 – 15.

Li, Y. , Lukszo, Z. , & Weijnen, M. (2016) . The impact of inter – regional transmission grid expansion on China's power sector decarbonization. *Applied Energy*, 183, 853 – 873.

Littlechild, S. C. (2006) . Foreword: The market versus regulation. In F. P. Sioshansi & W. Pfaffenburger(Eds.) , *Electricity market reform: An international perspective*. Oxford: Elsevier.

Littlechild, S. C. (2008) . Municipal aggregation and retail competition in the Ohio energy sector. *Journal of Regulatory Economics*, 34(2), 164 – 194.

Liu, Z., Guan, D., Crawford – Brown, D., Zhang, Q., He, K., & Liu, J. (2013). Energy policy: A low – carbon road map for China. *Nature*, 500(7461), 143 – 145.

Liu, Y., Eyre, N., Darby, S., Keay, M., Robinson, D., & Li, X. (2015). Assessment of demand response market potential and benefits in Shanghai. http://www.nrdc.cn/phpcms/userfiles/download/201509/01/Assessment of Demand Response Market Potential and Benefits in Shanghai.pdf.

Liu, S., Yang, Q., Cai, H., Yan, M., Zhang, M., Wu, D., & Xie, M. (2019). Market reform of Yunnan electricity in southwestern China: Practice, challenges and implications. *Renewable and Sustainable Energy Reviews*, 113, 1 – 24.

Ma, J. (2011). On – grid electricity tariffs in China: Development, reform and prospects. *Energy Policy*, 39(5), 2633 – 2645.

Mansur, E. T., & White, M. W. (2012). Market organization and efficiency in electricity markets. http://www.dartmouth.edu/~mansur/papers/mansur_white_pjmaep.pdf

Mathews, J. A., & Tan, H. (2013). The transformation of the electric power sector in China. *Energy Policy*, 52, 170 – 180.

Menezes, F. M., & Zheng, X. (2016). Regulatory incentives for a low – carbon electricity sector in China. http://www.uq.edu.au/economics/abstract/562.pdf.

Ming, Z., Ximei, L., & Lilin, P. (2014). The ancillary services in China: An overview and key issues. *Renewable and Sustainable Energy Reviews*, 36, 83 – 90.

Ming, Z., Lilin, P., Qiannan, F., et al. (2016). Trans – regional electricity transmission in China: Status, issues and strategies. *Renewable and Sustainable Energy Reviews*, 66, 572 – 583.

Mingtao, Y. A. O., Zhaoguang, H. U., & Zhang, N. (2015). Low – carbon benefits analysis of energy – intensive industrial demand response resources for ancillary services. *Journal of Modern Power Systems and Clean Energy*, 3(1), 131 – 138.

Mota, R. L. (2003). The restructuring and privatisation of electricity distribution and supply businesses in Brazil: A social cost – benefit analysis. Cambridge: Department of Applied Economics, University of Cambridge.

Newbery, D. (2002). *Privatization, restructuring, and regulation of network utilities (Vol. 2)*. Cambridge, MA: MIT Press.

Newbery, D. (2005). Electricity liberalisation in Britain: The quest for a satisfactory wholesale market design. *The Energy Journal*, 26(Special Issue: European Electricity Liberalisation), 43 – 70.

Newbery, D. (2016). Towards a green energy economy? The EU Energy Union's transition to a low – carbon zero subsidy electricity system – Lessons from the UK's Electricity Market Reform. *Applied Energy*, 179(October), 1321 – 1330.

Newbery, D., Strbac, G., & Viehoff, I. (2016). The benefits of integrating European electricity markets. *Energy Policy*, 94, 253 – 263.

Nillesen, P. H., & Pollitt, M. G. (2011). Ownership unbundling in electricity distribution: Empirical evidence from New Zealand. *Review of Industrial Organization*, 38(1), 61 – 93.

O'Donnell, A. J. (2003). *The Soul of the Grid: A Cultural Biography of the California Independent System Operator*. Lincoln: iUniverse Inc.

Ofgem. (2009). Regulating Energy Networks for the Future: RPI – X@ 20 Performance of the Energy Networks under RPI – X. London: Ofgem.

Pingkuo, L., & Zhongfu, T. (2016). How to develop distributed generation in China: In the context of the reformation of electric power system. *Renewable and Sustainable Energy Reviews*, 66, 10 – 26.

Pollitt, M. G. (2005). Electricity reform in Chile: Lessons for developing countries. https://www.researchgate.net/publication/227578069_ Electricity_ Reform_ in_ Chile_ Lessons_ for_ Developing_ Countries.

Pollitt, M. G. (2008a). Electricity reform in Argentina: Lessons for developing countries. *Energy Economics*, 30, 1536 – 1567.

Pollitt, M. G. (2008b). The future of electricity (and gas) regulation in a lowcarbon policy world. *The Energy Journal*, 29(Special Issue), 63 – 94.

Pollitt, M. G. (2009). Electricity Liberalisation in the European Union: A Progress Report. Mercato Concorrenza Regole, 3/2009, 497 – 523. [In Italian]; English Version: EPRG Working Paper, No. 0929.

Pollitt, M. G. (2012). Lessons from the history of independent system operators in the energy sector. *Energy Policy*, 47, 32 – 48.

Pollitt, M. G., & Anaya, K. L. (2016). Can current electricity markets cope with high shares of renewables? A comparison of approaches in Germany, the UK and the State of New York. *The Energy Journal*, 37(Special Issue), 69 – 88.

Pollitt, M. G., & Bialek, J. (2007). Electricity network investment and regulation for a low carbon future. https://www.repository.cam.ac.uk/handle/1810/194734.

Pollitt, M. G., & Stern, J. (2011). Electricity regulation in developing countries: Developments since 2001. *Utilities Policy*, 19, 53 – 60.

Rahimi, A. F., & Sheffrin, A. Y. (2003). Effective market monitoring in deregulated electricity markets. IEEE Transactions on Power Systems, 18(2), 486 – 493.

Rioux, B., Galkin, P., Murphy, F., & Pierru, A. (2016). How do price caps in China's electricity sector impact the economics of coal, power and wind? Potential gains from reforms. Working Paper KS – 1652, King Abdullah Petroleum Studies and Research Center (KAPSARC), P. O. Box 88550, Riyadh 11672, Saudi Arabia, https://www.kapsarc.org/wp-content/uploads/2016/09/KS-1652-DP047-Potential-Gains-from-Reforming-Price-Caps-in-Chinas-Power-Sector.pdf

Sha, F., Ji, Z., & Linwei, L. (2015). An analysis of China's INDC. Beijing: China National Center for Climate Change Strategy and International Cooperation.

Sheffrin, A. (2002, December). Predicting market power using the residual supply index. In FERC Market Monitoring Workshop, www.caiso.com/docs/2002/12/05/2002120508555221628.pdf.

Shleifer, A. (1985). A theory of yardstick competition. *The RAND Journal of Economics*, 16(3), 319 – 327.

Sioshansi, S., Fereidoon, P., & Wolfgang, P. (2006). *Electricity market reform: An international perspective*. Amsterdam: Elsevier.

Slaughter and May. (2016). Competition law in China – Slaughter and May. Available at: https://www.slaughterandmay.com/media/879862/competition-law-in-china.pdf

Stoft, S. (2002). Power system economics Designing Markets for electricity. Piscataway: IEEE press.

Sweeney, J. L. (2002). *California Electricity Crisis*. Stanford, CA: Hoover Press.

Taylor, N. W., Jones, P. H., & Kipp, M. J. (2014). Targeting utility customers to improve energy savings from conservation and efficiency programs. *Applied Energy*, 115, 25 – 36.

Twomey, P., & Neuhoff, K. (2008). *Will the market choose the right technologies? In Delive-*

ring a low – carbon electricity system – Technologies, economics and policy. Cambridge: Cambridge University Press.

Viscusi, W. K., Harrington, J. E., & Vernon, J. M. (2005). *Economics of regulation and antitrust*. Cambridge, MA/London: MIT Press.

Wang, Q., & Chen, X. (2012). China's electricity market – oriented reform: From an absolute to a relative monopoly. *Energy Policy*, 51, 143 – 148.

Wang, J., Bloyd, C. N., Hu, Z., & Tan, Z. (2010). Demand response in China. *Energy*, 35(4), 1592 – 1597.

Wei, Y., Liu, L., Wu, G., & Zou, L. (Eds.). (2011). *Energy economics: CO2 emissions in China*. Berlin/London: Springer.

Wei, Y., Chen, H., Chyong, C. K., et al. (2018). Economic dispatch savings in the coal – fired power sector: An empirical study of China. *Energy Economics*, 74, 330 – 342.

Weiss, L. W. (1975). Antitrust in the electric power industry. In A. Phillips(Ed.), *Promoting competition in regulated markets*. Washington, DC: Brookings Institution.

Xu, Y. C. (2017). *Sinews of power: Politics of the State Grid Corporation of China*. Corby: Oxford University Press.

Yao, M., Hu, Z., Sifuentes, F., et al. (2015). Integrated power management of conventional units and industrial loads in China's ancillary services scheduling. *Energies*, 8(5), 3955 – 3977.

Yeo, Y. (2008). Regulatory politics in China's telecommunications service industry: When socialist market economy meets independent regulator model. Paper presented at the(Re) Regulation in the Wake of Neoliberalism: Consequences of Three Decades of Privatization and Market Liberalization.

Yu, S., Wei, Y. – M., Guo, H., & Ding, L. (2014). Carbon emission coefficient measurement of the coal – to – power energy chain in China. *Applied Energy*, 114, 290 – 300.

Zhang, C., & Heller, T. C. (2007). Reform of the Chinese electricity power market: Economics and institutions. In D. Victor & T. C. Heller(Eds.), *The political economy of power sector reform: The experiences of five major developing countries*. Cambridge: Cambridge University Press.

Zhang, S., & Li, X. (2012). Large scale wind power integration in China: Analysis from a policy perspective. *Renewable and Sustainable Energy Reviews*, 16(2), 1110 – 1115.

Zhang, D., Liu, P., Ma, L., et al. (2012). A multi – period modelling and optimization approach to the planning of China's power sector with consition of carbon dioxide mitigation. *Computers & Chemical Engineering*, 37, 227 – 247.

Zhang, O. , Yu, S. , & Liu, P. (2015). Development mode for renewable energy power in China: Electricity pool and distributed generation units. *Renewable and Sustainable Energy Reviews*, 44, 657 – 668.

Zhang, S. , Jiao, Y. , & Chen, W. (2017). Demand – side management(DSM) in the context of China's on – going power sector reform. *Energy Policy*, 100, 1 – 8.

Zheng, D. , & Zhou, W. (2003). A design for regional ancillary services auction markets in China. Paper presented at the IEEE Bologna PowerTech Conference, Bologna.

Zheng, W. , J. Hu, M. Zhang and M. Miao, Improved autonomous converter control for multi – terminal HVDC networks considering line impedance effect in long – distance interconnections, 12th IET International Conference on AC and DC Power Transmission(ACDC 2016), Beijing, 2016, pp. 1 – 6.

Zhou, H. , Su, Y. , Chen, Y. , Ma, Q. , & Mo, W. (2016). The China southern power grid: Solutions to operation risks and planning challenges. IEEE Power and Energy Magazine, 14(4), 72 – 78.

中文

冯永晟．（2016a）．《从云南方案看新电改隐患》．http：//www. cnenergy. org/yw/zc/201602/t20160205_ 270260. html.

冯永晟．（2016b）．《何理解中国电力体制改革：市场化与制度背景》．http：//www. chinareform. org. cn/economy/price/refer/201611/t20161130_ 25845.

郭永国．（2014）．《国家能源局召开风电产业监测沟通会》．http：//www. cnrec. org. cn/hd/2014 – 02 – 25 – 412. html.

国家电网．（2015）．《企业社会责任报告 2015》．http：//www. sgcc. com. cn/.

国家发改委．（2010）．《关于印发〈电力需求侧管理办法〉的通知》．

国家发改委、国家能源局．（2015）．《发展改革委、能源局关于改善电力运行调节促进清洁能源多发满发的指导意见》．

国家能源局．（2012）．《电力发展规划，应当体现合理利用能源、电源与电网配套发展、提高经济效益和有利于环境保护的原则》. http：//www. nea. gov. cn/2012 - 01/04/c_ 131262818. htm.

国家能源局．（2015）．《能源局就推进电力市场建设的实施意见答记者问》．http：//www. nea. gov. cn/2015 - 11/30/c_ 134869326. html.

国家能源局．（2016）．《冀北等 6 省（地区）电网企业输配电成本监管报告》．http：//zfxxgk. nea. gov. cn/auto92/201606/t20160614_ 2264. htm.

国家统计局．（2015）．《中国能源统计年鉴 2015》．中国统计出版社．

国家统计局．（2015）．《中国统计年鉴 2015》．中国统计出版社．

南方电网．（2015）．《企业社会责任报告 2015》. http：//www. csg. cn/.

谭荣尧、赵国宏．（2016）．《中国能源监管探索与实践》．人民出版社．

袁家海．（2016）．《中国燃煤发电项目的经济性研究》．https：//www. greenpeace. org. cn/wp - content/uploads/2016/04/中国煤电的经济性 . pdf.

张晓萱等．（2015）．《售电侧市场放开国际经验及其启示》. http：//www. aeps - info. com/aeps/ch/reader/create_ pdf. aspx? file_ no = 20151128001&flag = 1&journal_ id = aeps&year_ id = 2016.

郑新业．（2016）．《突破〈不可能三角〉：中国能源革命的缘起、目标与实现路径》．科学出版社．

中国电力企业联合会．（2015）．《2015 年中国电力年鉴》．中国电力出版社．

中国电力企业联合会．（2018）．《2018 年中国电力年鉴》．中国电力出版社．

中国能源网研究中心．（2016）．《中国电改试点进展政策研究与建议》．

中华人民共和国国务院．（2015）．《关于进一步深化电力体制改革的若干意见》．

第三章 中国电力市场化改革：来自广东的经验

引 言

广东省是中国经济最发达的省份之一。2017 年，广东省人口占全国总人口的 8.1%（约 1.1 亿人），贡献了超过 27.1% 的出口总额、10.9% 的 GDP 和 9.5% 的用电量。[1] 广东的最终电价相对较高（对于居民用户和大多数工业和商业用户来说），并且是从其他省份净输入电力的省份（Cheng, 2016）。广东省包含深圳特区，而深圳允许引入目前尚未在全中国推行的新市场措施。

广东在中国电力市场化改革方面一直处于领先地位（IEA, 2019：38）。该省处于南方电网覆盖范围内，自 2002 年南方电网成立以来一直是国家电力系统中一个充满活力和创新的区域（Chau et al., 2011；Wen, 2017）。甚至在"9 号文"发布之前，深圳就于 2014 年启动了电力市场化改革试点项目[2]，包括公布单独的输配电价，并在部分发电商和零售用户之间实行月度电力交易合同。2016 年，广东省设立了两个电

---

[1] 见国家统计局网站，http：//www.stats.gov.cn。
[2] 见 http：//jgs.ndrc.gov.cn/zcfg/201411/t20141104_639639.html。

力交易中心。广东电力交易中心[①]负责广东电力市场,而广州电力交易中心则负责促进南方电网覆盖地区跨省电力交易。[②]

本章旨在结合国际经验,记录和分析广东引入电力批发和零售市场的进程。我们将在前一章的基础上进行讨论。

正如 Stoft(2002)所总结的,运转良好的电力市场是成功实施电力市场化改革的核心。理论上,发电商和零售商之间的适当竞争应该能够实现我们在上一章中提出的关键建议。因此,我们对广东改革的研究将集中在以下几个问题上:迄今为止,广东电力市场化改革取得了哪些主要成就?试点如何改变传统的支付和调度系统?输配电费用是如何计算的,又是如何监管的?试点对电力系统交叉补贴的影响有多大?试点对发电商和电网公司的运营和投资决策有何影响?试点在将互连电网流量整合到电力市场方面取得了哪些进展?在建立一个完整的电力市场方面取得了哪些进展?

本章旨在评估改革的进展情况,以及广东在应对特殊情况方面的经验。可以很容易地描述一个完整的电力市场,实际上世界各地的此类市场都各具特色(例如,美国的 PJM 公司所在的市场与英国的市场不同)。本章重点介绍广东试点的经验对广东省本身和中国其他地区的启示。本章借鉴中国利益相关方的经验,确定在世界上最重要的电力系统中成功实现电力改革需要克服的关键困难。本章对省级改革的下一步工作提出了一些建议,旨在为正在进行的关于中国电力部门改革具体如何实施的讨论做出积极贡献,并面向未来进行讨论,就国际改革经验在中国背景下的适用性提供信息。

本章的其余部分组织如下。在第一节,我们首先讨论广东改革的背景,包括电力体制的特点。第二节讨论了电力市场化改革试点在广东的

[①] 详见 https://pm.gd.csg.cn。
[②] 见广州电力交易中心(2017a)。

实际运行情况,以及目前的市场设计是否与我们在其他地方看到的电力市场一致。第三节探讨了电力市场化改革在多大程度上为广东电力系统带来了新的参与者。第四节考虑了改革对行业内公司运营和调度决策的影响。第二节到第四节还提供了一些国际背景(扩展第二章),作为我们分析迄今为止观察到的改革效果的背景。第五节根据现有市场设计及观察到的效果提供了一些改进的建议。

第一节 改革的背景

一、广东电力行业的特征

广东省在整个中国的政策制定中发挥着重要作用,它在促进市场制度发展方面一直处于领先地位,致力于发展更清晰的法律和治理体系。广东省的省会广州是世界上人口最多的城市之一(人口约1500万,GDP在中国所有城市中排名第四),第二大城市深圳人口约1200万,GDP在中国所有城市中排名第三。广州和深圳都位列中国最大城市前五名。此外,深圳与香港一水之隔,是经济特区,从1979年仅有3万人的小镇发展而来。[①] 广东的经济发达地区位于珠江三角洲。大湾区则包括广州、深圳、澳门和香港,该地区的大部分出口产品都途经广东。深圳作为计划单列市,拥有自己的监管机构。深圳在金融监管发展中的重要作用和广州设有中国三大知识产权法院之一,都是广东在改革开放中重要作用的体现(Cohen,2015)。广东对中国的意义非常重要,因为它是整个中国市场化改革的经济试验区(有点类似于加利福尼亚之于美国)。此外,

---

[①] 另见 Xinhua Finance(2015)。深圳同意试点新的电力传输方式,可见于:http://en.xfafinance.com/html/Industries/Utilities/2015/40163.shtml。

广东与香港和澳门两个特别行政区相邻。

中国于 2012 年推出了碳排放试点（Cheng et al., 2016）。两个省和五个城市被选为试点，广州和深圳是其中两个城市。这 7 个试点的地方政府可以决定试点中包括哪些行业。只有广东省对分配到的许可证进行了部分拍卖。广州碳排放权交易所交易三种产品：广东碳市场碳排放配额（GDEAs）、核证减排量（CERs）和省级核证减排量（Cheng et al., 2018; Liu et al., 2019）。其中 10% 的配额来自省级核证减排量, 30% 的核证减排量来自其他省区市。初步覆盖电力、水泥、石化和钢铁行业, 2016 年增加了航空和造纸行业。① 全国碳市场计划于 2017 年 12 月启动, 涵盖电力和热力行业（Pike & Zhe, 2017）。核证减排量价格从 2013 年的 60 元降至 2017 年的 12 元, 与欧盟排放交易体系的趋势相似。每年的参与门槛为 20000 吨。GDEAs 的价格预计将从 30 元左右提高到 2030 年的 200 元。预计地方试点与全国市场将有 3~5 年的并行期, 在此期间符合全国碳市场交易门槛的企业将被纳入全国碳市场, 不再参加地方碳市场交易。广东碳市场试点的经验可用于全国市场的设计（Wang et al., 2016）。碳排放配额、电力和可再生能源证书市场的参与者存在很大的重合。Cheng 等（2016）的分析表明, 高企的碳排放配额价格（每吨二氧化碳约 10 美元）将显著减少广东燃煤发电量（但会增加天然气的使用量）。碳交易也可能会给其他大气污染物的减排带来显著的协同效益。

广东只是中国电力市场改革试点之一。② 其他重要的试点各有不同的覆盖领域和优惠政策。由于缺乏廉价天然气且煤炭转运路程较长, 广东的电价很高, 而且碳排放成本导致电价升高现象比其他地区更加明显（Zhang, 2017; 张粒子、许传龙, 2017）。图 3-1 展示了广东电力行业改革的重要时间节点。

---

① 详见 ICAP（2017）。
② 详见中国能源网研究中心（2016）、国家发改委（2015b）。

- 全国范围的电力短缺得到缓解
- 建立国电公司
- 发电与电网分离,成立国家电网公司和南方电网公司
- 成立国家电力监管委员会
- 开展电力直接交易改革
- 深圳输配电价改革试点
- 广州电力交易中心发布了南方电网地区跨省电力交易规则
- 建立了新的电力交易和输配电监管框架

1985　1995　1997　2002　2003　2009　2014　2015　2017

第一阶段：为解决电力短缺问题而推动融资　第二阶段：政企分开　第三阶段：全面改革

图 3-1　广东电力行业改革的重要时间节点

资料来源：An 等（2015：6）。

广东的电力零售市场正在逐步开放,电压负荷等级最高的用户有机会在零售市场购买电力。[①] 零售商和发电商的注册过程由广东省经济和信息化委员会负责。月度电力批发市场在 2016 年 6 月正式开放。截至 2017 年 8 月,共有 310 家零售商和 60 家发电商在该市场中登记注册,其中 101 家零售商正在参与交易。[②]

二、广东电力行业规模

如图 3-2 所示,广东省电力行业规模十分庞大。2016 年广东省总发电量为 404TWh,装机容量为 106.5GW（均高于 2016 年的英国）。2017 年的电力总需求为 595TWh,广东是其他省区市（尤其是云南）电力的重要输入省。

---

① 详见广东省人民政府（2017a）。
② 详见广州电力交易中心（2017b）。

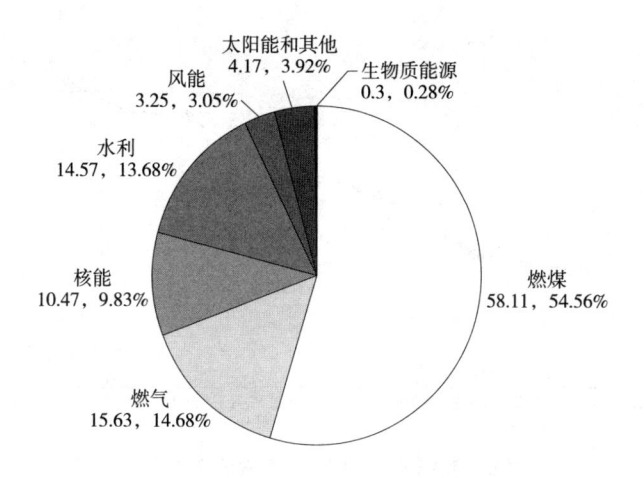

图 3-2　2016 年广东省电力装机容量的规模和结构（GW）

资料来源：广州电力交易中心（2017a）。

广东的电力需求一直在快速增长（见图 3-3）。2006~2014 年，广东电力需求年均增长 7.2%。2015 年需求增速放缓至 1.5%，2016~2017 年平均年增长 6.0%。2015 年和 2016 年的新增发电量分别为 10.15GWh 和 5.4GWh。广东省的电网总长度也在迅速扩张。2015 年新增输电线路长度为 7274 公里（220kV 及以上），2016 年新增输电线路长度为 4542 公里。[①] 服务质量从一个较低的基础上开始提高（见图 3-4），这种提升在城市中心尤为显著。

表 3-1 比较了 2015 年广东与得克萨斯的电价。得克萨斯拥有美国最高的州级电力需求（2016 年为 398TWh）和最高的州级工业电力需求（总需求是第二名加利福尼亚的两倍多）。表 3-1 显示了改革的主要推动力：较高的工业电价。广东的工业电价明显高于得克萨斯。这种差异的一部分可以用美国用于发电的天然气（得克萨斯的边际燃料）价格和广东用于发电的煤炭（广东的边际燃料）价格的差异来解释（可以解释 8.4 美分/kWh 的 1/4 左右）。然而，大部分差异并不能用得克萨斯和广东之间的燃料成本差异来解释。相比之下，广东的居民电价低于工业电

[①] 2016 年，整个南方电网覆盖地区的电网投资达 775 亿元。

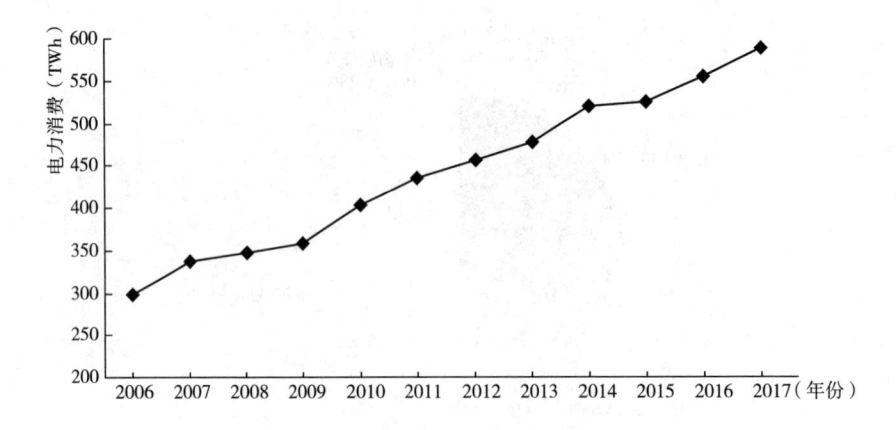

图 3-3　2006~2017 年广东的电力需求

资料来源：2006~2016 年的数据来自国家统计局，2017 年数据来自广东电力交易中心。

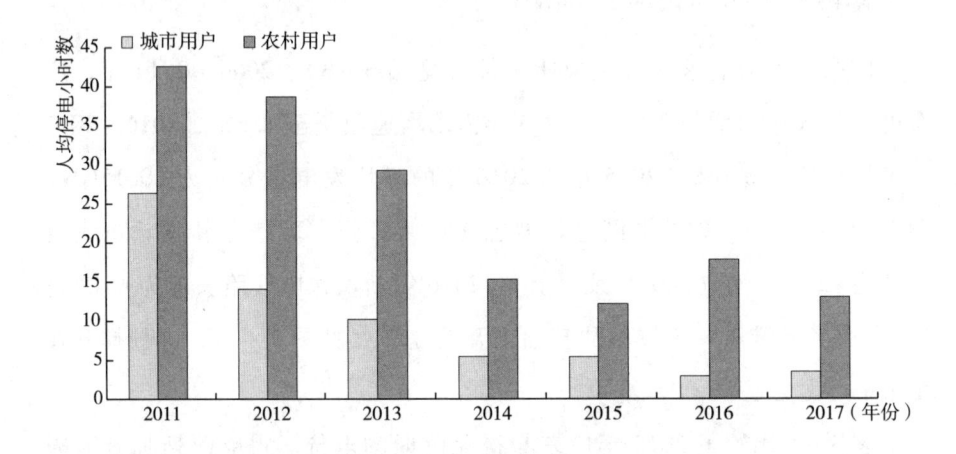

图 3-4　2011~2017 年广东电力服务质量

资料来源：《中国电力工业统计资料汇编》（2011~2017）。

表 3-1　2015 年广东和得克萨斯的电价和发电燃料价格对比

	工业电价 （美元/kWh）	用于发电的煤炭 价格（美元/kWh）	用于发电的天然气 价格（美元/kWh）	居民电价 （美元/kWh）
得克萨斯	0.0554	0.0161	0.0094	0.1167
广东	0.1394	0.0311	0.0884	0.1084
广东-得克萨斯	0.0840	0.0150	0.0790	-0.0083

注：1 美元 = 6.2284 元人民币。

资料来源：Fridley 等（2017），广东省发改委网站，OECD 能源价格与税收统计。

价，同时也低于得克萨斯的居民电价。

广东的电力需求（见图3-5）主要来自工业（63%），只有少数来自居民（16%）。这与发达国家形成鲜明对比，例如2016年德克萨斯37%的电力需求来自居民，而工业用电仅占28%。

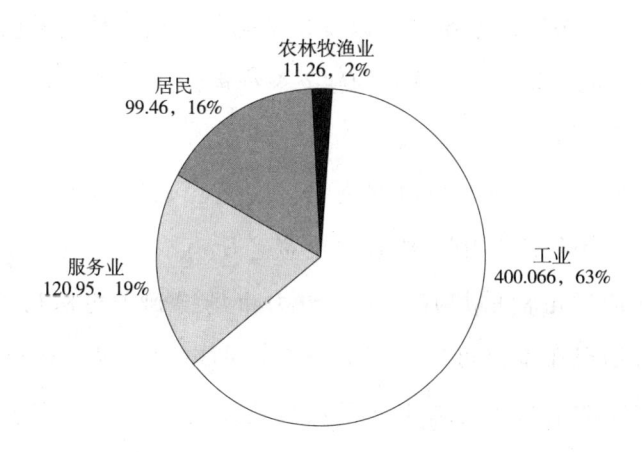

图 3-5　2018 年广东电力消费规模和结构（TWh）
资料来源：广东电力交易中心网站。

第二节　电力市场如何运转

一、国际背景

电力市场在世界各地逐渐发展。美国和英国的电力市场起源于两个基本思想："择优调度"和"电力库"。法国电力公司或英格兰和威尔士的英国中央电力局等垄断发电商，按发电厂边际运营成本的高低顺序调度，以满足任何时间点的系统需求。[①] 系统边际成本是满足系统额外的 1

---

① 详见 Chick（2007：57-83），他讨论了英国、法国和美国电力行业边际成本定价的历史。

兆瓦时发电量需求所要付出的边际成本，代表成本最低的发电商为了满足这最后1单位发电量所需付出的成本。在美国，地方综合性垄断电力公司开始跨越其垄断势力边界进行电力交易，以便从系统边际成本差异产生的节省中互惠互利，系统边际成本较低的系统能够将电力出售到具有较高系统边际成本的系统中，以实现互惠。实现这种交易的平台就是电力库，最终成为我们今天看到的独立系统运营商（如美国的PJM、MISO和ERCOT）。[①]

这种类型的电力库是短时间内指导发电厂运行的短期市场。1990年代的电力市场化改革中，随着发电资产所有权在多个主体之间的分离和新进入的发电商的快速发展，电力市场得到了更深层次的发展。电力批发市场现在不仅可以用于系统之间的电力交易，还可以用于单个发电厂之间的交易。电力市场不仅涵盖短期（日前）市场，还涵盖较长期的合同市场。电力市场已经从单纯的能源市场扩展到了辅助服务市场，例如频率调节和容量。

Stoft（2002）讨论了完整的电力市场是什么样的。例如在英国，有双边能源合同市场（月度、年度和其他时段）和短期能源平衡市场（比实时时间提前一小时）。我们还可以找到辅助服务市场（如频率调节和短期运营储备）。最近引入了容量市场，用于长期储备容量。这些市场相互关联，其中任何一个市场的供需平衡变化都会对其他市场的定价产生影响。中国在2002年的电力市场化改革中，设立了国家电网、南方电网和五大发电集团。Andrews-Speed等（2003）建议广东建立强制性电力库，然后发展为区域电力市场。Zeng等（2004）讨论了广东背景下一套完整的电力市场应该包括什么。[②] Lin等（2019）讨论了广东发电厂的经济调度如何按照当前改革所设想的那样，将生产成本降低13%（通过将

---

① 参见Hurlbut等（2017），他们讨论了MISO在中国的经验教训。
② 另见Bessembinder和Lemmon（2002）。

天然气发电转换为煤炭发电,增加了碳排放)。

电力市场可以由系统运营商运营,也可以由单独的实体运营。在美国,电力市场往往由独立系统运营商(不拥有任何发电、零售或电网资产)运营。在欧洲,大宗电力批发通过独立的电力交易所进行,这些交易所是金融交易平台,与电力系统其他部分资产的所有权联系十分有限(有些交易所仍然有输电系统运营商股东)。这些电力交易所在欧洲已经有合并的趋势,并越来越多地共同优化其定价算法,以提高在更广的地区的交易效率。因此,目前 7 家区域电力交易所通过单一交易平台(EUPHEMIA)协调日前定价算法,即所谓的市场耦合。[1] 在没有任何跨境输电限制的情况下,这可能会导致 85% 的欧盟电力的日前批发电价在给定时间内上涨。

有效的电力市场价格是能够反映短期和长期供需基本面的价格,是短期运营和长期投资的良好指南。关于市场扩张的过程如何在短期内带来收益,已经有一些很好的分析。例如,ACER/CEER(2019)揭示了市场耦合过程如何提高流向正确方向的电力(从低价区流向高价区)的占比,Mansur 和 White(2012)展示了 PJM 的市场区域扩张如何同样提高了其以前边界内的定价效率。

非常重要的一点是,在电力市场中,每一个出价高于市场清算价格的发电商和零售商都应该得到这个价格(应该以统一价格拍卖)。[2] 这是因为它在匹配供需方面同样有价值。任何其他结果都将带来对参与竞标的激励,并会降低电力批发价格确定过程的效率,因为它是决定市场上哪些供给和需求可以被匹配的一种方式。

---

[1] 详见 APX(2013)对 EUPHEMIA 的介绍。
[2] 关于电力市场拍卖设计的讨论,见 Stoft(2002:93 – 106),他反对使用未经测试的市场设计。Stoft(2002:101)讨论了有限的情况,在这种情况下,按价付款可能比单一价格的电力拍卖更为可取。有关歧视性价格拍卖与单一价格拍卖的更详细讨论,请参见 Krishna(2010:173 – 184)。

二、广东电力市场

电力批发市场目前分为两部分。一是年度市场,价格每年确定一次,涵盖了大部分电力交易。年度市场由较大的发电商与用户之间的双边合同市场和较小的年度合同拍卖市场组成。广东2019年年度市场交易量为200TWh,月度市场交易量约为60TWh。这意味着只有9%的总电力需求(30%的30%)在月度市场完成交易。零售商在月度市场上的市场份额有30%的限制,但零售商在年度市场上的市场份额没有限制。虽然发电商必须在年度市场和月度市场之间以7∶3的比例出售电力,但零售商获取电力不受此限制。

广东电力市场的月度市场价格实际上是市场自发决定的对规定零售价的浮动[①],最大折扣为500个基点(1个基点=0.001元/kWh)。2017年,市场覆盖了4000家大用户。典型的大用户可能是大型电信公司或金属厂。2017年双边合同年度市场折扣为-0.0645元/kWh,月度折扣围绕此波动(见图3-6)。价格随一天中的时间(峰-平均-谷)变化而有±0.3元/kWh的差异。2018年双边合同年度市场覆盖了180TWh。南方电网为发电商生产和提供给电网的所有电力支付规定的电力价格。电力市场决定了煤炭和天然气发电商愿意接受的市场上部分电力的规定生产价格的折扣。

南方电网利用电力市场的价格,对向零售客户收取的价格和向发电商支付的价格提供折扣;它还向电力市场的零售商提供约定的利润(RAP,2016;宋云华,2017)。这些付款反映在次月的账单中,这避免了将南方电网收取的输配电费用分开。将所有用户的配电和输电费用分开是相当困难的,因为在南方电网目前的零售收费中,不同用户群体之

---

① 详见 Li 和 Shen(2016),以及国家能源局华南能源监管局(2015)。

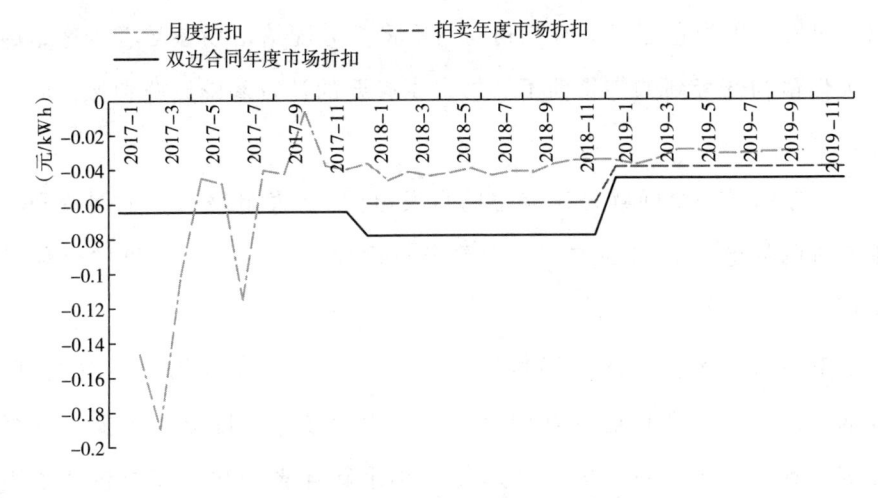

图 3-6 2017 年 1 月~2019 年 11 月广东电力市场折扣

资料来源：广东电力交易中心网站。

间具有隐形交叉补贴。广东的一个特殊问题是，珠三角地区通过支付更高的电费补贴广东其他地区的经济发展。截至 2017 年 8 月，广东尚未披露其配电和输电收费标准，这些标准需要得到国家发改委批准①，后续这些标准会被公布。深圳在改革过程中的早些时候便公布了电网收费标准，因为深圳有自己的输配电网，这使得计算潜在成本更容易。②

目前广东所有的电力仪表均归南方电网所有。这大大减少了潜在竞争，有利于消费者。如果消费者和零售商拥有电表，它们会受到激励以求更好地使用电表数据和电表设备。然而为防止欺诈，也需要对仪表质量和电网接入进行监管。南方电网在广东的电力行业中依旧占据主导地位，2018 年的电力供应量为 970.3TWh，收入为 5370 亿元（809 亿美元）③。南方电网在世界 500 强中排名第 110。它负责管理行业中的所有

---

① 2017 年 11 月 7 日，国家发改委公布了广东省 2017~2019 年的输配电费用，见《国家发展改革委关于广东电网 2017~2019 年输配电价的通知》（发改价格〔2017〕969 号），ht-tp://shupeidian.bjx.com.cn/news/20171107/859803.shtml。另见国家发改委（2016a）和国家发改委（2017）。

② 详见国家发改委（2015a）。

③ 1 美元 = 6.64 元人民币。

财务风险,因为它汇聚了所有利润然后将其分配给市场参与者。这是因为人们最初怀疑新的零售商不能够提供必要的计费基础设施和保持财务稳定。

广东的另一个问题是未登记的自发电。[1] 自发电绕过了上网费和其他对过网的电力收费的方式,主要来自规模较小、污染严重的燃煤发电厂。

电力市场化改革的最终目标是向所有工业和商业用户开放竞争,使居民用户能够在自愿的基础上参与电力市场。与国家发改委的计算方式一致,已经公布的电网费用每三年重新计算一次,其中包括了固定价格和通货膨胀调整。现货市场的运行试验于2019年5月开始[2],现货市场的设计参考了PJM的15分钟日前竞价和节点定价方式[3]。我们注意到,至少从2008年开始,中国就已经计划建立一个电力现货市场。[4]

第三节 新参与者

一、国际背景

在许多电改领先的地方,电力市场化改革的一个显著影响是积极参与电力交易的公司数激增,而建立电力批发市场的前提是存在独立的供应方和需求方。发电商属于供应方,零售商属于需求方。为使市场能够

---

[1] 详见中国电力企业联合会(2017)。
[2] 详见国家发改委(2016b)。
[3] 详见董超、黄筱翌(2017),另见张晓萱等(2015)。
[4] 中国电力现货市场最新进展见 http://www.nea.gov.cn/2017-09/05/c_136585412html,另见 Tsai 等(2017)。

有效运转，需要多个发电商以及零售商，只有一个大型发电商向一个大型零售商销售电力是远远不够的。因此，在美国和欧洲，我们可以发现发电行业和零售行业已经开放竞争。

大型的工业和商业用户已经被许可自由寻找优质的零售商或供应商（或者实际上可以自由地直接建立一个零售或贸易公司）。同样，发电商也可以进入零售市场，即直接面向终端用户。一些零售公司是由刚进入电力行业的第三方建立的，它们通常有天然气、电信或金融市场的经验。在这些第三方进入者中，最成功的是来自天然气行业的新进入者。例如，英国天然气公司是电力行业最大的新进入者，其用户中的一半是从其他供应商那里转投过来的。另如法国燃气苏伊士集团（GDF-Suez），非常成功地进入了北欧工商业电力市场。

在英国（我们将在第4章中详细讨论），参与电力批发市场的发电商和零售商数量增加了很多。在1990年电力市场化改革之前，英国有14家区域零售垄断企业（即每个客户对应一家零售商）。当时有两家地区性发电公司。1990年的改革创造了一个拥有6个发电商（中央电力局实际上被分成了4部分）和14个区域零售垄断企业的市场。英国天然气公司立即进入零售市场，中央电力局分拆形成的4家发电商也进入了零售市场。新的发电商可以同时进入发电和零售领域，独立的零售商也可以进入。2017年，英国电力批发市场有149家有执照的发电商和68家工业和商业用电零售商（Ofgem，2017），市场集中度非常低。

发电商和零售商面临着需要加以管理的重大市场风险。发电商同时承担固定成本和可变成本，需要由销售收入来弥补。同样，零售商大多以固定价格向客户出售电力，期限为一年，并保证能够满足用户所有相关需求。这使双方都面临着巨大的潜在财务风险。电力批发价格的急剧上升可能使零售商破产，而电力批发价格的急剧下降也可能使得发电商破产。这鼓励双方在大部分发电及销售中，通过使用长期固定价格合同（为期1~2年）对冲头寸。这缓解了它们在短期批发价格上的财务风险。无论在短期市场上实际交易的电力占比是多少,都会发生这种情况。在美国的 PJM 市场上,发电商必须在强制性的日前市场上交易它们所有的电力,而在英国,发电商只在近实时平衡市场上交易约 5% 的电力。在英国,双边合同(买方和卖方之间的直接合同)的比例占所有交易合同的 90%。[1]

零售商和发电商直接参与欧洲和北美的电力市场。零售商还必须管理自己的账单和收款系统,它们必须支付相关的政府税费、电费、电网费用和批发成本。不付款或遗漏账单是一个严重的问题,因为零售利润(即它们获得的收入和所有的外部成本之间的差额)很少,占总收入的 5%~10%。很多零售商已经因为数据管理和计费不善而破产(如 2000 年的英国独立能源公司[2])。很多面临较低的电力批发价格的企业也相继破产(如 2002 年的英国能源公司[3]和得克萨斯欧洲能源公司[4])。

在放松管制的电力市场中,另一批新参与者是寻求管理电力用户能源成本的能源服务公司。这些公司有一系列商业模式,包括拥有电力资产并以固定价格出售电力(类似于传统的发电商)或者通过改进算法并找到最优市场价格来控制电力成本。[5] 能源服务公司通常是基于 IT 技术的企业,专注于聚合客户的需求,为其客户群体寻求最佳价格,然后与客户分享节省出来的成本。它们基本上不会像传统的零售商那样面临完全的市场价格风险,但通常会获得基本的服务费。

---

[1] 请参阅 Ofgem (2016),该报告称,在英国,大部分电力是通过场外交易(OTC)合约进行交易的,而不是通过电力交易所。

[2] 参见 http://www.independent.co.uk/news/business/news/independent-energy-collapses-with-customers-still-owing-pound119m-in-bills-699827.html。

[3] 见 Taylor (2007)。

[4] 见 http://www.independent.co.uk/news/business/news/generators-exposed-after-collapse-of-txu-europe-128536.html。

[5] 在欧洲背景下的讨论,见 Marino 等 (2011)。

电力市场化改革不仅涉及批发市场,还涉及对电网实行激励性监管(Jamasb & Pollitt,2007)。整个电力行业削减成本的压力(包括发电和电网环节)带来了企业外包供应合同以创造和运营新发电和电网资产的压力(Lohmann,2001)。这扩大了建筑市场,现有公司经常剥离其建筑业务,为新业务进行招标。例如,欧洲的许多零售商出售了它们的建筑和信息技术业务,进行更多的服务供应招标(Hermann & Pond,2012)。

二、广东的电力市场新参与者

图3-7(a)展示了广东所有的发电商的发电量占比,图3-7(b)展示了广东发电和电力零售市场的结构。广东的电力批发市场正在吸引新的参与者进入。在13家最大的零售商中,3家是私人企业,10家是国有企业。[①] 例如,私营企业深电能科技集团有限公司(SESS)是在试点启动后不久(2015年1月30日)成立的新参与者。[②] 该公司从事能源零售、能源和电力合同管理、软件、可再生能源项目、增量式电网建设和电力管制研究等业务。

该公司主要经营大数据和IT业务,管理团队主要来自电力和IT行业。它也是第一家获得零售许可的公司。公司提供了一个零售管理平台,它的零售市场份额约为10%。该平台可以为其零售客户提供一些增值服务,包括电力系统应急响应、技术咨询、预防性测试、工程管理、价格监测、负荷控制、实时精确测量等。这些服务中的许多项目目前都包括在市场贴现中,但最终公司可能会对其中一些服务单独收费。未来,零售商将能够通过数据挖掘增加自身价值,专注于智慧能源和智能电网,

---

① 见Wen(2017)、宋云华(2017)。
② 见http://www.sz-sess.com/index。

(a) 广东各发电商的发电量占比

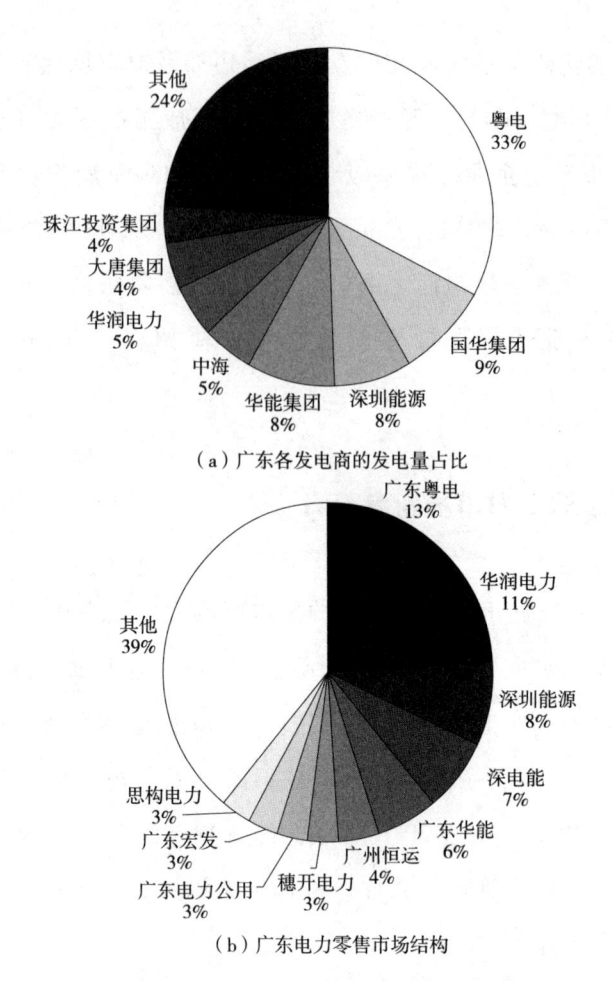

- 粤电 33%
- 国华集团 9%
- 深圳能源 8%
- 华能集团 8%
- 中海 5%
- 华润电力 5%
- 大唐集团 4%
- 珠江投资集团 4%
- 其他 24%

(b) 广东电力零售市场结构

- 广东粤电 13%
- 华润电力 11%
- 深圳能源 8%
- 深电能 7%
- 广东华能 6%
- 广州恒运 4%
- 穗开电力 3%
- 广东电力公用 3%
- 广东宏发 3%
- 思构电力 3%
- 其他 39%

图 3－7 2017 年广东发电和电力零售商市场格局

资料来源：http：//mp.weixin.qq.com/s/CBdmpsVFppV1j2Ws，http：//www.sohu.com/a/213958006_679911。

而不是专注于资产密集型解决方案。数据挖掘将允许同一行业的不同消费者相互比较，以便提供更好的能效建议。其他市场参与者包括已有的发电公司，如华润电力（一家大型企业集团）于 2015 年 11 月成立了 CRP 销售公司，该公司提供能源和能效管理服务以及专业设备维修服务。① 零售商对网络连接方面的竞争很感兴趣，因此它们与南方电网在

---

① 见 http：//www.crpower.com/en/。

网络扩展方面展开竞争。这是因为电网建设的利润率远远高于发电环节的利润率。有趣的是,许多零售商(如深电能)都与发电商(如华润电力)和大型的工业用户(如比亚迪①)整合。

目前,零售商与电力用户签订的零售合同主要有三种类型。② 第一,最低价格折扣合约,零售商保证在价格监管规定的基础上有固定的折扣,然后保留它们在批发市场上可以节省的超过这个价格的部分。第二,共享合同,市场折扣的80%、90%或95%归用户所有,其余部分归零售商所有。第三,结合了最低价格折扣合约和共享合同的组合合同。如果零售商相对于它们在电力市场上的合同地位过度使用或不足使用电力,就会被征收不平衡费。零售商被激励匹配供需,因为它们必须保持总不平衡在合同金额的±2%以内。不平衡费是电力市场价格的5%。一些零售商与用户分担失衡风险,而另一些零售商则在一定程度上吸收了失衡风险。零售商可以通过节能建议和投资提供增值服务。一些零售商在将合同头寸与实际月度需求匹配方面表现出非常高的准确性(即每份合同差异控制在±3%以内),而另一些零售商则非常不准确(±30%)。零售商之间不能进行交易,但从2017年6月起,发电商之间可以进行交易。

中国电力市场化改革的一个重要目标是为中国电力行业的国际化做准备。中国电力系统的成熟将不可避免地意味着中国国内对电力设备需求的减少。与"一带一路"倡议相一致的一项应对措施是,中国境内的供应链企业需要在海外寻找新的市场。③ 这进一步表明,为了创建更灵活的企业,应从现有的企业中分离出独立的企业,使其能够在竞争环境中更好地竞标(也许是与其他中国公司竞争)。广东省电力设计研究院(GEDI)就是一个很好的例子,广东省电力设计研究院是中国能源建设

---

① 见 http://finance.ifeng.com/a/20150327/13586347_0.shtml。
② 见广东省人民政府(2017a),另见舒畅等(2016a,2016b)。
③ 国家发改委、国家能源局(2016)。

集团的子公司，它是一家工程和项目承包公司，负责电力项目的交付。[1]该公司于2017年正式从南方电网中分离，目前约有40%的业务在海外。

第四节　对运营和调度的影响

一、国际经验

广域电力批发市场的建立可以从两个方面影响价格。

第一，使现有价格受到挑战，这意味着发电商和零售商被迫确定更准确反映供求状况的价格。因此，如果相对于初始价格对应的需求，发电量确实过多，则价格应该下降，发电商和零售商会被迫降低价格，以恢复供需平衡。这很简单，只要证明之前对发电和零售的监管价格过高就可以了。因此，市场降低了电力部门的租金，提高了资源配置效率。这种效应在短期（日前）和长期（月前）批发市场中都可以看到。然而，必须指出的是，由于监管迫使零售商、发电商收取的费用过低，相对于供需状况，最初的价格可能过低。在这种情况下，批发市场的引入将（正确地）提高电价。[2]

第二，电力批发市场应该带来生产效率的提高。这是因为，无论以前在不同发电厂之间分配电力的制度是什么，现在都有更强的动机去首先调度成本最低的电厂。[3]电力批发市场促使电厂根据成本进行投标，

---

[1] 请参阅广东省电力设计研究院的官方网站：http://www.cccme.org.cn/shop/cccme8977/index.aspx。

[2] 参见 Pollitt（2004）对智利情况的讨论，自1982年以来，智利的电力批发市场价格一直上下波动（由于水资源短缺）。Paredes（2003）以智利公共服务为例，讨论了价格波动和绩效之间的联系。

[3] 参见 Newbery 和 Pollitt（1997）对英格兰和威尔士引入电力批发市场对运营和投资效率的影响的分析。

并且只在它们的成本能够满足系统需求的最低成本时才运行。市场在以前非一体化地区的扩张导致了电厂之间的竞争，在价格投标的基础上，出价较低的电厂将首先被调度。因为现在被调度取决于投标价格的竞争力，个别电厂有强烈的动机来削减成本以保持竞争力，这对于处于发电报价曲线的定价部分的电厂来说尤其如此。在这里，稍高的成本可能导致无法获得批发市场合同，从长期来看也可能是可以继续经营和倒闭的区别。因此，市场应该激励电厂将成本降到最低（即提高生产效率）。反过来，这就导致了只投资于以最低成本运行的电厂，并且在预期的未来市场价格下有一个正的净现值（NPV）。因为只有在高效的实时操作中，相对于当前操作的潜在调度节省才有可能实现。需要再次指出的是，如果最初的价格相对于竞争水平过低，批发市场会提高价格，使所有电厂得到更多的报酬，并使成本较高的电厂更多供电。

电力批发市场对发电厂运行和投资的基本效率的影响是允许价格影响发电厂的实际调度功能。在欧洲市场上，例如英国，批发市场价格的发现使发电商有动力只对其成本最低的电厂组合进行自我调度。在美国市场上，价格竞标被用来决定系统运营商在集中调度系统中，根据当天的价格竞标来调度哪些电厂。在这两种情况下，实际调度和价格投标是密切相关的。事实上，在这两种类型的市场中，基础价格投标直接决定了调度决策。关于中央调度或自我调度算法是否可取的争论仍在继续。中央调度避免了单个发电商自我优化和预测系统中可能运行的其他设备的必要。在决定是否要运行特定电厂时，自我调度确保考虑进公司成本和合同状况的所有信息，而不考虑市场的回报规则。英国竞争与市场管理局最近得出的结论是，英国的自我调度系统和美国典型的中央调度系统效率相当（CMA，2016：183-188）。

在欧洲和北美，市场扩展对分配和生产效率都非常重要。欧洲国家之间有效利用电力互联互通的能力是在国家之间重新配置生产资源以降低系统总成本的一种方式，而在美国的 PJM，市场扩展也重新配置了以前单独调度各地区的生产资源。这有效地增加了独立市场内的竞争，并确保在整个市场区域内调度成本最低的电厂。[①]

二、广东试点对电力调度的影响

近期的电力市场化改革对广东燃煤发电的经济回报产生了重大影响，Ng（2016）预测回报率将从 2016 年的 9% 下降到 2018 年的 5%。例如，中国光电（CLP，2016）宣布，由于电力市场化改革，其在华南地区的发电业务利润大幅下降。

在南方电网管辖区域有四个级别的调度[②]：（1）南方电网层面，包括西电东送；（2）省级层面；（3）市级（含广州、深圳）层面；（4）县级层面，包括分布式发电（如小型水电站）。广东所有煤电、部分燃气热电联产和所有核电均实行省级调度。

系统运营商的调度决定并不直接受到实时的年度和月度批发市场合同的影响。在日前市场开始之前，这些仍然是根据市场交易出现之前的调度规则发生的，也就是说，是在分配运行小时数的基础上发生的。然而，电力市场的年度和月度合同确实影响了这些时期内分配给市场的那部分电厂的运行时间。这与其他电力市场不同。在其他电力市场中，电力价格应该影响到任何一天实际运行的电厂。发电商之间也可以在某种程度上自由地进行电力交易（在电力市场化改革之前就是这样）。更强的激励措施促使供需平衡（在这种情况下，最好是运行更便宜的燃煤电厂），已经节省了一些煤炭开支。

电力调度方式可能会改革（Ho et al.，2017）。有两种模式：一种是

[①] 见 Mansur 和 White（2012）对 PJM 的市场扩展效益的分析。
[②] 参见南方电网（2016）。

辅助测试，电厂需要按照指令来判断是否要运行；另一种是五天内宣布电厂的可用性。目前还没有计划将实施自我调度作为将基础合同位置信息纳入电力市场的解决方案。

省级的电力交易是通过广州和北京的两个交易中心进行的（Zhang et al.，2014）。从云南输往广东的电力需要缴纳 0.1147 元/kWh 的过路费（与支付给广东发电商的价格相比，这个费用非常高）。① 广东 1/3 的电力是输入的，大部分来自云南。云南和广东之间的用电需要协商，虽然看起来是互利的，但每个省都有赢家和输家。在云南，燃煤发电企业的收入可能会下降（由于与广东的燃煤发电竞争），客户可能会支付更高的价格；而在广东，所有发电企业的情况都可能会更糟，而客户的情况可能会更好。云南有一个电力现货市场，但 95% 是水电，不可能很快与广东完全融合。②

第五节　改进的关键点

一、对广东改革总体印象的讨论

一个引人注目的现象是，广东不同地区的电力最终零售价格的构成缺乏透明度。零售商不知道它们的顾客实际支付的最终价格（舒畅等，2016a）。这仍然是南方电网的责任。从南方电网的角度来看，广东各地

---

① 见 Chen（2018）。2017 年广东向发电企业支付的价格，煤电为 0.4505 元/kWh（来源：http://news.bjx.com.cn/html/20170418/820743.shtml），天然气发电为 0.745 元/kWh（来源：http://shoudian.bjx.com.cn/news/20171010/854086.shtml），风电为 0.61 元/kWh（来源：http://news.bjx.com.cn/html/20151215/691707-2.shtml），光伏发电为 0.85 元/kWh（来源：http://news.bjx.com.cn/html/20161227/799707.shtml）。

② 见广州电力交易中心（2017a）。

同一类型客户最终得到的零售价格存在很大差异，主要有6个定价区①（原来有71个）。各区县的最终价格是不同的，特别是珠三角和非珠三角地区之间，适用不同的税收和补贴政策。广东有21个地级市，其中的19个电价不同。在不同价格地区之间，仅考虑输电和配电费用，最终价格差异为从每千瓦时0.1元到0.2元不等。② 最终价格由指导性发电价格、使用费、交叉补贴费和输配电费组成，此外还有各种市场折扣。

输电和配电费用在整个改革中是很重要的。正如第2章所讨论的，激励性监管的引入是电力市场化改革对最终价格整体影响的一个重要来源。2017年1月，国家发改委要求所有省份单独公布电网收费。广东省发改委于2017年11月公布了2017~2019年三年的名义收费。③ 广东省发改委还宣布，2017年1月所有用户的管制最终电价降低0.0233元/千瓦时。④ 这一降幅体现了南方电网减小其部分T+D项目资金压力的考虑。考虑双边电力市场0.0645元/千瓦时的折扣，这意味着参与电力市场的工业用户在2017年得到的价格降幅高达0.0878元/千瓦时（未支付零售商成本）。这相当于0.0141美元/千瓦时或2015年工业电价的10.1%（见表3-1）。2018年双边电力市场的年度折扣从0.0645元/千瓦时增加到0.0782元/千瓦时，降幅甚至更高。然而，2019年折扣有所下降。

广东有三个机构负责电力行业的监管。⑤ 广东省经信委负责市场和市场参与者的许可证；T+D费用的计算由广东省发改委价格处负责；国

---

① 除深圳外，广东共有5个定价区。
② 见国家能源局（2017）。
③ 《国家发展改革委关于广东电网2017~2019年输配电价的通知》（发改价格〔2017〕969号），http://shupeidian.bjx.com.cn/news/20171107/859803.shtml。
④ 见《广东省发展改革委关于调整销售电价等有关问题的通知》，http://www.gddrc.gov.cn/zwgk/zdlyxxgkzl/djml/xxml/201710/t20171017_433270.shtml。另见《广东省发展改革委关于调整销售电价等有关问题的通知》，http://www.gzns.gov.cn/zwxxgk/zdlyxxgk/jghsf/201707/P020170726493877075556.pdf。
⑤ 见广东省人民政府（2017b）。

家能源局南方监管局负责部分监测工作。这三个机构都负责监测市场的竞争情况。政府不同部门之间似乎缺乏监督电力市场竞争的明确责任划分。2017年，对于中国的《反垄断法》（也就是一般竞争法）是否适用于电力行业，存在一些法律争议。① 2018 年的新《反垄断法》可能会更加明确。省一级的独立监管机构应负责市场参与许可、市场设计的改变、受监管电网费用的确定和竞争监测。这将带来一个明显的优势，可以集中行政资源和经验，培养相关部门的监管能力。第 2 章讨论了电力行业改革的国际经验中独立监管的重要性，并将其具体应用于中国。Li 和 Yu（2017）讨论了在中国背景下电力部门监管体系的法律改革。

将新零售商引入电力系统产生了三个积极影响。首先，深化了对电力产品性质的认识，用户对定价和能源管理有了更多的意识。其次，政府已经理解了从管理价格转向市场价格意味着什么。最后，相对于南方电网，零售商改善了服务质量。

广东发电资产的所有权集中于最大的公司——粤电（现在是广东能源集团的一部分），它拥有35%的市场份额，第二大公司拥有20%的市场份额。粤电隶属于中国华能集团（中国五大发电集团之一）②，但业务主要集中在南方电网管辖地区。以上市场份额不仅适用于总发电量，也适用于峰值发电量。这表明在国有发电企业之间交换资产以创造更多的投标竞争可能有一定价值。

目前广东的电力月度市场只覆盖了 2017 年需求的 20%（尽管这一比例在 2018 年有所增加，2019 年上半年达到了 30%）。这占广东本省发电量的 46%（尽管燃煤电厂的比例更高）。电力市场的边际成本可能低

---

① 2017 年 6 月，第一个关于该法在电力部门适用性的法律争议出现在山西，当时监管机构将该法适用于几个发电商。鉴于没有一个充分竞争的电力市场，发电商对该法是否可以适用提出了质疑。

② 粤电 24% 的股份由中国华能集团持有，76% 的股份由广东省人民政府持有，见 http://www.gdyd.com/site/yudean/gsjj/index.html。

于化石燃料发电的边际生产成本,这是由于启动、关闭成本和部分负荷的成本。对于一个特定的燃煤电厂,如果不能在电力市场上将电出售,可能需要减少电力输出。如果这提高了剩余的边际燃料成本(由于部分负荷)或需要支付昂贵的电厂关闭、启动成本,那么低于边际燃料成本的投标将是最佳的。

2019年上半年,燃煤发电量明显下降,不仅仅是广东,其他省份也是如此,这是一些燃煤电厂被关闭导致的。月度市场发展早期的一个重要问题是,在部分自由化的市场中,相对于供应量而言,需求量太大。[①]这导致零售商仅以监管的电力价格投标,并在它们想要购买的最终电力的量上稍打折扣,以降低市场价格(相关价格确定过程后面会解释)。每月的供应和需求曲线可能不会实际交叉,例如,在2017年2月和3月就发生了这种情况[②]。自电力市场建立以来,电价的确定方式已经发生了变化。2016年到2017年2月,电价是由一个固定公式确定的,该公式计算了在竞标中胜出者节省的部分。正如我们在世界各地大多数电力批发市场上看到的那样,这不是一个有效的统一价格拍卖。广东的计算方式是通过计算相对于未补贴价格的需求投标和供应理论上的节省量(即消费者剩余总额和生产者剩余总额的区域),然后用这两个区域的总和来计算系统折扣费用。[③]然后,这部分资金被平均地分给需求方和供应方。需求方得到了总剩余的一半,而供应方得到了比监管价格低一半的系统折扣费。这确保了需求方和供应方的总折扣是匹配的。对需求方的结余,按其相关绝对折扣的比例进行分摊。对发电商的较低价格,按照相关的绝对折扣的比例进行分摊。图3-8展示了该计算方法的一个例子。

---

① 见杨威等(2017)、庞鹏(2016)。
② 见Zhang(2017)对这一数据的评论。
③ 感谢Phil Chen在《2016年广东电力市场清算机制》中对此的解释。

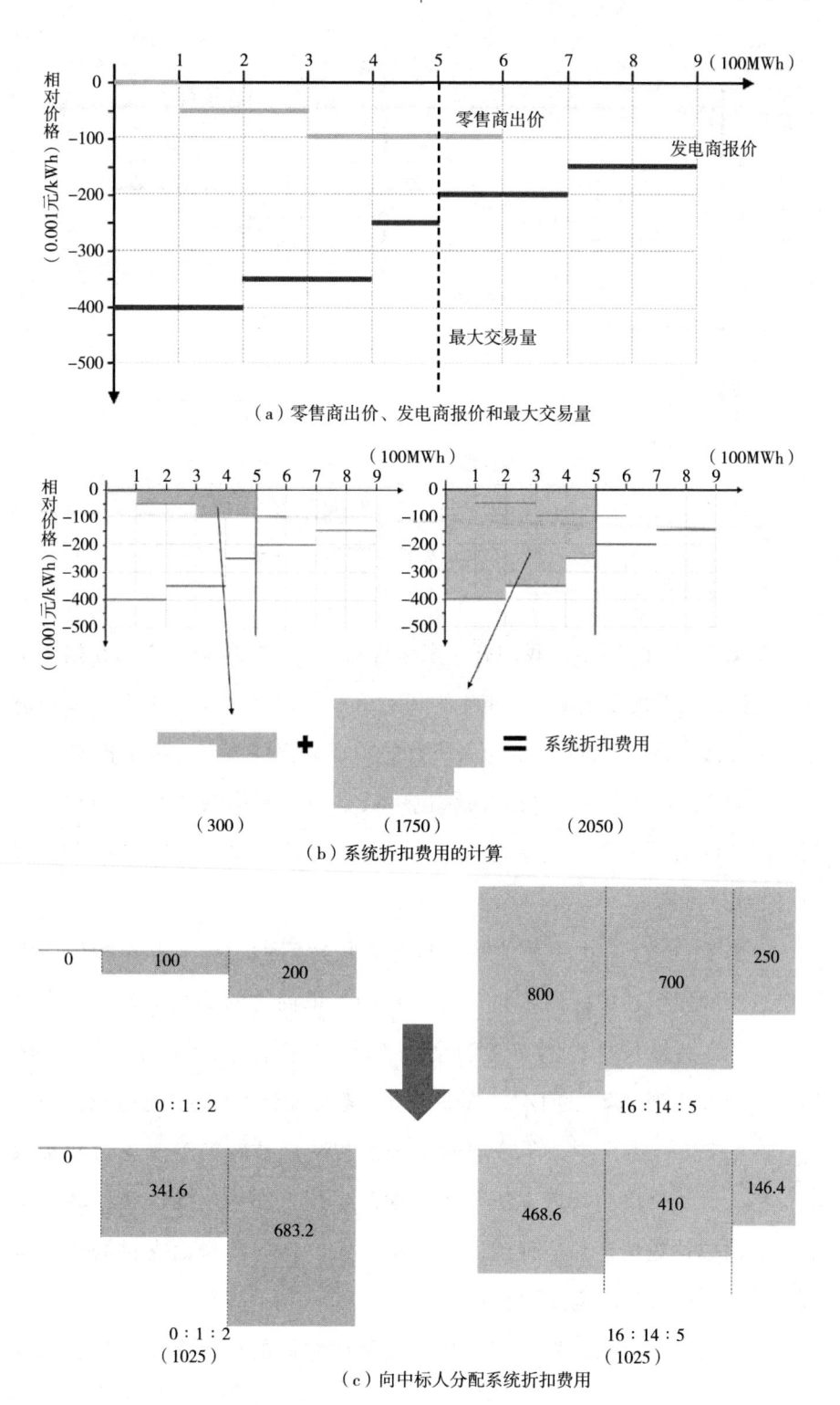

第三章 中国电力市场化改革：来自广东的经验

（a）零售商出价、发电商报价和最大交易量

（b）系统折扣费用的计算

（c）向中标人分配系统折扣费用

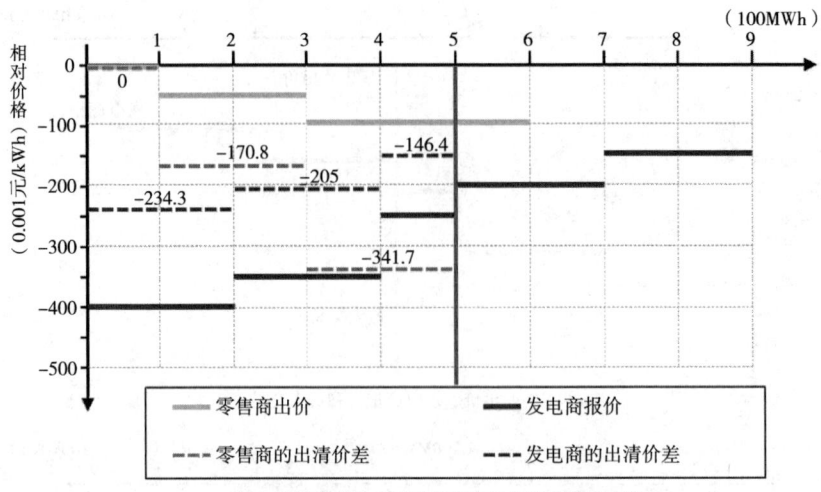

(d) 计算支付给中标零售商和发电商的最终价格

图 3-8 市场清算和价格决定的例子

资料来源：荆朝霞（2018）。

在图 3-8（a）中，我们有三家零售商和三家发电商，它们在拍卖中获胜。价格最低的发电商以 -400 的相对价格供应 2 个单位电力。市场清算相对价格应该是 -200，市场上所有的零售商都应该支付这个价格。

在图 3-8（b）中，左侧的深色区域是消费者剩余总额（300），右侧的浅色区域是生产者剩余总额（1750）。两者相加，得出系统折扣费用（2050）。

在图 3-8（c）中，总的系统折扣费用按消费者剩余总额和生产者剩余总额的比例在中标的零售商和中标的发电商之间分配。例如，出价第二低的零售商投标的消费者利余为 100，是中标总剩余的 1/3（100/300），因此得到 1025 的 1/3，即 341.6（零售商分配的系统折扣费用）。

在图 3-8（d）中，所分配的系统折扣费用被转换为要支付和接收的价格。这些价格的计算方法是将分配的系统折扣费用除以中标者需求或供应的单位数量。在这种情况下，出价第二低的零售商支付的相对价格为 -170.8（341.6 除以 2）。

最后的结果显示，发电商收到的金额比它们的出价多，而零售商支付的金额比它们的出价少。重要的是边际内的竞标者影响了市场的结果，因为出价 -50 的零售商（称为 R2）和出价 -400 和 -350 的发电商（称为 G1 和 G2）可以影响最终的价格，尽管它们是边际内的。

因此，如果 R2 的出价是 -100，它就会改变所有支付和接受的最终价格，自己支付更少。类似地，如果 G1 出价 -350，这将改变所有支付和接受的最终价格，而它自己则会获得更多。我们将在附录中展示计算结果。在一个设计良好的拍卖中，这种情况不应该发生。这就鼓励了投标人在博弈中降低需求出价，提高供给出价，而不是鼓励真实的出价。

幸运的是，这个市场设计被改变了。现在，如果出价和报价如图 3-8（a）所示，市场将在边际发电商报价（-200）和边际零售商出价（-100）的中间点结算，即 -150。所有发电商和所有零售商都收到并支付这个价格。它仍然是可以博弈的，因为边际零售商有动机降低它们的出价，以进一步降低价格，而市场价格是一个中间价格，因为出价与边际中标报价不同，这就带来了不合格的报价人和投标人削减它们的出价的可能性。

一个更好的解决方案是意识到市场有过剩的供应，市场清算价格是固定的销售数量与供给曲线交叉的地方（本例中为 -200），即发电商愿意供应整个市场的价格。2016 年，云南在拍卖中也没有使用统一的市场清算价格（冯永晟，2016a）。相反，最高的需求出价和最低的供应出价被匹配，并取两者的平均值，这就是需求投标人向供应投标人支付的价格（Zhang，2017；董超、黄筱娶，2017）。这也鼓励了需求方降低出价、供应方提高出价。

2019，广东在日间市场的技术实施和试运行方面取得了重大进展。实施日间 15 分钟电力市场的软件已经编写完毕，可以计算出 2000 个节点的 PJM 类型的节点价格。这个现货市场由南方电网广东调度中心而不是广东电力交易中心运营，它的算法将与调度中心完全整合。重要的是，该市场已投入试用，包括在 2019 年 5 月的两天（15 日～16 日）首次使用真实货币出价和报价。在这两天,市场提供的价格明显低于年度市场和月度市场的价格(296元/兆瓦时和276元/兆瓦时)。试验在实施日间频率调节方面也取得了进展。

首先,日间价格波动较大,节点价格差异较大。5月16日部分地区价格为712元/兆瓦时。在特定节点,上限和底价(1000元/兆瓦时和70元/兆瓦时)具有约束力。这确实影响了平均价格,并提出了为什么有底价和如何选择价格上限(1000元/兆瓦时是一个极低的价格上限)的问题。其次,输电线路不可用的影响也被认为在诱发拥堵的地区大大提高了节点价格。这说明南方电网需要与市场合作,以最大限度地减少因维修或系统升级而使线路停运的影响。最后,由于该省有三个主要的发电商,因此有必要密切监测它们的投标行为,并对某些受限节点的投标进行监管。

截至2019年10月,现货市场尚未开启。因为人们担心价格可能不稳定,并最终在某些节点上,价格上升到高于目前的年度和月度合同的价格(实际上高于基准监管工业用电价格)。该计划中的价格是只有发电商而没有客户接触到的节点价格。我们在第4章中讨论了节点定价是不是电力市场化改革的一个必要特征,特别是考虑到欧洲的电力市场一般都没有采用节点定价,节点定价会在整个地区产生巨大价格变化。

广东的改革会对其他省份产生影响。云南的电力零售价格非常低。[①]一个包括云南和广东在内的全面运作的电力市场将使云南的水电获得更高的批发价格。中国南方其他省份之间的电力交易也有很大的好处〔如云南和贵州之间,见Zhang等(2014)〕。这将推高云南电力市场的批发价格,并可能提高云南零售客户的价格。解决这个问题的一个办法是确定一种"水力效益",从云南的水电生产者那里征税,并用于降低云南省内联网客户的输配电费用。这也是1990年市场自由化后,英国为苏格

---

① 见冯永晟(2016a, 2016b)以及Cheng等(2018)、Liu等(2019)。

兰北部的电力客户提供的解决方案，延续了自由化改革前从当地水电生产中获得的好处。① 这将保持有效的价格信号，同时确保云南用户不会因市场改革的负面再分配效应而蒙受损失。跨省交易应利用交易发生的整个地区的供给和需求曲线，而不是基于与可用容量无关的任意交易数量限制。② 一个特别的问题是中央政府对这种交易的渴望（中央政府可以看到其优点）与地方之间的矛盾，对地方来说，将有赢家（即广东的电力用户和云南的发电商）和输家（即广东的发电商和云南的电力用户）。

二、推进改革的建议

第一，有必要承认，随着市场的引入，发电资产的价值将有所下降，从而降低电力价格。如果有必要，应该在国有发电企业之间重新分配资产，以增加竞争、分散价值损失。也可以向消费者收取竞争性的过渡费用③，这样可以收集一些消费者剩余，用来直接补偿发电商的资产价值损失。

第二，在广东，有必要完成所有电力日间市场的转变，并将其与调度相结合。部分月度市场成功地鼓励了一系列新的市场参与者（零售商），但市场并没有为其运营和投资产生一套适当的价格信号。一个完整的日间市场意味着很难避免交易的"大爆炸日"，这是英国和美国的电力批发市场所经历过的。④ 发电商和用户之间的长期合同可以用来对冲财务头寸。

第三，在一个省内进行更充分的试验似乎是明智的。一个真正的市场化试点需要一套完整的电力批发市场，适用于所有类型的发电和需求。

---

① 见DECC（2015：9）。
② 广州电力交易中心（2017a）。
③ 加利福尼亚背景下的讨论可见 https://www.eia.gov/electricity/policies/legislation/california/assemblybill.html。
④ 参见FERC（2004）在美国建立独立系统运营商的背景下对此的讨论。Henney（1994）介绍了1990年4月1日建立英国电力库的背景。

一套完整的电力市场应该包括能源市场（年度、月度、日前和日间）和辅助服务市场（特别是频率调节和短期运行储备）。截至2019年，包括广东在内的所有试点都不是这样的情况。广东是综合试点的一个很好的选择，因为最初的电价很高，而且电力行业在广东省GDP中的占比相对较小。继续我们一开始介绍的与得克萨斯州的比较，得克萨斯州在电力市场化改革方面比美国其他州都走得更远（Adib et al., 2013），其结果是低电力价格和高可再生能源普及率。

第四，中国电力市场化改革出现逆转的概率似乎高于其他许多地方，原因在于其在2015~2019年缺乏进展，而且改革本身缺乏立法支持。中国电力市场化改革的基础是2015年的"9号文"[①]，当2002年电改后商品价格上涨和供给安全问题等情况出现时，改革出现了停滞。这表明，改革需要有额外的紧迫感，而目前的改革可能缺乏这种紧迫感（Zhang & Dai, 2018; Wilson et al., 2015）。在英国，1987年的大选为电力部门改革设定了一个最长5年（实际上是4年）的时间表（到1991年基本完成）（Henney, 1994, 2011）。我们建议首先在省级层面进行试验，制订一个可行的计划，然后为更广泛的改革设定一个雄心勃勃的时间表。

[①] "9号文"是一个政策文件，一些地方政府表示，有时不知道是否应该只遵循政策文件而忽视现行《电力法》（1996）的内容。因此，需要根据"9号文"的政策目标，对中国电力行业的现行法律框架进行修订。见 http://news.bjx.com.cn/html/20161129/792530.shtml。

附录 改变边际出价如何改变2016年电力市场拍卖设计中的拍卖结果

如果 R2 出价为 -100 而不是 -50 会怎样？R2 会得到更大的折扣。计算结果见图 3-9 至图 3-12。R2 的折扣原来是 -170.8，现在是 -268.8，所有其他的价格都改变了。

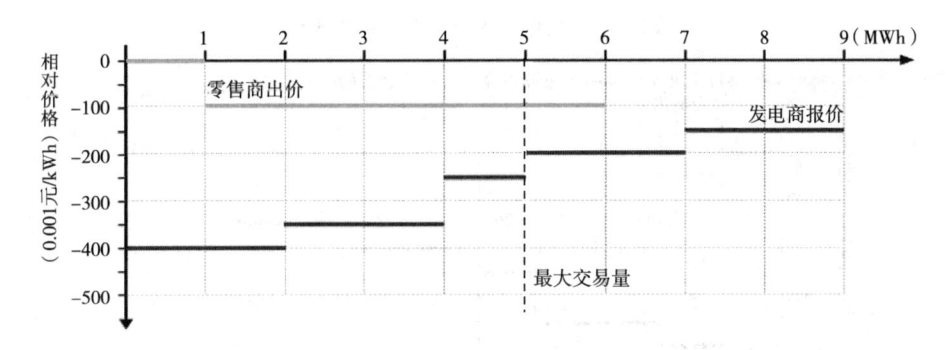

图 3-9 零售商出价、发电商报价、最大交易量

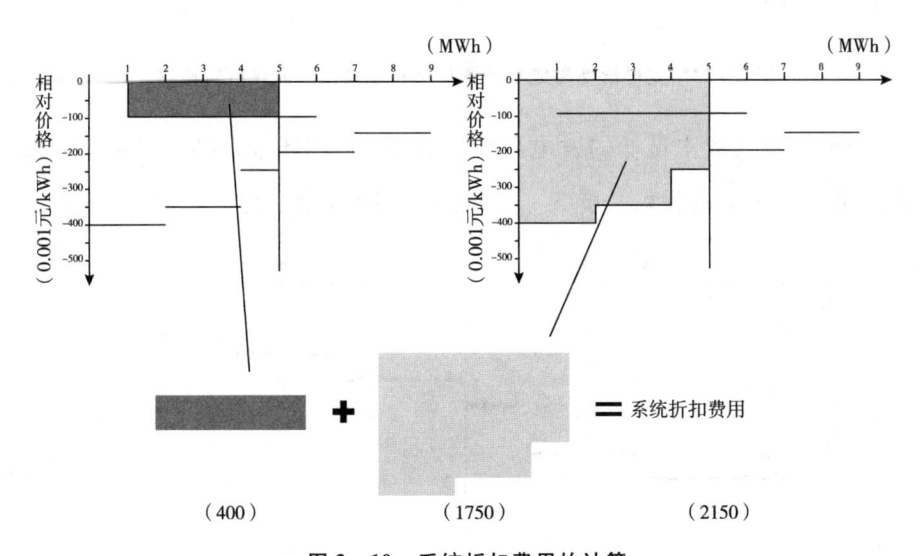

图 3-10 系统折扣费用的计算

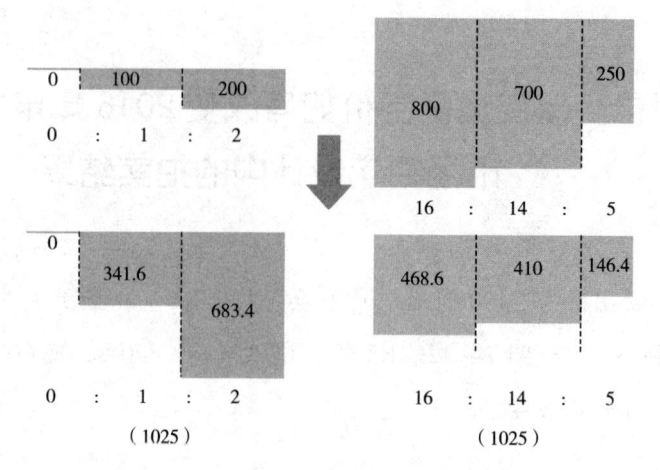

图 3-11 向中标人分配系统折扣费用

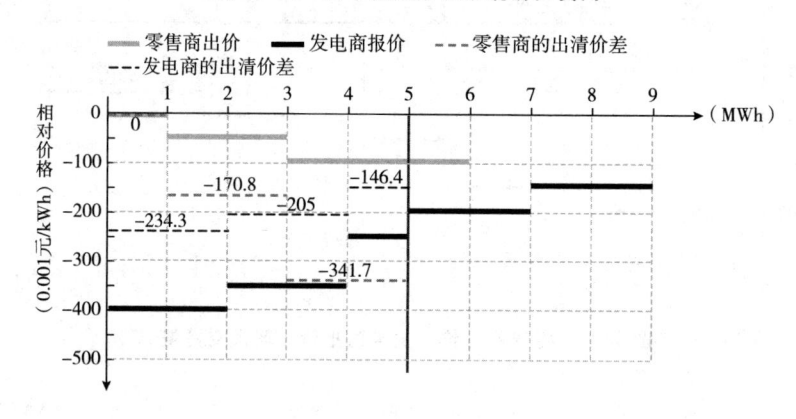

图 3-12 支付给交易成功的零售商和发电商的最终相对价格

如果 G1（成本最低的发电单位）出价为 -350 而不是 -400，那么最终会收到更高的付款。图 3-13 至图 3-16 显示了计算结果。G1 的原

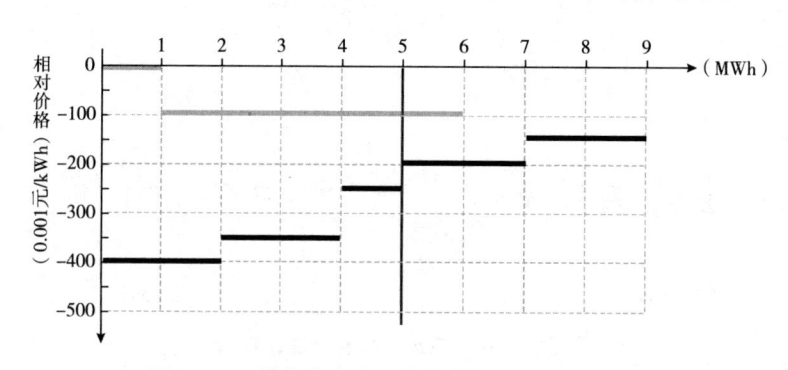

图 3-13 零售商出价、发电商报价、最大交易量

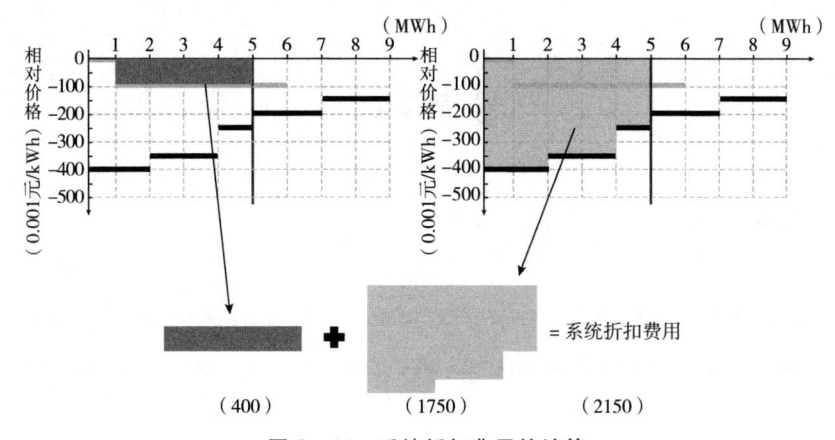

图 3-14 系统折扣费用的计算

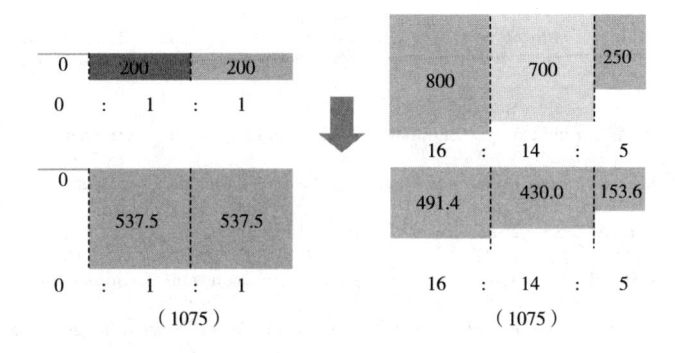

图 3-15 向中标人分配系统折扣费用

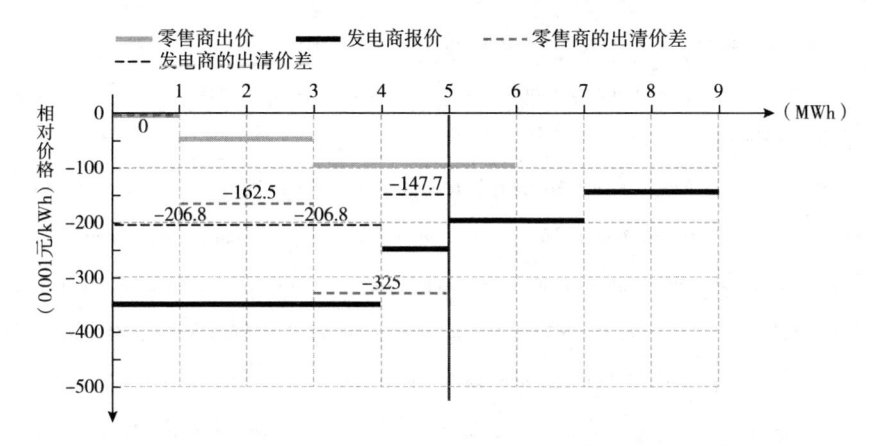

图 3-16 支付给交易成功的零售商和发电商的最终相对价格

始相对价格是 -234.3，现在变成了 -206.8，所有其他的最终相对价格都改变了。

参考文献

英文

ACER/CEER(2019). *Annual Report on the Results of Monitoring the Internal Electricity and Natural Gas Markets in 2018, Electricity Wholesale Markets Volume November*, Slovenia: ACER/CEER.

Adib, P., Zarnikau, J., & Baldick, R. (2013). Texas electricity market: Getting better. In F. P. Sioshansi(Ed.), *Evolution of global electricity markets* (pp. 265 – 296). Waltham, MA: Academic Press.

An, B., Lin, W., Zhou, A., & Zhou, W. (2015). *China's market – oriented reforms in the energy and environmental sectors*. Paper presented at the Pa – cific Energy Summit. http://nbr.org/downloads/pdfs/ETA/PES_ 2015_ workingpaper_ AnBo_ et_ al. pdf.

Andrews – Speed, P. (2013). Reform postponed. The evolution of China's electric – ity markets. In *Evolution of global electricity markets. New paradigms, newchallenges, new approaches* (pp. 531 – 569). Waltham: Elsevier.

Andrews – Speed, P., Dow, S., Oberheitmann, A., Ramsay, B., Smith, V., & Wei, B. (2003). First steps in power sector reform: The case of China's GuangdongProvince. *Utilities Policy*, 11(3), 169 – 183.

APX – Belpex – EPEX Spot – Mercatoelettrico(GME) – Nord Pool Spot – OMIE OTE(PCR PXs). (2013). *EUPHEMIA public description PCR market coupling algorithm*. http://www.apxgroup.com/wp – content/uploads/Euphemia – public – description – Nov – 20131.pdf.

Ausubel, L., & Cramton, P. (2011). *Auction design for wind rights*. Report to Bureau of Ocean Energy Management, Regulation and Enforcement. http://www.boem.gov/uploadedFiles/BOEM/Renewable_ Energy_ Program/Regulatory_ Information/AusubelCramtonPaper1.pdf.

Bessembinder, H., & Lemmon, M. L. (2002). Equilibrium pricing and optimal hedging in electricity forward markets. *Journal of Finance*, 57(3), 13471382.

Bui, T., Yang, D., Jones, W., & Li, J. (Eds.). (2002). *China's economic powerhouse: Eco-*

nomic reform in Guangdong Province. Basingstoke: Springer.

Chau, J. , Noria Kia, N. , Kilburn, M. , & Lorrimar – Shanks, J. (2011). *An introductionto Guangdong's energy market – Proposed and future solutions*. Interconnectionpaper, Civil Exchange.

Chen, R. (2018). *Analysis of inter – provincial transfers of supply contracts in South China regional electricity market*. mimeo.

Cheng, W. (2016). *Power retail pilots open in Guangzhou, Chongqing*. China Energy Storage Alliance. : http://en. cnesa. org/featured – stories/2016/3/2/power – retail – pilots – open – in – guangzhou – chongqing.

Cheng, B. , Dai, H. , Wang, P. , Xie, Y. , Chen, L. , Zhao, D. , & Masui, T. (2016). Impacts of low – carbon power policy on carbon mitigation in Guangdong Province, China. *Energy Policy*, 88, 515 – 527.

Cheng, C. , Chen, F. , Li, G. , Ristic, B. , Mirchi, A. , Qiyu, T. , & Madani, K. (2018). Reform and renewables in China: The architecture of Yunnan's hydropowerdominated electricity market. *Renewable and Sustainable Energy Reviews*, 94, 662 – 693.

Chick, M. (2007). *Electricity and energy policy in Britain, France and the United States since 1945*. Cheltenham: Edward Elgar.

China Light and Power Group(CLP). (2016). *Annual report*. : https://www. clpgroup. com/en/investors – information/financial – reports/our – reports? year = 2016.

CMA. (2016). *Energy market investigation, final report*. London: Competition and Markets Authority.

DECC. (2015). *Hydro Benefit Replacement Scheme & Common Tariff Obligation three year review of statutory schemes: Consultation*. London: Department of Energy and Climate Change.

FERC. (2004). *Staff report on cost ranges for the development and operation of a day one regional transmission organization*. Docket no. PL04 – 16 – 000. FERC, Washington, DC.

Henney, A. (1994). *A study of the privatisation of the electricity supply industry in England and Wales*. London: EEE Limited.

Henney, A. (2011). *The British electric industry 1990 – 2010 the rise and demise of competition*. London: EEE Limited.

Hermann, C. , & Pond, R. (2012). Concentration and disintegration: Company responsesin the electricity sector and consequences for employment. In C. Hermann & J. Flecker(Eds.) , *Privatization of public services: Impacts for employment, workingconditions, and service quality in Europe*(pp. 33 – 54) . New York: Routledge.

Ho, M. S. , Wang, Z. , & Yu, Z. (2017) . *China's power generation dispatch.* RFF report. http: //www. rff. org/files/document/file/RFF – RptChinaElectricity. pdf.

Hurlbut, D. , Zhou, E. , Bird, L. , & Wang, Q. (2017) . *Transmission challenges andbest practices for cost – effective renewable energy delivery across state and provincial boundaries* (No. NREL/TP – 6A20 – 67462) . NREL(National Renewable EnergyLaboratory) , Golden, CO.

International Carbon Action Partnership(ICAP) . (2017) . *China – Guangdong pilot system, ETS detailed information.* International Carbon Action Partnership. https: //icapcarbonaction. com/en/status – report – 2017.

International Energy Agency(IEA) . (2019) . *China power system transformation: Assessing the benefits of optimized operations and advanced flexibility options.* Paris: IEA Publications.

Jamasb, T. , & Pollitt, M. (2007) . Incentive regulation of electricity distributionnetworks: Lessons of experience from Britain. *Energy Policy*, 35(12) , 6163 – 61 87.

Klemperer, P. (2002) . What really matters in auction design. *Journal of Economic Perspectives*, 16(1) , 169 – 189. http: //people. hss. caltech. edu/ ~ jkg/what – matters. pdf.

Krishna, V. (2010) . *Auction theory*(2nd ed.) . Amsterdam: Academic Press.

Li, M. , & Shen, T. (2016) . Guangdong Electric Power Trading Center yesterday officially launched mainly act as a «matchmaker». *Top News*.

Li, Y. , & Yu, J. Q. (2017) . *The propulsion of China's electricity – sold side reform.* In DEStech transactions on engineering and technology research, (apetc) .

Lin, J. , Kahrl, F. , Yuan, J. , Chen, Q. , & Liu, X. (2019) . Economic and carbon emission impacts of electricity market transition in China: A case study of Guangdong Province. *Applied Energy*, 238, 1093 – 1107.

Liu, S. , Yang, Q. , Cai, H. , Yan, M. , Zhang, M. , Wu, D. , & Xie, M. (2019) . Market reform of Yunnan electricity in southwestern China: Practice, challen – ges and implications. *Renewable and Sustainable Energy Reviews*, 113, 1 – 24.

Lohmann, P. (2001) . A ' hands – on'or ' hands – off' approach in electricity distribution; outsourcing of business processes in a HRM perspective. In 16th international conference and exhibition on electricity distribution, 2001. Part 1: Contributions. CIRED(IEE Conf. Publ No. 482).

Mansur, E. T. , & White, M. W. (2012). *Market organization and efficiency in electricity markets*. http://www.dartmouth.edu/~mansur/papers/mansur_white_pjmaep.pdf.

Marino, A. , Bertoldi, P. , Rezessy, S. , & Boza – Kiss, B. (2011). A snapshot of the European energy service market in 2010 and policy recommendations to fostera further market development. *Energy Policy*, 39(10), 6190 – 6198.

Newbery, D. M. , & Pollitt, M. G. (1997). The restructuring and privatization of Britain's CEGB: Was it worth it? *Journal of Industrial Economics*, 45(3), 269 – 303.

Ng, E. (2016). Chinese power generators face tougher times as deregulation sparks competition. *South China Morning Post*.

Ofgem. (2016). *Wholesale energy markets in* 2016. London: Ofgem.

Ofgem. (2017). *State of the energy market* 2017 *report*. London: Ofgem.

Paredes, R. (2003). Redistributive impact of privatization and the regulation of utilities in Chile. In C. Ugaz & C. Waddams Price(Eds.), *Utility privatisation and regulation – A fair deal for consumers?* Aldershot: Edward Elgar.

Pike, L. , & Zhe, Y. (2017). Five Things to Know About China's National Carbon Market. *China Dialogue*, December 19.

Pollitt, M. (2004). Electricity reform in Chile: Lessons for developing countries. *Journal of Network Industries*, 5(3 – 4), 221 – 262.

Regulatory Assistance Project(RAP). (2016). *Wholesale electricity markets and pricing in China: How is reform going?* Available at: http://www.theenergycollective.com/raponline/2389923/wholesale – electricity – markets – and – pricing in – china – how – is – reform – going – 2

Reinhold Cohen. (2015). *China's new intellectual property courts*. Reinhold Cohen IP Attorneys newsletters. http://www.rcip.co.il/en/article/chinas – new – intellectual – property – courts/

Stoft, S. (2002). *Power system economics designing markets for electricity*. Piscataway: IEEE Press. Sun, M. , & Su, H. (2017). China. In D. L. Schwartz(Ed.), *The energy regulation and markets review*(6th ed.). London: Law BusinessResearch.

Taylor, S. (2007). *Privatisation and financial collapse in the nuclear industry: The origins and causes of the British energy crisis of* 2002. Abingdon: Routledge.

Wang, C., Chen, H. R., Pan, W. L., & Xu, Z. (2006). *Reliability and economic evaluation of the China southern power grid*. In Power systems conference and exposition, 2006. PSCE'06. 2006 IEEE PES(pp. 854 – 859). IEEE.

Wang, W., Luo, Y., Xie, P., Luo, Z., & Zhao, D. (2016). The key elements analysis of Guangdong & Shenzhen ETS & tips for China national ETS construction. *Chinese Journal of Population Resources and Environment*, 14(4), 282 – 291.

Wilson, S., Yang, Y., & Kuang, J. (2015). China's electricity sector. In LigangSong, Ross Garnaut, Cai Fang & Lauren Johnston(Eds.) China's Domestic Transformation in a Global Context, Canberra: ANU Press, p. 175 – 210.

Xinhua Finance. (2015). *Shenzhen given nod to pilot new power transmission*. http://en.xfafinance.com/html/Industries/Utilities/2015/40163.shtml.

Yu, D., Qiu, H., Yuan, X., Li, Y., Shao, C., Lin, Y., & Ding, Y. (2017). Roadmap of retail electricity market reform in China: Assisting in mitigating wind energy curtailment. *IOP Conference Series: Earth and Environmental Science*, 52(1), 012031.

Zeng, L., Zhang, C., Chen, L., & Xiang, X. (2004). *Guangdong electric power market reform: Options and impact*. Working paper #33, program on energy and sustainable development, Stanford University.

Zhang, H. (2017). *China power market: Too young, too irrational*. https://www.linkedin.com/pulse/china-power-market-too-young-irrational-huiting-zhang/.

Zhang, D., & Dai, H. (2018). Financing China's electricity sector. In L. Lester & M. Thomas (Eds.), *China's electricity sector*. Singapore: Palgrave Pivot.

Zhang, S. L., Sun, Y. M., Jing, Z. X., & He, Z. X. (2014). Research on transferand replacement mechanism design of inter-provincial electricity treatment in South China electricity market. *Applied Mechanics and Materials*, 494, 1695 – 1701.

中文

Tsai 等（2017）.《英国电改专家怎么看待中国电改，给了什么建议？——专访剑桥大学能源政策研究所副所长迈克尔·波利特教授》. http://www.eothinker.com/eo/

show. php？itemid = 569.

Wen，H.（2017 年 2 月）.《广东试轨》能源观察.

董超、黄筱婴.（2017）.《美国 PJM 电力市场及对广东电力改革的启示》,《云南电力技术》第 1 期.

冯永晟.（2016a）.《从云南方案看新电改隐患》. http：//www. cnenergy. org/yw/zc/201602/t20160205_ 270260. html.

冯永晟.（2016b）.《如何理解中国电力体制改革：市场化与制度背景》. http：//www. chinareform. org. cn/economy/price/refer/201611/t20161130_ 25845.

广东省发改委.（2017）.《广东省发展改革委关于关于调整销售电价等有关问题的通知》.

广东省人民政府（2017a）.《广东电力市场交易基本规则（试行）》.

广东省人民政府（2017b）.《广东电力市场监管实施办法（试行）》.

广东省人民政府（2017c）.《广东电力市场建设实施方案》.

广州电力交易中心（2017a）.《南方区域跨区跨省月度电力交易规则（试行）》.

广州电力交易中心（2017b）.《广东电力市场 2017 年半年报告（1 - 6 月）》.

国家发改委.（2015a）.《国家发展改革委关于深圳市开展输配电价改革试点》.

国家发改委.（2015b）.《电力体制改革解读》.

国家发改委.（2016a）.《国家发展改革委 国家能源局关于印发〈电力中长期交易基本规则（暂行）〉的通知》.

国家发改委.（2016b）.《省级电网输配电价定价办法（试行）》.

国家发改委.（2017）.《国家发展改革委关于印发〈省级电网输配电价定价办法（试行）〉的通知》.

国家发改委、国家能源局.（2016）.《电力发展"十三五"规划（2016 - 2020 年）》.

国家能源局.（2017）.《广东各价区输配电度电价最低 - 5.16 分/千瓦时》. http：//www. nea. gov. cn/2017 - 11/13/c_ 136749039. htm.

国家能源局华南能源监管局（2015）.《广东省电力大用户与发电企业直接交易扩大试点工作方案》.

华润电力.（2016）.《售电公司那么多,谁已经开始行动了？》. http：//www. 360doc. com/content/16/0514/11/30627394_ 559016726. shtml.

荆朝霞．（2018）．《中国电力市场月度竞价机制介绍与分析》．《走进电力市场》．华南理工大学．

刘敦楠．（2017）．《电力市场、碳排放权市场和绿色证书市场的协调发展》．《电器工业》第 7 期．

孟子杰、李婧靓、张廷营．（2016）．《未来广东电力市场下实时调度规则思考》．《广东科技》第 16 期．

南方电网．（2016）．2016 年企业社会责任报告．来源：http://www.csg.cn/．

庞鹏．（2016）．《电力市场化改革背景下电力需求响应机制与支撑技术》．《广东电力》第 1 期．

舒畅、钟海旺、夏清．（2016a）．《基于优化理论市场化的日前电力市场机制设计》．《电力系统自动化》第 2 期．

舒畅等．（2016b）．《电力市场机制设计的月度弹性》．CSEE 论文集．

宋云华．（2017）．《广东电力市场改革和售电策略探讨》．《机电信息》第 6 期．

杨威、曾智健、陈皓勇、汪芳、郭曼兰．（2017）．《广东电力市场需求侧响应交易机制研究》．《广东电力技术》第 5 期．

张粒子、许传龙．（2017）．《中国能源大省电力市场建设经验分析》．《电力》第 4 期．

张晓萱等．（2015）．《售电侧市场放开国际经验及其启示》．http://www.aepsinfo.com/aeps/ch/reader/create_pdf.aspx?file_no=20151128001&flag=1&journal_id=aeps&year_id=2016.

中国电力企业联合会．（2017）．《告别无序竞争 电力市场呼吁售电专业化时代》．http://www.cec.org.cn/xinwenpingxi/2017-10-30/174433.html.

中国能源网研究中心．（2016）．《中国电改试点进展政策研究与建议》．

中国商报．（2015）．《科陆电子、比亚迪入股民营售电公司》．http://finance.ifeng.com/a/20150327/13586347_0.shtml.

第四章 改革后的电力市场中工业电价是如何确定的：来自英国的经验对中国的启示

引 言

本章旨在探讨在 2015 年 3 月"9 号文"（《关于进一步深化电力体制改革的若干意见》）启动的中国电力行业改革背景下，英国自由化的电力市场中的工业电价是如何确定的。

本章讨论最终工业电价的各个组成部分（即批发价格、零售利润、网络费用、系统运营成本以及政府税收），对于每一个组成部分，我们考虑是什么决定了其总额和结构。

在本章中，我们首先讨论了英国工业电价的构成。作为一个全面改革的电力市场的例子，其市场规模与中国的一个大省大致相当。我们接着讨论英国自由化的电力系统中的主要参与者，然后再解读工业电价的每一个组成部分。在讨论由中央政府决定的价格要素前，我们首先讨论由市场决定的要素，然后介绍和讨论价格的管制要素。我们的讨论涵盖了批发价格、零售利润、输电费、系统平衡费、配电费和环境税等的确定。我们讨论各个组成部分的决定过程（由市场、监管机构、中央政府或多个机构主导）以及可供中国参考的具体经验教训。最后，我们总结了中国在电价形成机制方面的一些经验教训。

第一节 英国的工业电价是如何确定的[①]

在英国，工业用电的最终零售价格由6个要素组成：由市场决定的非监管要素（批发价格和零售利润）；监管要素（输电和配电费用）；中央政府决定的征税和税收；由监管成本和市场决定的成本组成的混合要素（系统平衡费）。对于典型的工业用户，最终价格（由零售商收取）不受管制。受监管的费用是由独立的监管机构确定的。中央政府的税收由英国财政部负责。在英国，我们将用户分为工业、商业和居民三类，因此工业用户的覆盖面比中国小，中国的工业用户包括工业和商业用户。

2016年英国工业用电最终价格的分项构成见表4-1，适用于每年消耗电力超过2000MWh的工业。这不一定对应着系统内各方的收入。例如，实际的电力批发价格包括碳定价的成本，因为这是由化石燃料发电商支付的。

表4-1 2016年英国工业电价分项构成

要素	欧元/MWh	占最终电价比重（%）
市场决定要素		40.1
发电成本	39	33.9
零售商（供应商）成本	7.15	6.2
监管要素和混合要素		19.7
输电费用	11	9.6
系统平衡费	2.6	2.3
配电费用	9	7.8

[①] 在电气化方面，英国被划分为两个大的区域：大不列颠和北爱尔兰。大不列颠的电力是由Ofgem监管的。我们下面提到的一些统计数据包括北爱尔兰，但英国的电力消费约有98%发生在大不列颠。

续表

要素	欧元/MWh	占最终电价比重（%）
中央政府决定的要素		40.2
可再生能源义务	17.5	15.2
小型发电商上网电价	5.24	4.6
水电补贴计划	0.2	0.2
气候变化税	2.66	2.3
碳减排承诺	4.4	3.8
碳定价	16.25	14.1
合　计	115	100

注：1 英镑=1.16 欧元。
资料来源：Grubb 和 Drummond（2018）。

表 4-1 显示，大约 40% 的成本由市场决定，20% 由监管机构决定，40% 由中央政府决定。我们将在本章讨论每一个元素。请注意，2016 年英国工业用电价格大致等于 2015 年广东工业用电价格（见第三章）。

首先，有必要明确政府在英国电力部门中的作用：政府不决定最终价格[①]；监管机构确实决定了监管要素的上限；监管机构确实批准了受监管费用的计算方法；监管机构确实决定了供给安全要求和惩罚措施；政府确实监督了电力市场的竞争。

虽然电力市场化改革的目的是提供低电价，但低价并不总是正确的答案。当化石燃料价格越来越高或发电能力越来越少时，更高的价格可能是正确的答案。

第二节　英国电力系统中的关键角色

2017 年英国电力行业的特点如下：电力消费量为 301TWh，自 2005

---

① 在居民用电领域，有零售价格上限（被称为"保障费率"）。然而，这只是一个最高限额，实际电价可能低于这个数字。

年的峰值以来一直在下降（2017 年比 2005 年的峰值低 14%），这反映了产业结构的变化和能源效率的大幅提高（尽管家庭数量增加，但家庭能源需求比峰值低 16%）。2017 年的电力供应为 353TWh，其中 4.2% 为进口。在 338TWh 的国内发电中，40.4% 来自天然气，29.3% 来自可再生能源，20.6% 来自核能，只有 6.7% 来自煤炭（BEIS，2018）。英国电力系统从煤炭过渡到可再生能源的速度和程度是惊人的，和其他更多的证据所表明的一样（Vona & Nicolli，2014），电力改革与雄心勃勃的环境目标并非不相容。2010 年，可再生能源占英国发电量的 6.9%，而煤炭占 28%（DECC，2011），7 年后，这种情况已经完全逆转了。要知道，在 1990 年引入电力市场时，英国 72% 的电力来自燃煤发电（DECC，2009）。

从 1990 年开始，英国电力部门的改革大大改变了相关机构。[①] 在英格兰和威尔士，垄断性的国有发电和输电公司（CEGB）被拆分，12 个区域性的电力输配和零售公司得以进入发电领域，并相互竞争零售客户（通过法律上独立的零售业务）。在苏格兰和北爱尔兰，已有的综合发电、电网和零售公司也面临拆分和竞争。

2018 年年中，英国有 170 家有执照的发电商和 64 家有执照的非住宅电力零售商（Ofgem，2018a）。图 4-1 显示了目前的行业结构。在英国，发电和零售由"大"的 6 家发电商－零售商主导，这些公司脱胎于已有的公司。英格兰和威尔士的输电由英国国家电网公司负责，配电由 6 家公司掌握。英国国家电网公司是整个英国的系统运营商。虽然有些公司在发电、配电和零售环节都有业务，但现在这种情况已经不那么常见了，而且法律上对配电业务与电力部门的竞争性环节进行了严格拆分。独立的电力项目和新的零售商已经从 6 家公司手中夺取了大量的市场份额，

[①] 参见 Henney（1994）关于私有化对电力行业结构的影响的讨论。关于私有化后的大不列颠经验的总结，参见 Newbery（2000，2005）。关于在英国一般私有化计划背景下的电力私有化的讨论，参见 Pollitt（1999），关于在全球能源市场自由化背景下的电力自由化的讨论，参见 Pollitt（2012a）。

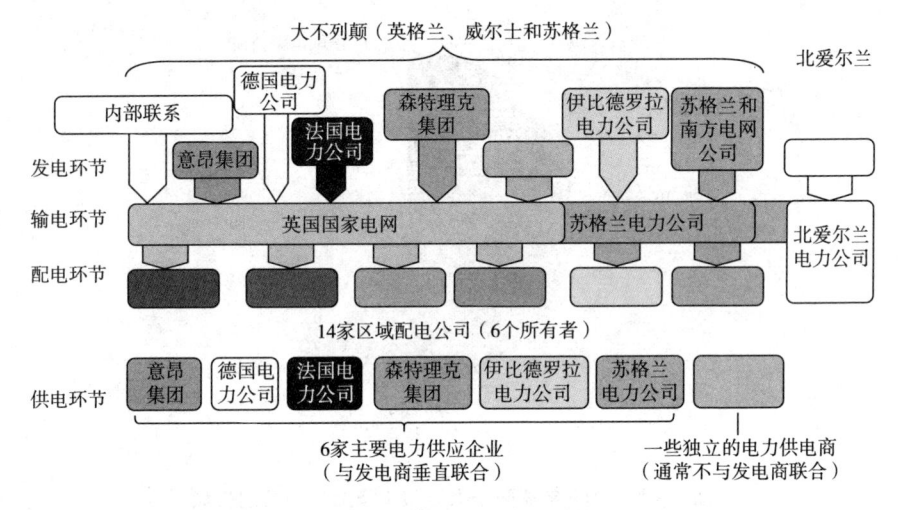

第四章 改革后的电力市场中工业电价是如何确定的：来自英国的经验对中国的启示

图 4-1 英国电力行业结构

而发电和零售的市场份额在 6 家公司内部之间差异较大。

图 4-2 和图 4-3 显示了 2017 年英国电力批发市场和零售市场上各公司的市场份额。电力批发市场的 HHI 指数约为 1034，表明市场集中度相对较低，相当于 10 家规模相当的公司在相互竞争。零售市场的 HHI 指数更低，约为 1000。

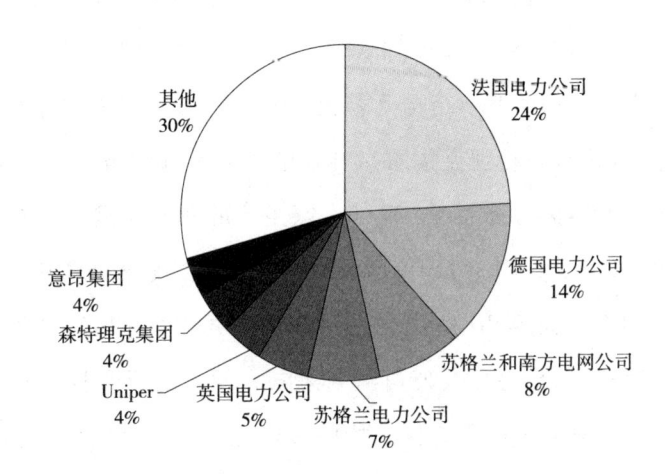

图 4-2 2017 年英国电力批发市场上各公司的份额
资料来源：Ofgem（2018a：2）。

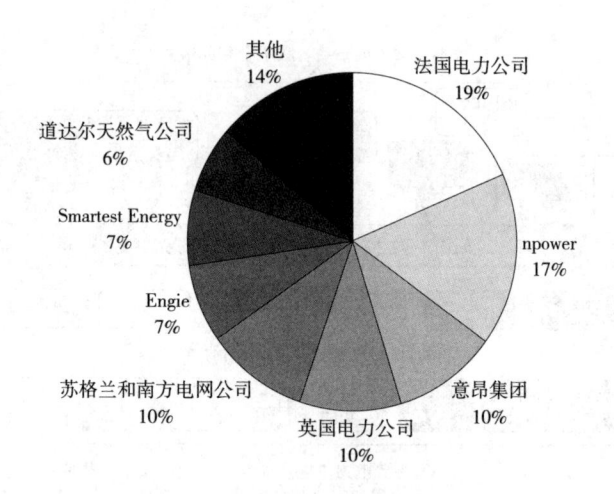

图 4-3　2017 年英国电力零售市场上各公司的份额
资料来源：Ofgem（2018a：38）。

英国有 7 家配电公司 [英国能源网络公司（UKPN）、西部配电公司（WPD）、北部电网公司（NP）、西北电力公司（EN）、苏格兰电力公司（SPEN）、苏格兰和南方电网公司（SSEN）、北爱尔兰电力公司（NIE）]，覆盖 15 个垄断性配电区域。在这些公司中，只有两家公司在英国拥有发电或零售业务（SPEN 和 SSEN）。英国有 4 家陆上输电公司（英国国家电网、SPEN、SSEN 和 NIE）。

英国电力行业的所有权结构（截至 2019 年）非常多样化。6 家发电商中的两家（SSEN 和森特理克集团）与发电商 Drax 和输电公司英国国家电网一起在伦敦证券交易所上市。其他 4 家主要的发电商是大型欧洲能源公司的子公司（EdF、RWE、E. ON 和 Iberdrola）。在配电公司中，UKPN 由香港投资者拥有，而 WPD 由美国上市能源公司 PPL 拥有，NP 由伯克希尔·哈撒韦拥有，EN 是私人公司，英国电力行业的所有权反映了大量外国所有权。英国电力资产所有权结构的多样化体现了其吸引力，使得英国国内的监管更加容易（因为削弱了生产者游说能力，使监管者能够专注于英国消费者），这也促进了英国在国外的互惠投资（不仅仅是在电力部门）。

英国电力部门的其他主要参与者也值得一提。

| 第四章　改革后的电力市场中工业电价是如何确定的：来自英国的经验对中国的启示

Elexon负责管理平衡和结算系统，以协调电力行业内发电商和零售商之间的结算。这是任何重组行业的一个极其重要的部分。Elexon对自己的描述如下："2001年3月，作为新电力交易安排（NETA）的一部分，推出了平衡和结算准则（BSC）。Elexon代表英国电力行业执行该准则。我们提供和采购管理守则所需的服务，并将发电商和供应商所说的生产或消费的电力数量与实际数量进行比较。我们计算出差额价格，然后转移资金。"[1] Elexon是根据英国国家电网公司输电许可证中的一项义务建立的，从技术上讲，它是英国国家电网公司的全资子公司，但与英国国家电网公司保持一定的距离，有一个完全独立的管理结构。

电力市场还包括许多其他参与者，其中有聚合商（它们代表较小的发电商以及较小的非居民用户聚合发电量和需求）。大约有19个这样的机构。[2] 交易者在现有的电力交易所进行电力交易。电力可以提前一天在多个平台上进行交易（或根据长期合同交易）。交易平台主要是APX和N2EX，APX有75名交易员。[3] 互联电网在英国市场也很重要，提供了向英国境内和境外供电的能力（作为发电和负荷），目前包括：2GW到法国（IFA），1GW到荷兰（BritNed），500MW到北爱尔兰（Moyle），500MW到爱尔兰共和国（East West），还有3.4GW的供电能力正在建设中（截至2018年10月）。

最后，必须注意监管机构和政府在电力部门中的作用。虽然经营性电力资产很少由国家所有[4]，但政府确实通过监管制度和中央政府采取的措施来影响行业的发展。英国的电力行业由两个独立的监管机构直接监管：Ofgem和CMA，其中CMA是一般竞争监管机构。这两个监管机构

---

[1] 见 https://www.elexon.co.uk/about/。
[2] 见 PA Consulting Group（2016）。
[3] 见 http://www.epexspot.com/en/membership/list_of_members/。
[4] 政府确实拥有关停的核电站。市政府在地方电力公司中拥有有限的利益，例如布里斯托尔能源公司。

的主要职责是监督电力批发和零售市场的竞争性,并审批和监督垄断网络收费。这两个机构的运作独立于政府部门。英国商业、能源和工业战略部(BEIS)负责制定监管框架,可以向监管机构出具指导意见、制定补贴和税收制度,还可以将整个行业交给CMA进行调查。[①] 监管委员会的成员由政府任命,任期固定。

第三节 批发价格

现在我们来谈谈工业用电最终价格的构成要素以及这些要素是如何确定的。在考虑最终价格中的批发电价要素时,一个明显的起点是电力现货市场的价格。那么在一个自由化的电力市场中,我们所说的现货市场是什么意思?

电力现货市场通常指的是主要的近实时市场(Stoft, 2002),其中每小时、半小时、15分钟、5分钟的批发价格由希望出售和购买电力的单个发电商和零售商的供应报价和投标出价决定。基本的出价和报价指导各个电厂的调度。在许多电力市场中,发电商可以发布它们愿意被调度的价格(如在美国的PJM市场)或它们希望被调度给系统运营商的电力数量(如在英国的市场)。现货价格/数量应反映发电和负荷的基本价值。系统运营商使用这种现货价格/数量来调度系统,注意即时修正的需要,以便在约束和平衡市场与合同的基础上实时匹配供需。问题是如何将现货市场价格(通常是日前价格)和实际调度联系起来。瞬时竞价既不可能,也不可取,因为瞬时价格不能实时改变行为,而且可能缺乏透明度(因为瞬时价格必须事先计算)。

在电力市场中,实际的实时电网稳定性的维持方式与传统的垂直整

[①] 见 CMA(2017)。

合电力系统中的维持方式基本相同,都是在"关口"(发电和负荷改变其市场地位的最后机会)之后。然而,现货市场确实创造了发电商扣留的机会,如在2000~2001年的加州电力危机中,发电商通过故意撤回一些容量来操纵市场价格,以推高其剩余发电量的价格(Sweeney,2002)。这种行为必须被发现和惩罚。

批发市场的关键参与者是零售商,它们代表客户购买电力。在英国,零售商的所有电力都要在批发市场上购买。零售商通常与发电商结合在一起。零售商可以使用现货和远期市场以及双边合同。发电商和供应商直接在 OTC 市场上进行双边合同交易。① 衍生能源产品也可以交易。② 许多电力是通过双边合同进行买卖的,为期12~18个月,通常与现货价格挂钩。零售商经常使用滚动合同(例如,每月滚动18个月的合同,因此需要18个月的时间才能将基础价格的持续调整完全反映在批发合同中)进行对冲。规模较小的零售商倾向于使用期限较短的合同,这是因为它们未来的需求有更多的不确定性,它们的竞争基础是短期的价格竞争力而不是声誉。一些市场(如南美洲市场)规定了受监管零售客户应签订的合同的性质,这可以通过指定基准批发合约价格间接实现,这一基准批发合约价格将用于计算受监管的最高零售价格。

在英国,双边合同市场和电力交易所不是由系统运营商运营的。相反,系统运营商经营半小时平衡市场和其他辅助服务市场(如频率响应)。英国97%的批发电力是自我调度的。这与美国市场(如 PJM 市场)使用的强制电力库/强制日前市场不同,在美国,系统运营商使用日前市场实时指导定价和调度。③

---

① 关于这个市场运作的讨论,见 CMA(2016a)。
② 见 www.leba.org.uk。
③ 参见 http://www.gridscientific.com/images/electricity_trading_arrangements_begin-ners_guide.pdf,https://www.elexon.co.uk/wp-content/uploads/2017/11/BSCP01_v17.0.pdf,又见 Onaiwu(2009)。

自我调度的工作原理如下：发电商可以提前一个小时向系统操作员给出它们想要运行的电厂的最终物理通知（FPN），也就是说，发电商可以在该时间点之前调整它们的声明位置。之后，系统操作员调度电厂，目标是将平衡行动的成本降至最低（系统操作员是平衡市场交易的唯一对手方）。生产（发电商）和消费（零售商）的账户交易［能源合同数量通知（ECVN）］也必须与消费账户一起申报，并注明所有14个配电区域的位置（作为单独的BMUs）。发电商和零售商都有很强的动机去自我平衡自己的位置，无论是通过实际的平衡机制还是通过它们参与的平衡机制。未能实现自我平衡意味着系统运营商需要购买或出售电力来精确平衡系统，从而带来平衡费用。因此，平衡费用的计算是为了激励平衡、鼓励准确的供需匹配。准确出价是有动机的，因为根据竞争法，滥用市场势力可能会被处以高达营业额10%的罚款。

这种自我调度不同于美国PJM市场或广东的电力现货市场（见第3章），但对于复杂的参与者，这允许发电商在给系统运营商的通知中反映其所有内部成本。自我调度提供了改善市场地位的潜力，以中央调度算法无法提供的方式解决电厂风险问题。尽管它们可以正式考虑到许多电厂特征（如增加成本），但无法考虑到单个电厂在被调度时面临的所有成本。需要注意的是，自我调度与中央调度的效率通常是根据中央调度计算来衡量的，因此，它倾向于找到更有效的中央调度，而不是找到建模系统中的隐藏约束（Sioshansi et al., 2008）。

英国的发电厂由英国国家电网公司实时调度，没有其他分派层。区域配电公司不调度发电或负荷，尽管它们偶尔会在配电系统内执行约束管理合同。较大的发电机（在配电系统上）必须对管理超过50MW（作为平衡机构单元）的系统操作员可见，并且可以注册在这个阈值以下。[①]然而，通过CORESO也能实现一些系统操作员之间的合作。CORESO是

[①] 参见 National Grid (2011)。

欧盟单一电力市场的区域安全协调员（RSC），它汇集了西欧7个国家的系统运营商，在"几日前到日内（实时时间前几小时）"层面上进行协调。①

电力批发市场与化石燃料市场、碳市场密切相关，因为化石燃料价格和碳价格是石油、燃气或燃煤发电机组的重要成本组成部分。碳定价（包括排放许可和税收）作为额外的燃料成本出现在批发电力成本中，因为化石燃料发电机组在产生二氧化碳时必须"燃烧"碳许可并支付碳税，表4-1中的批发价格扣除了碳定价的影响，但报告的批发价格包括这些成本，我们将在后文单独讨论它们的决定过程。在英国，大多数受补贴的低碳发电公司像其他发电公司一样实时参与能源市场，并从差价合同（CFD）和可再生能源义务证书（ROC）中获得额外收入。小型FIT生产者（大多数是家庭）从与其签订合同的零售商（所谓的FIT被许可方）处获得报酬。②

尽管电力批发市场目前在英国并不十分集中，但情况并非一直如此。③事实上，在电力市场的批发和零售层面，由于公司在透明的电力市场中每天多次进行出价和报价而形成的串通是一个非常现实的问题。监管机构Ofgem在提高盈利透明度方面做了很多工作。④英国市场目前受国际能源委员会关于能源市场完整性和透明度的立法管辖。⑤Ofgem最近将整个市场交由CMA审查，CMA对2014~2016年的市场竞争性进行了彻底的调查。⑥

---

① 参见 https://www.coreso.eu/。

② 参见 https://www.ofgem.gov.uk/environmental-programmes/fit/about-fit-scheme。

③ 参见 Newbery（2005）、Jamasb和Pollitt（2005）的讨论。

④ 参见 https://www.ofgem.gov.uk/gas/retail-market/retail-market-monitoring/understanding-profits arge-energy-suppliers。Ofgem要求提供合并的部门账目，以显示大型综合公司的利润。

⑤ 参见 https://www.ofgem.gov.uk/gas/wholesale-market/european-market/remit。

⑥ 参见 https://assets.publishing.service.gov.uk/media/576bca94ed915d622c000077/appendix- 4-1market-power-in-generation-fr.pdf。

Alex Henney（2011）记录了英国引入竞争性电力批发市场后8年中的发展，最终结果是我们今天看到的竞争更激烈的市场。1991年12月的综合价格调查（由当时唯一的电力监管机构Offer开展）发现两家化石燃料发电企业提前一天宣布电厂不可用，以推高当天的容量价格；1992年10月的电厂受限报告（由Offer开展）发现限制后的电厂存在博弈。随后的调查导致了重大的结构变化：1993年7月的联合价格表允许最大的用户在联合价格表中投标（以减少发电市场份额）。在1994年2月威胁将两家最大的发电商交由竞争主管机构审查之后，发电商同意出售发电厂，然而，这两家主要的发电商利用了这一协议，在电厂销售条款中加入了反竞争的获利能力条款（提高了新进入者的边际成本，迫使它们出价更高）。1996年，竞争主管部门对最大的发电商收购零售商的交易进行了合并调查（MMC，1996a，1996b），结果导致收购被阻止，进而驱使更多的发电商剥离发电资产。这些资产的出售最终导致批发电价在2001年初大幅下跌。[①] 1997~1999年对电力库安排的调查导致了从2001年开始启动新电力交易安排（NETA）（Offer，1998），以自动调度和平衡市场取代了集流安排。

英国的经验说明了在市场开放前创造充分竞争环境的重要性。1990年，英国建立了5家规模相当的化石燃料发电企业，它们拥有很多发电厂，节省了很多监管干预时间，建立了一个有竞争性的批发市场。中国有充足的机会借鉴英国的做法，在全面开放市场之前重组发电企业，这将大大改善后续的竞争。

与所有产品高度标准化的市场一样，有必要监测价格的截留和信号。通过新的进入者和互联促进竞争是很重要的。对当地限制因素背后的一些投标的监管可能是必要的（在英国，在苏格兰和英格兰之间的重大输电限制背后，截留苏格兰的发电能力一直是一个问题）。对反竞争行为

[①] 见 Evans 和 Green（2003）对这一时期批发价格下跌的原因分析。

第四章 改革后的电力市场中工业电价是如何确定的:来自英国的经验对中国的启示

采取快速的执法行动是有帮助的,可以控制反竞争行为造成的损害,并提高执法的威慑力。刺激竞争可能意味着,定价的现有企业可能需要剥离发电厂。为了防止国有企业旨在促进其自身发电的反竞争行为,国有企业的发电和零售业务相互独立是必要的。

英国电力部门的改革确实引起了在中国备受关注的"社会稳定"问题。串通提高了发电价格,现有发电资产的剥离可能加速了燃煤发电的减少,转向使用天然气(Newbery & Pollitt, 1997; Newbery, 2005)。政府试图在市场建立后的前几年通过签署国内煤炭的优惠合同来减缓私人发电商对高价国内煤炭的使用。随后,政府在1997年发布了"天然气暂停令",这使得新的燃气发电厂更难获得规划许可,目的是维持对煤炭的需求。① 英格兰2017年取消对陆上风电的财政支持也是由于当地居民反对风电场的选址。2013~2014年,碳定价最初保持在较低水平,以免加速煤炭需求的减少②,但此后碳定价一直大力鼓励天然气发电(我们将在下文讨论)。

1990年改革后,核能发电无法在新的电力市场上承担其长期成本(尽管在批发市场上的参与有力地激励了核电厂降低运营成本和增加产量),整个零售环节都要缴纳税款,因为需要建立一个基金来应对长期的核电负债。2001~2002年的电价下跌导致了英国能源公司核电厂的财务崩溃,该公司被政府成功挽救并重新进行了私有化(政府获利)。③

英国电力批发市场的另外几个特点对中国建设电力批发市场很重要。所有的电力(包括所有的可再生能源发电和核电)交易都在市场中进行,而不是像目前中国的许多试点市场那样只有部分发电量。④ 需求方直接参与市场,投标是双向的,即发电商和负荷参与批发市场。在零售

---

① 暂停令并不特别有效。它在1999年中期被放弃,而且从来没有完全得到执行。
② 见 Hirst(2018)对英国碳价格底线历史的讨论。
③ 详见 Taylor(2007, 2016)。
④ 见第三章关于广东的内容。

143

商和发电商之间有一系列的合同，而不仅仅是一种类型的金融产品（如广东 2019 年的月度合同，或加州在电力危机前的日前合同）。这很大程度上激励了发电商提供最低成本的电厂。系统运营商根据申报的可用性和最低成本调整来调度电厂。政府试图影响调度和投资（如通过煤炭合同或禁止某些类型的发电）的做法是完全透明的。在电力批发市场，积极的竞争和监管政策对促进竞争非常重要。

虽然现货市场规模相对容易建立，但期货市场需要时间，而且被认为是存在问题的。① 这是因为在一个具有重要物理基础的市场中，流动性问题加大了对未来价格建模的难度。实物交付必须实时进行，电力市场不存在库存。这意味着电力市场很难对未来几年的情况建模，现有的发电商和零售商作为电力期货市场的参与者受到青睐。电力期货市场不一定给电力消费者带来重大利益，因为期货市场主要是为了满足金融投资者的需求。金融工具本身对电力监管者的作用有限，主要应由金融监管机构关注。

英国的市场规模相当于中国的省级市场。重要的是，英国位于整个欧洲日益一体化的单一电力市场中。

从 2006 年开始，法国、比利时和荷兰将其日前市场连接起来，这是第一次跨国界的连接，旨在更有效地利用跨境传输能力，以确保电力传输能力在正确的方向上得到充分利用（使电力从高价区流向低价区）。到 2015 年，19 个欧洲国家之间已经发生了多区域耦合，覆盖了欧洲单一市场 85% 的电力消耗。这个过程被称为"市场耦合"，由欧盟委员会推动。② 整个欧洲的现货市场通过 EUPHEMIA 算法③进行市场耦合，即实现在没有传输限制的情况下，不同的现货市场的价格是相同的。将市

---

① 参见 Ofgem (2016) 作为监管机构关注市场流动性的例子。
② 见 https://www.next-kraftwerke.com/knowledge/market-coupling。
③ 关于欧洲单一电力市场的发展，见 Pollitt (2018a) 的讨论。

场扩展到更广泛的地区有利于提高市场效率[1]，而且在政策上支持价格趋同（特别是在低价地区，价格趋同可能提高批发价格）。英国是高价区，因此一直热衷于将其电力市场与北欧的电力市场整合。然而，整合欧洲市场的工作进展缓慢，特别是在辅助服务市场领域。

必须指出的是，市场耦合和相关的跨境传输流量是各国市场内竞争的一个功能。这是因为实际调度仍在各国系统运营商层面进行，因为互联网络上的流量是供应和/或需求的一个来源。鉴于包括英国在内的大多数欧洲国家的跨境传输能力相对有限，国内供需状况的变化仍然是实时电力批发市场价格的主要决定因素。

第四节　零售利润

工业价格的另一个主要组成部分是零售利润。这是零售商为弥自身成本而增加的在所有其他成本要素（批发价格、网络费用和税费）之上的加价。

那么，零售商（供应商）在英国做哪些工作？它们在现货和远期市场签订电力批发合同，用金融合同对冲实物合同头寸，计算客户的消费，提供电气设备测试和监测等服务，并决定和申报零售价格。重要的是，在完全自由化的电力市场中，零售商对电力进行全价收费，向电网公司支付受监管的输电和配电费用，接受并管理最终客户不付款的风险，履行收费的社会化义务（如低使用量电价），并促进能源效率提升［如通过英国的碳减排目标（CERT）和能源企业义务（ECO）］。[2]

英国零售电力市场通过取消零售"供应价格"控制来分阶段开放[3]：

---

[1] 见 Mansur 和 White（2012）关于扩展 PJM 市场的好处的讨论。
[2] 更多信息见 https：//www.ofgem.gov.uk/environmental-programmes/eco/overview-previous-schemes。
[3] 见 Henney（2011）。

从1990年起，1MW以上的客户可以选择供应商；从1994年起，所有100kW以上的客户可以选择供应商（即所有半小时计量客户）；1998~1999年，所有客户（包括非半小时计量客户）都可以选择供应商。如上所述，随着市场的逐步开放，零售商出现了重大横向和纵向（与发电环节）的重新整合。竞争的一个非常重要的驱动力是天然气垄断企业英国天然气公司进入电力市场。到2002年，它成为最大的电力供应商。

1990年以后出现了重大的市场创新：许多最终客户（约40%，约1000万消费者）按双燃料价格（电力和天然气）直接计费；市场上有各种各样的固定、上限、绿色、社会价格。监管机构一直在关注电力供应竞争的状况（Pollitt & Haney，2014）。Ofgem在2008年启动了竞争调查（主要是由于价格上涨），但没有发现卡特尔存在的证据，在这种情况下，Ofgem还是为弱势客户引入了新的保护措施。这导致了2011年的零售市场审查，并最终导致能源市场（电力和天然气）在2014年6月被提交给CMA。

电力的零售竞争取得了重要进展。在欧洲，欧盟关于拆分的指令对促进零售竞争非常重要，来自天然气公司的竞争对刺激电力市场的零售竞争也非常重要。中小企业在零售市场上一直不活跃（因为它们的用电量通常比一般家庭少），CMA在2014~2016年的调查后，对零售电价进行了一些有限的重新监管。一些国家一直在关注零售和配电业务之间的分离程度。新西兰（1999年）和荷兰（2006年）已将配电网络与零售进行了所有权分拆①。美国得克萨斯州和英国对电网和零售进行了广泛的自愿性所有权拆分。新西兰的证据似乎表明，智能电表极大地促进了居民用电领域的竞争，这大大降低了零售商之间的转换时间（当然也有转换的准确性）。②

从英国的零售竞争经验中可以总结出一些总体的、一般性的经验。

---

① Nillesen 和 Pollitt（2011）详细分析了新西兰配电业务与电力零售业务所有权分离的影响。
② 自智能电表开始推广以来，新西兰的月交换量增加了一倍以上，见 https://emi.ea.govt.nz/Retail/Reports/Tagged/consumer-switching? si=v2。

对于较大的非居民用户来说，已经有了一个活跃的用电市场，较小的商业用户最先受到监管。由于制度建设中缺乏实质性的激励措施，或者（在付账人和用户之间）存在分裂性的激励措施，人们对小型非居民（以及居民）用户的惰性表示担忧。人们担心对小型零售商的扭曲激励使得它们被免除了某些社会/能源效率义务，因此通过制定低于"竞争"价格的价格可以不公平地打压大型零售商。零售中越来越多地涉及增加收入以支付政府征收的费用，这增加了大型的、更负责任的零售商的相对风险，它们正确地考虑了不付款的风险。新的零售商可以瞄准更大、更有信用的用户，但这使现有的零售商的用户对新的供应商没有吸引力，或者用户没有能力付清现有的账单以促进在零售商之间的转换，这使现有的零售商处于更不利的地位。

中国可以从英国的竞争性电力零售市场的发展中得到一些教训。来自电力市场之外的竞争是非常重要的，英国天然气公司从天然气领域进入电力领域，对小型商业和居民电力市场影响重大。最近，石油和天然气公司壳牌公司通过收购 First Utility 进入英国电力市场，来应对未来的交通电气化。独立的零售商在现货和月度市场买空卖空的风险中挣扎，大多数用户签订了一年的固定价格合同，而一些零售商已经退出。这不一定是个问题（一些零售商做得很好，垂直整合可能有真正的优势），但对一些零售商来说是个挑战。中国的新零售商（在广东的试点中）没有像英国那样做零售，因为它们不向用户收取全部电费。它们更像是能源服务公司，建设用户购买更便宜的批发电力（大部分付款风险仍由当地电网公司承担）。理想情况下，现有的企业应该能够在真正的零售市场上竞争。一种方法是在国家电网和南方电网内部创建省级或省级以下的零售商，并允许这些零售商在其目前的地理限制范围内和跨区域开展竞争。

限制零售竞争不必（也不应该）限制批发市场的规模。尽管英国的零售市场逐步开放，实现了全面竞争，但代表受监管用户购买电力的零售商仍然充分参与了批发市场。因此，中国需要找到一种让受监管用户进入批发市场的方法（例如通过对零售用户违约合同的拍卖）。将零售合同、能源设备销售和维护以及能源数据分析结合起来的未来智能能源零售商业模式将需要复杂的零售商（正如在英国可以看到的那样），它们能够提供计量和使用电表数据的综合解决方案。

英国的零售业竞争揭示了许多关于顾客偏好的情况。消费者的转变主要表现为对价格感兴趣。然而，面对低质量的服务，顾客很快也会抱怨和转变，很明显，监管机构必须对服务质量明显低于平均水平的企业进行干预。真正的零售竞争有助于发现顾客偏好的多样性。用户可以透露他们的付款方式偏好（如每月、每年）、想要的电价种类（如绿色或棕色）以及他们接受不同电价结构的意愿（如统一费率、峰值定价、使用时间定价、实时价格）。随着时间的推移，零售竞争会揭示什么类型的广告是可以接受的（例如，英国限制上门推销居民用电），以及引起社会对电价公平性的关注。

第五节　受监管电网费用的确定

在讨论监管机构确定的工业用电价格的每一个要素之前，我们需要讨论英国确定输电和配电的电网费用的一般背景。

监管机构为输电费用、直接系统运营成本和配电相关费用设定允许的总额，经批准的电价计算方法在不同的客户群体中分配这一总额，为服务制定单独的价格，形成零售商代表用户支付的费用。输电和配电的总收入的产生基本原理是相似的，我们首先考虑这个问题。英国采用的是事前监管，提前设定一个基本的收入公式和相关的服务质量奖励，这就产生了强烈的激励机制。

Ofgem是独立的监管机构，负责制定电网收费标准，这些收费标准的确定没有直接参考中央政府的标准。Ofgem 有一系列的法定职责，其

第四章 改革后的电力市场中工业电价是如何确定的：来自英国的经验对中国的启示

独立性体现在首席执行官、主席、行政人员、独立人士等委员的固定任期任命。它的主要职能是：促进竞争和非歧视性地进入电网（作为竞争管理机构的代理人）；监管电网费用的水平和结构（定期监督价格控制过程）；确保投资者利益得到保护；提高政府任意干预成本。

必须强调的是，Ofgem 是立法（《电力法》《天然气法》《竞争法》）的产物，它在很大程度上独立于政府。虽然它的委员是由能源大臣任命的，但该监管机构对议会负责。它旨在提供对电力消费者的利益进行经济分析的独立声音，这也是对公司股东的一个重要保护。例如，如果未来的政府想将一些公司重新国有化和/或封存私人投资，那么独立的监管机构（假设它仍然存在）将可能指出违背商业协议的行为对消费者的损害。它可以发起诉讼。公司和受影响的第三方可以向竞争和市场管理机构（也基本上独立于政府）提出上诉，或寻求对该过程的司法审查（来自独立的司法机构）。它有责任考虑向被许可人（发电商、电网公司和供应商）提供资金，这并不是保证任何公司的成本都会被覆盖，而是保证有效成本会被覆盖。对于行业内的垄断企业（如电网公司），Ofgem 试图模拟竞争（采用奖励和惩罚的方式）。

Ofgem 拥有大量的预算和资源：2017~2018 年预算为 900 万英镑[1]它的效益成本比为 87∶1（根据它自己的计算）。[2] 它有 816 名员工，其中 401 人从事监管工作，273 人从事电子化服务工作，142 人从事职能性工作。电子化服务人员管理各种政府能源计划，包括能源效率、可再生能源支持和社会计划（包括 ROCs、FITs、ECO、WHD）。Ofgem 从有执照的电力公司那里以收取管理费的方式筹集资金，并且是自筹资金。到 2019~2020 年，它的自有资金将实际减少 15%（2015 年设定）。它的工作人员都是高薪的公务员。Pollitt 和 Stern（2011）强调了资源充足的监

---

[1] 见 Ofgem（2018b）。

[2] 见 Ofgem（2018c）。

管机构在成功的电力市场化改革中的重要性。

Ofgem 及其前身 Offer 在监管电网企业方面积累了丰富的经验。1990 年私有化改革以来，电网费用在连续的价格控制审查中被确定。配电价格控制审查已经（或将）在 1995 年、2000 年、2005 年、2010 年、2015 年和 2023 年重置价格。输电价格控制审查已经（或将）在以下时间重置价格：1993 年、1997 年、2001 年、2007 年、2013 年、2021 年。

直到 2010 年，英国的价格上限（RPI－X）监管强调避免美国的回报率监管下出现的"资产镀金"现象。它是由 Stephen Littlechild（1989 年英国第一个独立的电力监管机构）为英国电信（当时垄断的固定电话网络运营商）设计的，以促进向竞争性非监管市场的过渡以及模仿竞争的效果。在 RPI－X 下，监管机构从被监管的公共事业公司收集以下信息：有效运营成本 O_t；监管资产价值，包括投资计划 B_t；折旧 D_t；需求预测所需的数据。然后确定所需的收入：$R_t = O_t + rB_t + D_t$。其中 r 是平均资本成本。观察所需收入的有效水平与公司实际收入之间的差异，可以确定一个 X 因素，即每年收入减少的范围。RPI－X 中，收入被一个通货膨胀指标（英国的 RPI）提高，并扣减一个年度"生产力"因素 X。[①]

在英国，Ofgem 的 RPI－X 方法的基本特点是确定每个配电公司和每个输电公司在五年控制期内的收入要求。通常在当前价格控制期结束前 18 个月内发布一份初步的咨询文件。随后的几份文件完善了所需收入的计算方法，每次都会邀请各方做出回应。除非标明保密，否则答复将被公开。监管机构在当前控制期结束后的 6 个月内发布最终文件。受监管的公司如果对这一阶段的建议不满意，有 1 个月的时间向竞争管理机构〔最初是垄断与兼并委员会（MMC），后来是竞争委员会（CC）〕提出上诉。

价格控制过程有许多关键因素。其中包括监管资产基础（RAB），

---

① 这一因素旨在纳入可能影响有效收入水平的所有相关因素（包括质量成本、劳动力/资本成本相对于一般通货膨胀率的变化）。

公司可以在此基础上获得回报。为公司确定一个初始值是困难的，在商定的资产基础的增加和允许的折旧的基础上，但后续的更新是相对简单的。允许的回报率或加权平均资本成本（WACC）的计算取决于适当的风险系数和资产负债率。有效运营支出（opex）水平可能会受到资本支出（capex）的影响，是在比较基准的基础上计算的。资本支出本身需经仔细审计，以确定投资是否必要和有效。图4-4显示了一家受监管的公司在2010年的起始收入与它的有效收入水平，以及到2015年将其收入减少到有效水平的X因素的不同组合。

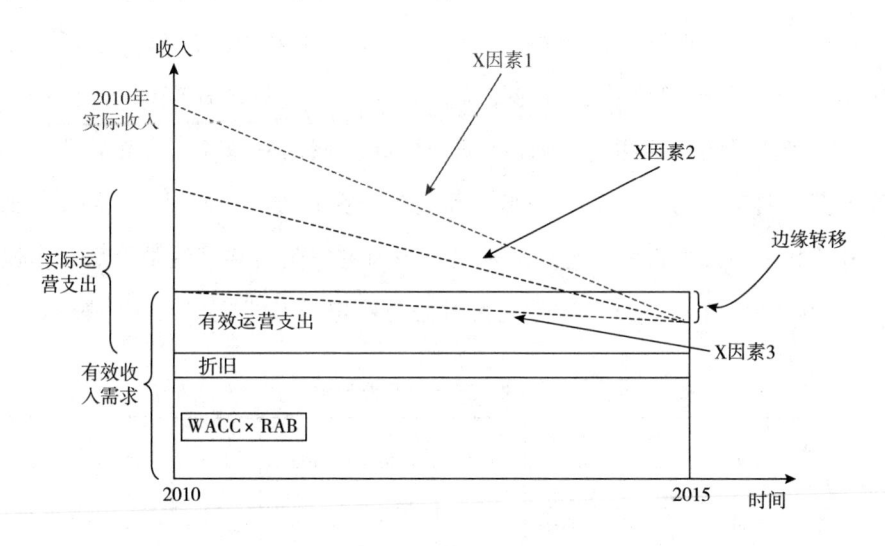

图4-4　X因素对受监管公司收入的影响

对被监管公司所需支出的监管的一个核心是对实际业绩进行基准评估。这需要有一系列可比较的公司，以及有足够的数据来确定重要的成本驱动因素。预测未来价格控制期内业绩前沿水平的变化也很重要。因此，监管机构在制定价格时需要：确定一组可比较的公司；确定一系列的效率衡量标准；确定在分析中要考虑的投入、产出和环境变量；持续收集数据；进行分析；计算效率差异；为每个公司计算有效支出，并根据实际支出和有效支出的差异确定X因素。

确定电网收费的一个困难是为投资提供正确的激励。基准法已被广泛用于计算运营支出，但它很难被用于计算资本支出。这是因为资本支出是不稳定的，而且很难事先预测应该在何时进行。Ofgem 已经审查了各公司的投资计划，并批准了一个资本支出的基线水平，通过菜单式监管和成本分担的形式来鼓励节约实际的资本支出。[①] 接受较低基线收入的公司会得到更强的激励来削减它们的成本，从而使它们在相对于基线的任何节省中得到更大的份额。[②]

如表4-2所示，Ofgem 采用的一种机制是菜单式监管。DNO 在其业务计划中提交了价格控制期间的资本支出基线数字。这个数字由一家为 Ofgem 工作的工程咨询公司审计，并计算出一个新值。这就产生了一个 DNO 与 Ofgem 不同数字之间的比率，如果被监管公司提交的支出与 Ofgem 顾问公司的数字相同，则该比率为100。该比率越高，意味着公司在控制其自身支出方面的目标越低。作为公司更有雄心的回报，如果支出低于基线数字，公司将获得更高的基线收入和更慷慨的共享激励份额（激励率）。从表4-2可以看出实际交付对公司确定的基线支出水平的影响。

表4-2 菜单式监管示例

预测与基线的比率	100	105	110	115	120	125	130	135	140
激励率	50.00%	47.50%	45.00%	42.50%	40.00%	37.50%	35.00%	32.50%	30.00%
允许支出	100	101.25	102.5	103.75	105	106.25	107.5	108.75	110
额外收入	2.5	1.84	1.13	0.34	-0.5	-1.41	-2.38	-3.41	-4.5
实际支出									
90	7.5	7.19	6.75	6.19	5.5	4.69	3.75	2.69	1.5
95	5	4.81	4.5	4.06	3.5	2.81	2	1.06	0
100	2.5	2.44	2.5	1.94	1.5	0.94	0.25	-0.56	-1.5
105	0	0.06	0	-0.19	-0.5	-0.94	-1.5	-2.19	-3
110	-2.5	-2.31	-2.25	-2.31	-2.5	-2.81	-3.25	-3.81	-4.5
115	-5	-4.69	-4.5	-4.44	-4.5	-4.69	-5	-5.44	-6
120	-7.5	-7.06	-6.75	-6.56	-6.5	-6.56	-6.75	-7.06	-7.5

---

① 关于 Ofgem 对配电公司的监管过程的描述，见 Jamasb 和 Pollitt（2007）。
② 关于菜单式监管的例子，见 Ofgem（2009a：120）。

续表

预测与基线的比率	100	105	110	115	120	125	130	135	140
125	-10	-9.44	-9	-8.69	-8.5	-8.44	-8.5	-8.69	-9
130	-12.5	-11.81	-11.25	-10.81	-10.5	-10.31	-10.25	-10.31	-10.5
135	-15	-14.19	-13.5	-12.94	-12.5	-12.19	-12	-11.94	-12
140	-17.5	-16.56	-15.75	-15.06	-14.5	-14.06	-13.75	-13.56	-13.5
145	-20	-18.94	-18	-17.19	-16.5	-15.94	-15.5	-15.19	-15

资料来源：Ofgem（2009a：120）。

假设表 4-2 中的数字的单位是百万英镑，Ofgem 对所需支出的评估是 1 亿英镑。一家计划按照 Ofgem 的评估控制成本的公司将获得 1 亿英镑的基准收入加上 250 万英镑的奖金，也就是 1.025 亿英镑。如果它设法使支出低于 1 亿英镑，它将在自己和客户之间按 50∶50 的比例分享节省的资金。因此，如果它实际花费了 9000 万英镑，它将获得 500 万英镑的额外奖金，总奖金为 750 万英镑，也就是说，它将被允许从其客户那里拿到 9750 万英镑。相比之下，一家基准支出为 1.4 亿英镑的公司只能得到 1.1 亿英镑的起始收入，但要受到 450 万英镑的罚款，也就是得到 1.055 亿英镑。它只能按照 30∶70 的比例与客户分享结余。因此，如果它花了 9000 万英镑，相对于它的起始收入节省了 2000 万英镑，从而保留 600 万英镑，得到 150 万英镑的净奖金，也就是说，它将被允许从客户那里拿到 9150 万英镑。相比之下，如果第一家公司花了 1.4 亿英镑而不是 1 亿英镑，它将受到 1750 万英镑的处罚（超支 4000 万英镑的 50% 减去基线奖金），并且只允许从客户那里拿到 1.225 亿英镑的收入。如果第二家公司花费 1.4 亿英镑，它将被罚款 1350 万英镑，并被允许收到 1.265 亿英镑。在实践中，被监管的公司具有较低的 DNO：Ofgem 比率和高激励率（高于 50%），也就是说，这激励了公司缩减支出。

在大力鼓励降低成本的同时，监管机构也大力鼓励提高服务质量。在配电层面，这些激励措施有力地减少了每年客户中断次数（CMI）和客户分钟损失（CML）。表4-3显示了当前价格控制期内减少客户分钟损失的激励措施情况。第一个表格显示了每年每个配电公司的CML目标。第二个表格显示了对偏离目标的对称性奖励/惩罚。第三个表格显示了每个公司的最大收入风险（上升或下降）。对于CML来说，这被设定为总收入的1.8%（对于CMI来说是总收入的1.2%）。

表4-3 服务质量奖励计划

	2015/2016	2016/2017	2017/2018	2018/2019	2019/2020	2021/2021	2021/2022	2022/2023
CML目标（分钟）									
ENWL	40.6	39.8	39.1	38.3	37.6	36.9	36.2	35.5
NPgN	54.8	53.7	52.7	51.7	50.7	49.7	48.8	47.9
NPgY	57.5	56.3	55.2	54.1	53.0	52.1	50.9	49.9
LPN	38.8	38.1	37.5	36.8	36.2	35.6	35.0	34.4
SPN	45.5	44.5	43.5	42.6	41.6	40.7	39.8	39.0
EPN	48.0	47.0	45.9	44.9	43.9	43.0	42.1	41.2
SPD	42.2	41.3	40.5	39.7	38.9	38.1	37.4	36.7
SPMW	35.1	34.3	33.5	32.8	32.1	31.3	30.6	30.0
SSEH	53.9	52.8	51.6	50.5	49.2	47.7	46.6	45.6
SSES	48.1	47.1	46.2	45.3	44.4	43.5	42.6	41.8
偏离目标的奖惩（百万英镑/分钟）									
ENWL	0.89	0.89	0.89	0.89	0.89	0.89	0.89	0.89
NPgN	0.60	0.60	0.60	0.60	0.60	0.60	0.60	0.60
NPgY	0.86	0.86	0.86	0.86	0.86	0.86	0.86	0.86
LPN	0.86	0.86	0.86	0.86	0.86	0.86	0.86	0.86
SPN	0.85	0.85	0.85	0.85	0.85	0.85	0.85	0.85
EPN	1.34	1.34	1.34	1.34	1.34	1.34	1.34	1.34
SPD	0.75	0.75	0.75	0.75	0.75	0.75	0.75	0.75
SPMW	0.56	0.56	0.56	0.56	0.56	0.56	0.56	0.56
SSEH	0.28	0.28	0.28	0.28	0.28	0.28	0.28	0.28
SSES	1.12	1.12	1.12	1.12	1.12	1.12	1.12	1.12
最大收入风险（百万英镑）									
ENWL	22.4	22.4	22.4	22.4	22.4	22.4	22.4	22.4
NPgN	16.5	16.5	16.5	16.5	16.5	16.5	16.5	16.5
NPgY	22.4	22.4	22.4	22.4	22.4	22.4	22.4	22.4
LPN	21.8	21.8	21.8	21.8	21.8	21.8	21.8	21.8
SPN	22.4	22.4	22.4	22.4	22.4	22.4	22.4	22.4
EPN	33.5	33.5	33.5	33.5	33.5	33.5	33.5	33.5

续表

	2015/2016	2016/2017	2017/2018	2018/2019	2019/2020	2021/2021	2021/2022	2022/2023
最大收入风险（百万英镑）									
SPD	22.4	22.4	22.4	22.4	22.4	22.4	22.4	22.4
SPMW	23.9	23.9	23.9	23.9	23.9	23.9	23.9	23.9
SSEH	14.0	14.0	14.0	14.0	14.0	14.0	14.0	14.0
SSES	30.0	30.0	30.0	30.0	30.0	30.0	30.0	30.0

资料来源：Ofgem（2014a：15）。

需要重申的是，Ofgem 采用的是事前（激励性）监管，即事先确定收入公式，公司有动力高效（低成本）和高质量地提供服务（因为各种质量指标也受制于基线质量目标，达标之后，公司就可以增加收入）。[1] 这是对竞争的最佳模拟，企业有强烈的动机来超额完成目标，公司可以在每个监管期内提高股东回报。[2] 这也为监管者提供了一些信息，以便在下一个监管期内更好地设定目标并将效率转移给消费者。这个系统消除了事后监管中固有的监管不确定性，减少了间接费用，降低了监管微观管理的风险。事前监管为管理运营支出、资本支出和融资成本以及内部化产出的创新提供了空间。然而，收入公式的设定很棘手，未来的不确定性仍然存在（特别是在气候变化和气候政策方面），被监管公司和监管机构之间存在着巨大的信息不对称。

正如我们稍后会介绍的，RPI-X 对输电和配电费用的调节在英国非常成功。然而，该系统在 2010 年被改变。这一变化的背景是外部环境的变化（Pollitt，2008），包括：配电投资上升（2005~2010 年比 2000~2005 年上升 48%）和输电投资上升（2007~2012 年比 2002~2007 年上升 79%）；电网收费越来越由资本支出而非运营支出驱动，电网资本支出因连接到系统的补贴性可再生能源发电的数量上升而增加。Ofgem 在

---

[1] 见 Ofgem（2009b：63）关于质量奖励的讨论。
[2] 参见 Ofgem（2014b：44），该报告显示，如果配电公司获得最大可能的激励金，它们的实际资产回报率有可能翻倍。

2008年宣布进行一项审查,即 RPI-X@20 审查 (Ofgem, 2009c),重点是客户参与、可持续性和创新的规模与范围。这次审查的结果是一个名为 RIIO 的新监管系统:收入 = 激励措施 + 创新 + 产出。RIIO 更加强调激励措施,促进网络创新和更广泛的产出(如利益相关者满意度)。值得注意的变化包括:更多的资金用于创新,更长的价格控制期(8年而不是5年),更强调总支出(totalex)而不仅仅是资本支出和运营支出。然而,RIIO 更像是 RPI-X 的演变,而不是电网费用确定方式的革新。

对中国来说,一个有趣的观察是,英国在输电和配电收费方面确实存在一些地区间的交叉补贴。这些现象总是存在于单一的服务区域内(例如,在英国的电网运营商区域内和广东区域内)。从这个意义上说,输电和配电收费并不能完全反映成本。然而,在英国,交叉补贴的目的并不像在中国那样是为了促进不发达地区的经济发展。不扭曲电价中的市场因素以提供地方性的交叉补贴是一个好主意,最好是使用输电和配电费用来做这件事。这很容易管理并将成本传递给客户,困难在于这可能会扭曲连接地点的决定。另一种向特定地区提供较低电价的方法是简单地对每个人收取从量费用,并降低优惠地区客户得到的最终电价,然而,这更难确保价格转嫁。在中国的省级层面,一个省份可以对廉价电力的输入/输出收费,以资助交叉补贴。例如,广东可以对从云南输入的水电收费,或者云南可以对输出到广东的水电收费。这可以在不扭曲批发价格的情况下增加收入,而这些收入可以用来补贴优惠地区的电力。

第六节 输电费用

RPI-X 调节在减少输电费用方面非常成功。1990~2005年,由于用电需求温和增长、运营支出下降和适度的资本支出,英国输电费用下降了约40%。图4-5显示了英国最大的输电公司（占英国输电总收入的80%左右）——英国国家电网公司（NGET）实际运营支出的下降情况。图4-6显示了NGET实际投资的变化情况，这些投资在私有化后的公司中得到了成功融资。

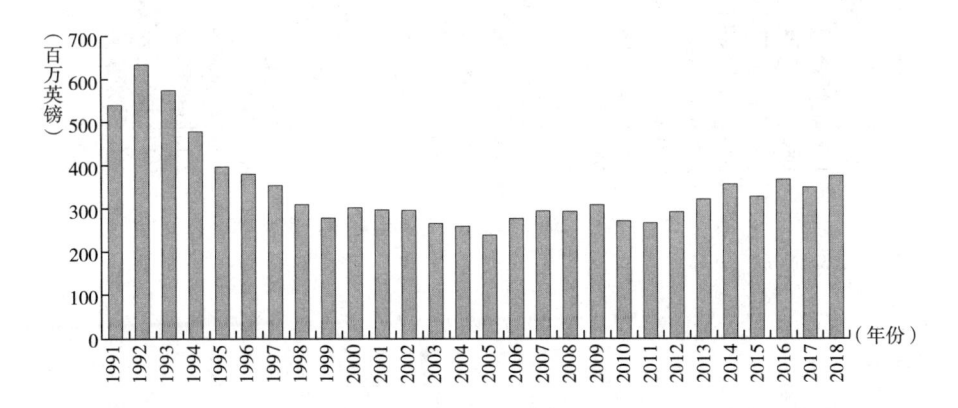

图4-5　1991~2018年NGET实际运营支出

资料来源：NGET（2018）。

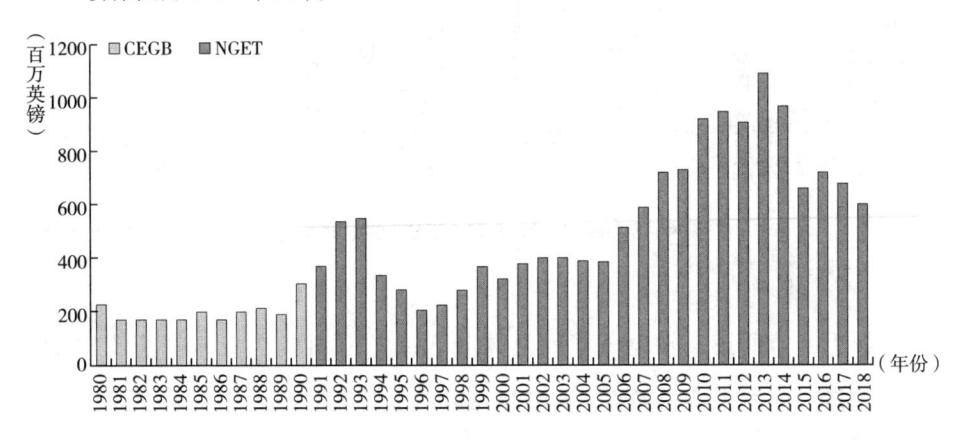

图4-6　1980~2018年NGET实际投资

注：1991年以前的数据是英国中央电力局（CEGB）的数据，并进行了调整，以反映英国-法国互联电网的一次性投资。

资料来源：NGET（2018）。

同时，输电系统仍然非常可靠，供电中断事件数（见图4-7）和缺供电量（见图4-8）没有增加。请注意，总供应量约为300TWh，所以缺供电量水平是微不足道的。

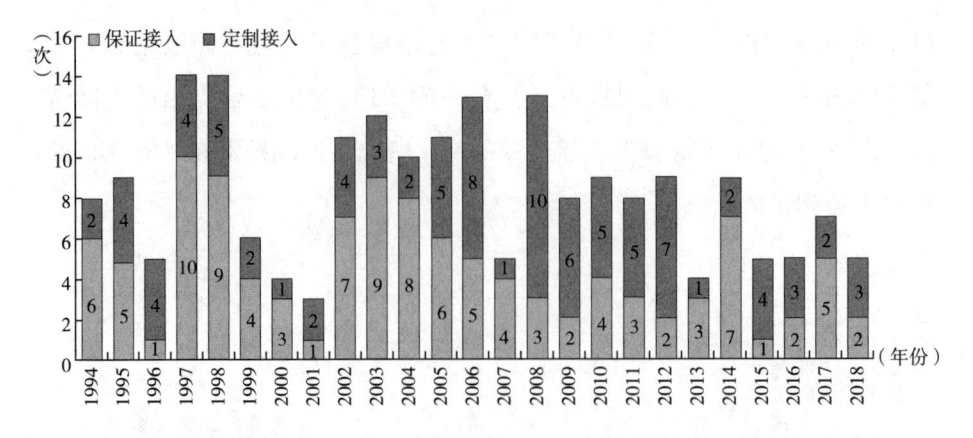

图 4-7　1994~2018 年 NGET 的供电中断事件数

资料来源：NGET（2018）。

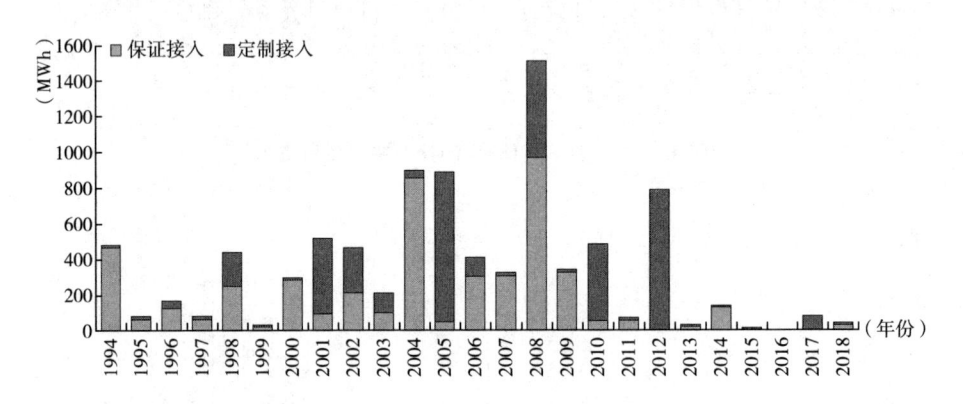

图 4-8　1994~2018 年 NGET 的缺供电量

资料来源：NGET（2018）。

如上一节所述，输电公司的总体收入由监管机构决定。用户支付的费用包括：向发电商和负荷/零售商收取的连接费；向发电商和负荷收取（发电商按兆瓦收取，负荷按兆瓦和兆瓦时收取）的输电系统使用费（TNUoS）；主要由用户通过套利收入支付的国际互联网络费。输电网损通过输电网损乘数调整计量容量收回（45% 分配给发电商，55% 分配给零售商），乘数由 Elexon 计算。对服务质量还有奖励性支付。我们在后面详细讨论这些内容。

连接费用是一种基于资产的收费，向用户收取，以收回连接到英国输电系统的资产的成本,并获得合理的回报率。

这些费用涉及仅为个人用户安装并只能由个人用户使用的资产的成本,按资产收费,考虑到资产价值、资产年限、特定地点的维护和输电系统的运行成本。

TNUoS 收费反映了在输电网络上促进发电的增量成本:网络要求越高,收费越高,这会鼓励有效的选址。对所有直接连接的发电都要收费;互联企业不需要付费,但非许可豁免的嵌入式发电也要支付区域性的费用。年度收费容量是基于最大传输入口容量(TEC)确定的;在价格为负的区域,输出量被认为是三个"检定运行"的平均值。

需求的 TNUoS 收费反映了输电网络的增量成本:网络要求越高,收费越高。这激励了需求的有效定位和/或抵消分布式发电。该费用向所有取电者收取,但国际互联网络不收费。年度收费容量基于每半小时的计量消费,这是根据 Triad 确定的,即等于 11 月至次年 3 月期间系统需求最高的三个半小时中的平均消费量,中间相隔 10 天。半小时计费的用户可以通过管理每年冬季约 20 个可能的需求高峰时段的需求来减少承购费用,非半小时计量的消费是根据全年各天 16:00~19:00 的用电来收费的。

图 4-9 显示了目前发电和需求收费之间的分配情况。

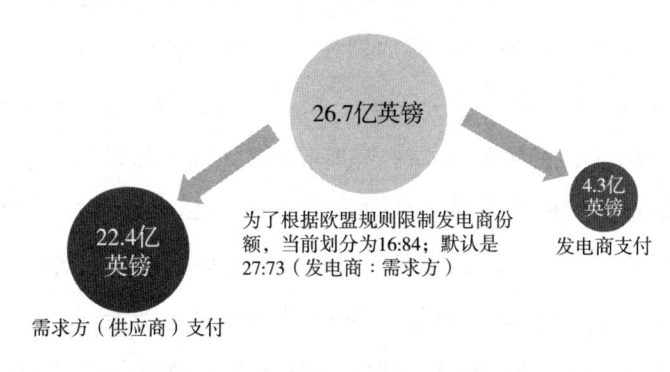

26.7亿英镑

22.4亿英镑

为了根据欧盟规则限制发电商份额,当前划分为16:84;默认是27:73(发电商:需求方)

4.3亿英镑
发电商支付

需求方(供应商)支付

图 4-9　TNUoS 收费下的 2018/2019 年受管制收入

输电容量分区收费中价格信号的计算方法如下：采取基础网络；根据冬季峰值、合同发电量和预测需求进行调整；测量每条线路的流量和总兆瓦数（Tm）；在每个节点增加一兆瓦，观察新的流量兆瓦数（Tmn）；计算容量增加的节点成本，Tm－Tmn＝Ti（MWkm）；应用MWkm的历史成本扩展常数（EC）；用它来计算TNUoS和每兆瓦成本：Ti×EC（英镑/MW）；分组为实际收费区。27个发电TNUoS区由NGET记录（NGET，2018：47），14个需求TNUoS区也是一样（NGET，2018：48）。目前的电价费率因区而异，差别很大。2018~2019年，发电机组在苏格兰北部的连接费用为20.89英镑/千瓦，但如果在大伦敦地区连接，则需支付11.26英镑/千瓦（NGET，2018：13）。同样，在大伦敦地区连接的负荷费用为54.91英镑/千瓦，而在苏格兰北部只有26.30英镑/千瓦（NGET，2018：8）。

允许的总收入（见上一节）与实际得到的收入之间的调节方式如下。年度费率应在4月开始计算，实际上则是在相关收费年度的1月确定的，目的是寻求收回允许的收入，并尽最大努力不超过允许的收入。收回费用的基础是对收费基数的预测（TEC、半小时计量的三次需求和非半小时计量的需求）。用户最初根据预测的收费基数按月交费。能源市场结算完成时，将这些收入与实际需求/消费进行核对，电价不做调整。调节后的总收入可能大于或小于允许的收入。系统运营商必须减少随后的允许收入（收费年度后的两年），并对任何超额收入支付利息。如果实际收入超出允许值的2.75%，则应支付罚息。系统运营商可以收回不足的费用（收费年度后两年增加收回费用）。如果收入回收率低于94.5%，则不能收回利息费用。如果连续几年出现大额的欠收或超收，系统运营商必须解释原因，并寻求监管机构许可采取纠正措施。

输电收入受制于输电网络可靠性激励措施。这是在2003年伦敦和伯明翰发生引人注目的断电事件后推出的。这是一个为低于年平均水平的年度供应损失赚取高达1%的额外收入的机会（目前约为1100

万~1200万英镑）。如果年度供应损失高于年平均水平，损失可能高达收入的 1.5%（1700万~1800万英镑）。图 4-10 说明了激励措施的性质。

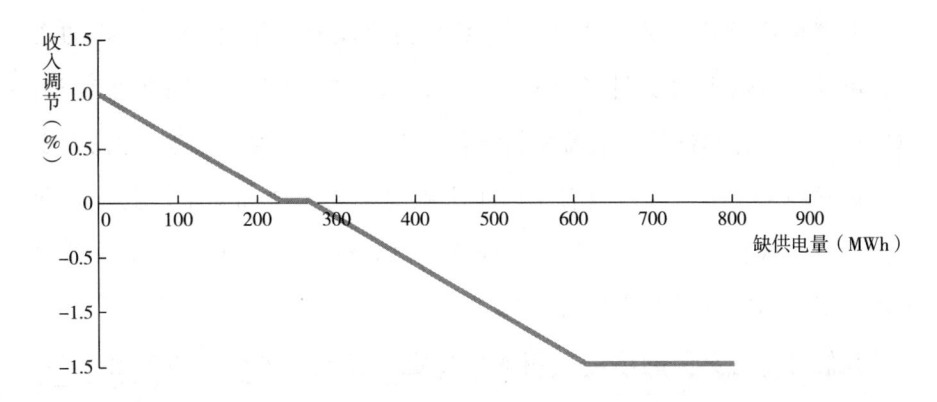

图 4-10 NGET 的 2008/2009 年可靠性激励措施

注：初始损耗负荷有效值约为 50 英镑/千瓦。
资料来源：NGET（2011）。

对国际互联网络的监管方式与此不同，且随着时间的推移有了一定的变化。2001 年，法国互联网络（IFA）得到单独许可（与陆上输电系统分开），同时被要求：非歧视性的受管制第三方接入（RTPA）应遵循"使用或放弃"的准入权利原则；遵守欧盟"过网阻塞收入"的要求，这意味着不需要用于"保证可用性"的容量销售收入必须返还给国家 TSO 收费者。近年来，Ofgem 认定 IFA 的收入已经超过了保证可用性所需的收入，因此设置了一个上限和收入分享机制。

2005 年前后，BritNed（连接英格兰和荷兰）被认为是通过 NGET 和 TenneT 的合资公司开展的商业互联项目。因此，电缆由两端的现有陆上输电公司拥有，但与它们的常规输电系统运营活动分开。它通过隐性和显性的容量销售为其资本支出和运营支出提供资金。为了确保豁免欧盟过网阻塞收入要求，欧盟委员会要求对实现的回报设定上限（按计划运营 25 年计算）。NGET 和 TenneT 同意继续该项目，尽管回报前景不对称（最高收入有上限，但没有最低收入保证）。

其他互联互通项目则采用不同的安排。北爱尔兰到苏格兰西南部（莫伊尔区）的输电线路是由一家公司建设和运营的，资金来自北爱尔兰输电收费者（容量销售减少收费者的成本）。爱尔兰－英格兰（东西部）互联网络是由爱尔兰电力供应委员会建设的，作为 TSO 监管的资产，由爱尔兰输电费支付者出资。对于与比利时和挪威之间的新线路，NGET 和 TSO 合作伙伴、监管机构合作，做出了一个混合的监管/商业安排，这样一来，销售收入就有了一个大致对称的上限和下限。其他公司正在考虑互联互通（如 ElecLink 计划使用 Channel Tunnel）。它们表示将采用上下限不对称的商业模式。

我们可以对英国的输电费用的位置定价和成本进行一些观察。[1] 到目前为止，英国还没有采用位置边际价格（LMP）来反映短期输电网络的限制。[2] 根据 NGET 在英格兰和威尔士"电路供应商"的最初主要定位，最初的收费方法是根据用户跨越关键边界的程度来分配允许的收入。

实际问题包括以下几点。1992 年，从当时使用的复杂的调度软件中提取短期影子价格是不容易的。峰值网络电力流模式相对稳定，这有利于长期使用和网络需求的预测。市场各方希望在未来一年至少有一个透明和稳定的电价。改善长期信号被认为完全可以提供 CCGT 新进入者的位置信息。经初步计算，在一个集中调度的市场中，短期信号的增量效益是适中的。配电收费遵循大致相似的长期（基于投资成本）方法（但在细节上有很大不同）。发电和储能自我调度的引入（通过 NETA）、可变风能的发展、更高的市场驱动的互联网络流量、活跃的需求方和网络中不断增加的内部拥堵（由于可再生能源发电的增加）意味着改善短期信号的重要性开始凸显，对此需要进一步的研究。

---

[1] 关于大不列颠电力系统内定位信号的以往研究，见 CMA（2016b）。
[2] 关于位置边际价格的讨论，见 Bohn 等（1984）和 Hogan（1992）。

中国能从英国的输电收费经验中得到一些启示，包括以下几点。

LMP 算法产生的节点价格实际上关乎输电系统的限制。它反映的主要是输电制约因素。因此，节点价格的差异主要是围绕输电系统的使用发出信号。因此，节点价格中的信息与整个市场区域的电力供需平衡无关。这就提出了一个问题：LMP 是不是激励最佳实践和发展网络的好方法。在英国和欧洲，我们得出的结论是，从长远来看，LMP 对解决网络优化问题的价值有限，因为它的长期效率取决于电网公司如何对节点价格中的信息做出反应。

向发电商收取一些输电费用，使激励集中在发电商身上，而不是通过负荷间接地进行激励，这种做法是有一定价值的。位置信号可以通过分区收费或 LMP 来调整发电商和负荷的位置。LMP 是不稳定的，可能不像分区输电费那样是好的长期信号。尽管金融传输权（FTR）交易的存在确实减少了与 LMP 相关的一些金融风险，但即使在 LMP 管辖区，历史经验表明仍应该首先实施分区收费，作为 LMP 的铺垫。[①] LMP 并不能解决剩余的输电定价问题，仍然需要通过另一种收费机制来收回输电系统的大部分固定成本。

第七节　系统平衡费

在英国的工业电价中，系统平衡费涵盖了系统运营商的所有成本。这包括内部成本（员工和 IT）、允许的利润（非常少，每年约 1.6 亿英镑）和外部采购成本，可能高达 8.5 亿英镑。内部成本受价格上限的监管，与输电类似。外部成本受市场测试和激励措施的制约，以实现整体最小化。在英国，两者都是通过从发电方和需求方（50∶50）中收取平

---

① 见 Pollitt（2012b）关于美国 ISO 的历史的讨论。

衡服务使用费（BSUoS），从各方收回的不平衡费用比较少。[①] 2017~2018年，市场各方的成本细目和每兆瓦时收费的计算摘要见表4-4。接受的能源平衡投标和报价已经被公布。[②]

表4-4 系统运营商业务市场各方的成本细目和每兆瓦的收费的计算摘要

Projection of Scheme Outturn Cost（£ m）	2017-2018
Energy Imbalance	-22
Operating Reserve	92.2
BM Startup	1.2
STOR	88.2
Constraints - E+W, Cheviot, Scotland	374.3
Footroom	10.8
Fast Reserve	97.3
Response	139.8
Reactive	78.5
Black Start	0
Minor Components	22.5
ROCOF (E&W)	59.2
Black Start (non-incentivised)	57.7
TOTAL BSUoS	999.7
Estimated BSUoS Vol (TWh)	503.1
Forecast NGET Profit/ (Loss)	10
Estimnated Internal BSUoS (Em)	164.4
Estimated BSUoS Charge (£/MWh)	2.33

资料来源：英国国家电网，MBSS_DATA_MAR18。

外部系统运行成本的最大组成部分来自平衡机制。图4-11总结了2001年引入新的电力交易安排的过渡期以及2005年之后，平衡机制在能源定价中发挥的作用。

不平衡广泛存在，因此对暴露于平衡机制的风险必须进行衡量。市场各方在关口（T-1小时）向市场和结算系统运营商（Elexon）登记双

[①] 见https://www.nationalgrid.com/uk/electricity/charging-and-methodology/balancing-services-use-system-bsuos-charges。

[②] 见https://www.bmreports.com/bmrs/?q=balancing/detailprices。

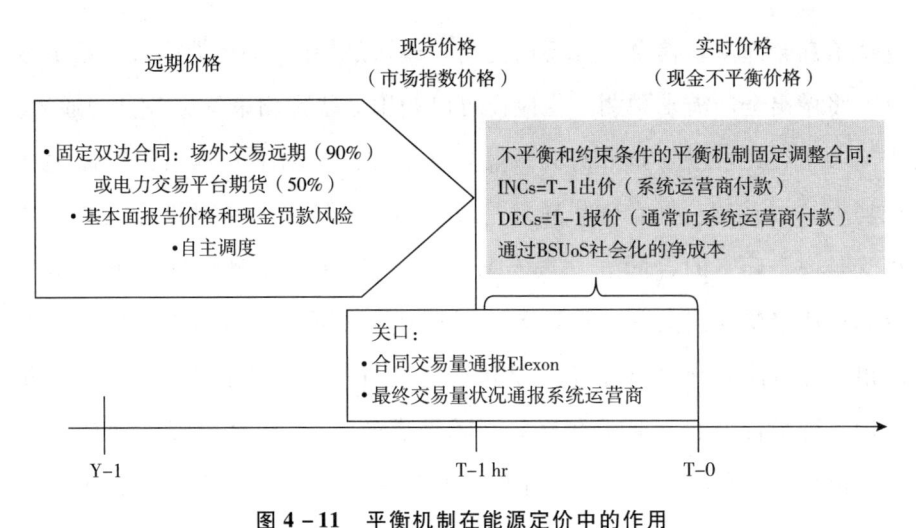

第四章 改革后的电力市场中工业电价是如何确定的：来自英国的经验对中国的启示

```
远期价格              现货价格              实时价格
                  （市场指数价格）        （现金不平衡价格）

•固定双边合同：场外交易远期（90%）    不平衡和约束条件的平衡机制固定调整合同：
  或电力交易平台期货（50%）          INCs=T-1出价（系统运营商付款）
•基本面报告价格和现金罚款风险        DECs=T-1报价（通常向系统运营商付款）
•自主调度                          通过BSUoS社会化的净成本

                    关口：
                    •合同交易量通报Elexon
                    •最终交易量状况通报系统运营商

    Y-1                T-1 hr           T-0
```

图 4-11　平衡机制在能源定价中的作用
资料来源：英国国家电网。

边合同量，通知更新相关（全市场）生产和消费账户。实物电表注册到特定的平衡机制单位（BMU），这些单位包括大型发电机（大于 50 兆瓦），必须有与生产账户相关的个别 BMU。供应商在每个配电网络中都有一个 BMU，全部汇总到一个全市场的消费账户。半小时电表对发电机和大负荷（大于 100 千瓦）来说是强制性的。半小时电表测量从输电网络到配电网络的流量。

初始结算指计量汇总器将每半小时的电表读数汇总到供应商 BMU，并根据供应商客户的估计，将剩余的传输到分配系统（Tx→Dx）的流量分配到供应商 BMU。在最终结算中，非每半小时的电表读数通过使用特定客户类别的一些标准概况换算为半小时值。Tx→Dx 流量和供应商 BMU 之间的剩余误差（包括配电系统损失）按比例分配。初始"兑现"结算（根据初始电表量和合同量之间的差异）在 T+28 天进行。最终的"兑现"核对（使用最终的电表分配）在 T+14 个月进行。

系统操作员在平衡系统中的作用如下。向系统运营商发出的预定物理位置（发电自调度和需求预测）通知与合同数量通知是分开的。最初的位置通知在 T-24 小时提交。在 1 小时的最终物理通知（FPN）之前，这些信息会随着新信息的出现而更新。通知是特定 BMU 的位置。系统运营商将做出全国需求预测，供应商可以利用这些预测来发出各自的通知。市场参与者还可以发布平衡机制报盘（增加系统功率）和出价（减少系统功率），指定交付的 BMU 通常是成对的。系统操作员对投标或报价的接受是一个确定的合同（一般不取消）。解除系统平衡合同的方式是指令到期或接受反向交易。系统运营商有权为实际平衡目的与更广泛的能源市场进行能源交易（禁止系统运营商进行任何投机性金融交易），并利用各种平台采购专业平衡服务（辅助服务）。系统运营商的净能源头寸是市场净不平衡量（NIV）。图 4-12 显示了平衡和结算中的信息流。

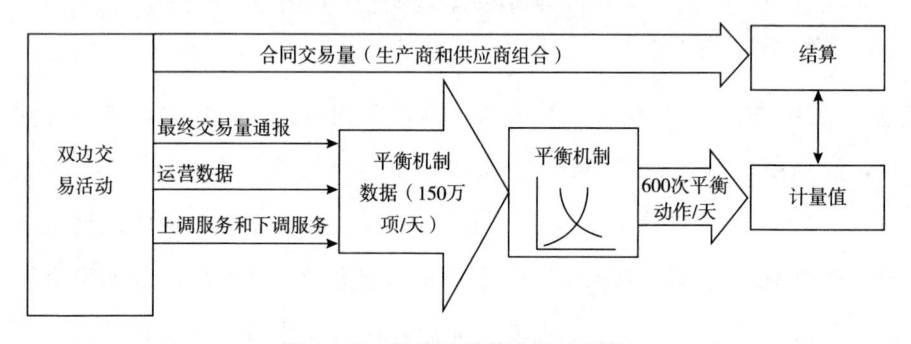

图 4-12 平衡和结算中的信息流
资料来源：英国国家电网。

图 4-13 显示了一个 BMU 的上调服务和下调服务，该 BMU 在偏离其 FPN 位置的情况下，以 50 兆瓦为单位提出上调和下调的投标，其本身并不是静态的。最初，它提出以 27 英镑/兆瓦时的价格上调 50 兆瓦（然后以 33 英镑/兆瓦时的价格再上调 50 兆瓦，最后以 140 英镑/兆瓦时的价格上调 50 兆瓦）或以 11 英镑/兆瓦时的价格下调 50 兆瓦（即它将向系统运营商支付减少燃料燃烧的费用，同时仍然满足其他合同，以 -75 英镑/兆瓦时的价格再下调 50 兆瓦，也就是说，它将要求系统运营商支付额外成本）。BMU 提供的所有投标必须在最大下网限制（否则发电机和传输设备可能损坏）和稳定下网限制（以便超过最低稳定生产水平）之间。图 4-13 显示，系统运营商实际要求该机组相对于其 FPN 上

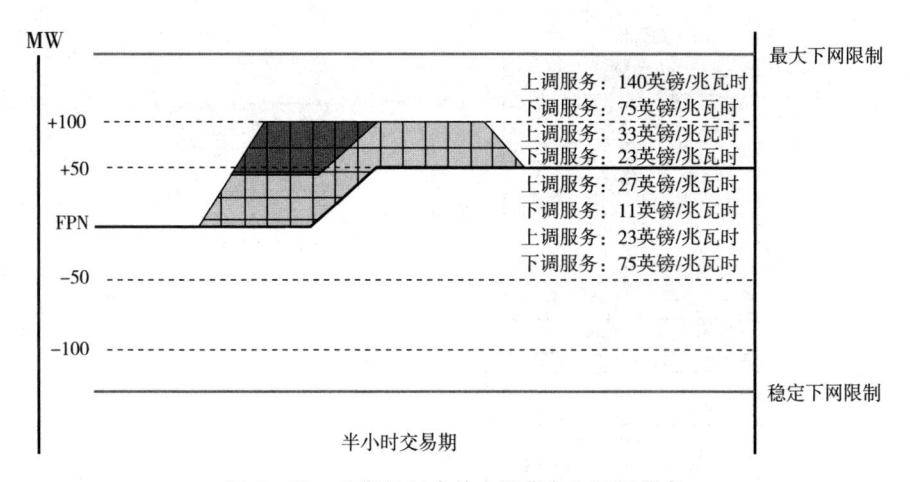

第四章 改革后的电力市场中工业电价是如何确定的：来自英国的经验对中国的启示

图 4-13 平衡机制中的上调服务和下调服务
资料来源：英国国家电网。

升 100 兆瓦并保持，然后再下降 50 兆瓦。这将需要在 BMU 中为浅色区域的额外发电量支付 27 英镑/兆瓦时，为深色区域的额外发电量支付 33 英镑/兆瓦时。

不平衡兑现价格的计算方法如下。系统运营商将在每半小时交易期内签订多个合同，以平衡系统，不断匹配生产和消费，建立所需的反应能力储备和频率控制能力，解决网络拥堵问题。一些合同将被系统运营商特别标记为只与系统问题有关，而不是平衡剩余电能，这些合同将被排除在不平衡价格的确定机制之外。其余的买卖行为将按价格顺序排列。平衡行为被定义为净不平衡量（NIV）方向上最便宜的行动。然后，不平衡价格由净不平衡量方向的平均价格参考量（PAR）中最高的出价决定。目前，PAR 被设定为 1 兆瓦时。平衡机制中对投标进行排名的示例如图 4-14 所示。[①]

[①] 这些报价和出价是系统运营商在半小时内采取的所有行动。深色标记的行动反映了由于系统的具体原因而采取的行动，可能是由于频率控制或约束管理。浅色标记的行动可能完全或部分是为了平衡的需要。衡量 NIV 的标准是看系统运营商采取的所有行动的净影响。有 475.5 兆瓦时的报价和 245 兆瓦时的投标，因此市场短缺 230.5 兆瓦时。系统不平衡价格是争取 230.5 兆瓦时净供应所需的边际净不平衡报价，在这种情况下是 60 英镑/兆瓦时。

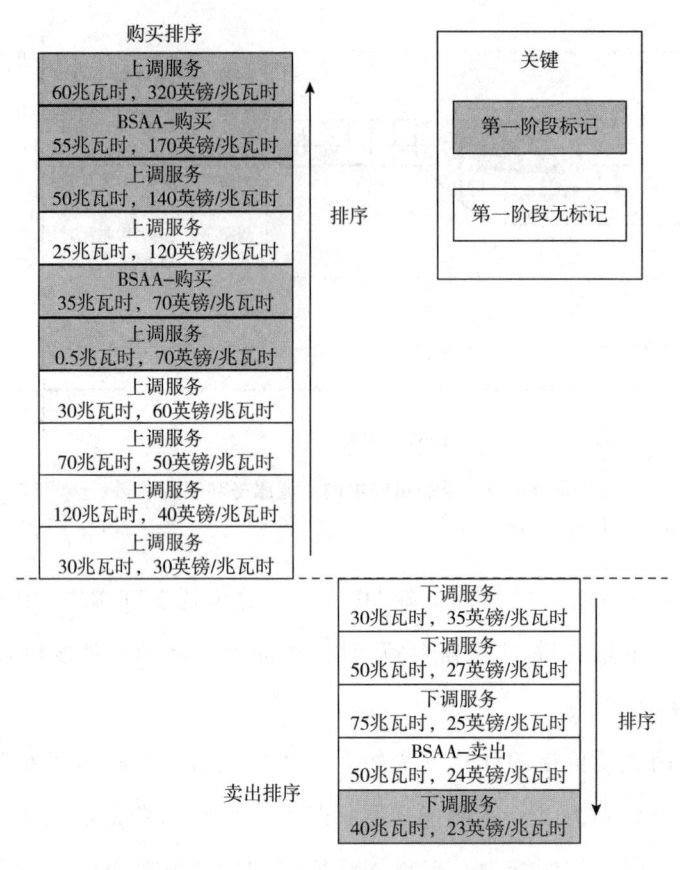

```
购买排序
┌─────────────────────────┐
│ 上调服务                 │
│ 60兆瓦时, 320英镑/兆瓦时  │
├─────────────────────────┤
│ BSAA-购买                │
│ 55兆瓦时, 170英镑/兆瓦时  │
├─────────────────────────┤
│ 上调服务                 │
│ 50兆瓦时, 140英镑/兆瓦时  │
├─────────────────────────┤
│ 上调服务                 │
│ 25兆瓦时, 120英镑/兆瓦时  │
├─────────────────────────┤
│ BSAA-购买                │
│ 35兆瓦时, 70英镑/兆瓦时   │
├─────────────────────────┤
│ 上调服务                 │
│ 0.5兆瓦时, 70英镑/兆瓦时  │
├─────────────────────────┤
│ 上调服务                 │
│ 30兆瓦时, 60英镑/兆瓦时   │
├─────────────────────────┤
│ 上调服务                 │
│ 70兆瓦时, 50英镑/兆瓦时   │
├─────────────────────────┤
│ 上调服务                 │
│ 120兆瓦时, 40英镑/兆瓦时  │
├─────────────────────────┤
│ 上调服务                 │
│ 30兆瓦时, 30英镑/兆瓦时   │
└─────────────────────────┘
```

卖出排序

```
┌─────────────────────────┐
│ 下调服务                 │
│ 30兆瓦时, 35英镑/兆瓦时   │
├─────────────────────────┤
│ 下调服务                 │
│ 50兆瓦时, 27英镑/兆瓦时   │
├─────────────────────────┤
│ 下调服务                 │
│ 75兆瓦时, 25英镑/兆瓦时   │
├─────────────────────────┤
│ BSAA-卖出                │
│ 50兆瓦时, 24英镑/兆瓦时   │
├─────────────────────────┤
│ 下调服务                 │
│ 40兆瓦时, 23英镑/兆瓦时   │
└─────────────────────────┘
```

关键：第一阶段标记 / 第一阶段无标记

图 4-14 在平衡机制中对投标进行排名

注：BSAA 为平衡服务调整动作。
资料来源：NGET（2018）。

系统运营商激励计划确保其将加在系统上的外部成本降到最低。这适用于间歇性的可再生能源发电，这是一种更可能出现不平衡的场景，所以可以预期会获得更少的每兆瓦时平均收入。[1] 在私有化改革之后，最初运营输电系统的外部（平衡）成本被转嫁到供应商和消费者身上，没有任何市场主体承担起责任。结果是成本急剧上升，包括：拥堵成本、储备和频率响应成本、损失和无功功率。在监管机构的推动下，NGET 通过双边谈判制订了外部成本管理激励计划，该计划的重置随后由监管

---

[1] 见 Newbery（2012）对此的讨论。

机构监督。通常在一个短期（一年或两年）的时间内，有一个与客户分享成本和利益的灵活机制。分担因素、上限等相关限制降低了消费者的负外部性风险，并对 NGET 投资和网络资产管理决策的后果进行了一定的内部化。图 4-15 显示了系统约束支付的变化，最初在英格兰和威尔士属于激励性监管，当 NGET 的作用扩展到整个英国时，这些费用也随之增加。图 4-16 显示了 NGET 系统运行外部成本的变化。

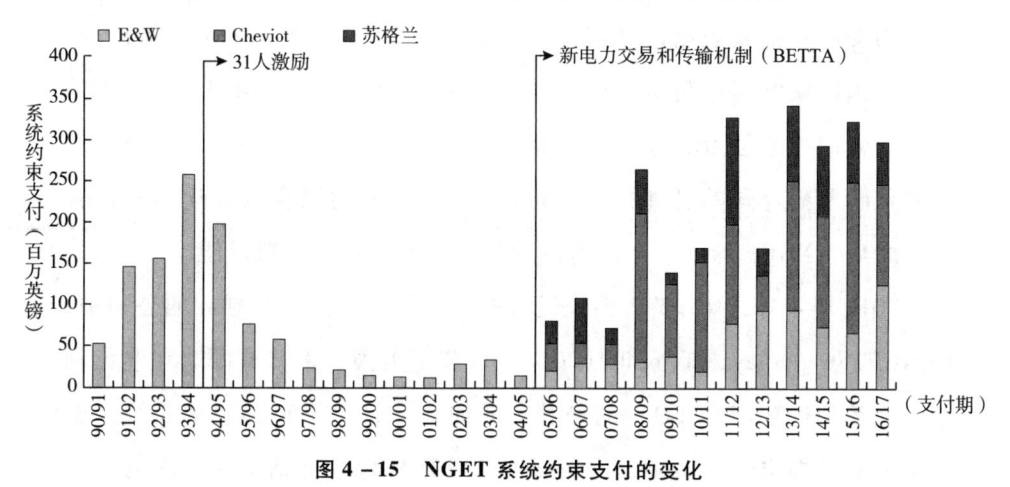

图 4-15 NGET 系统约束支付的变化

资料来源：英国国家电网。

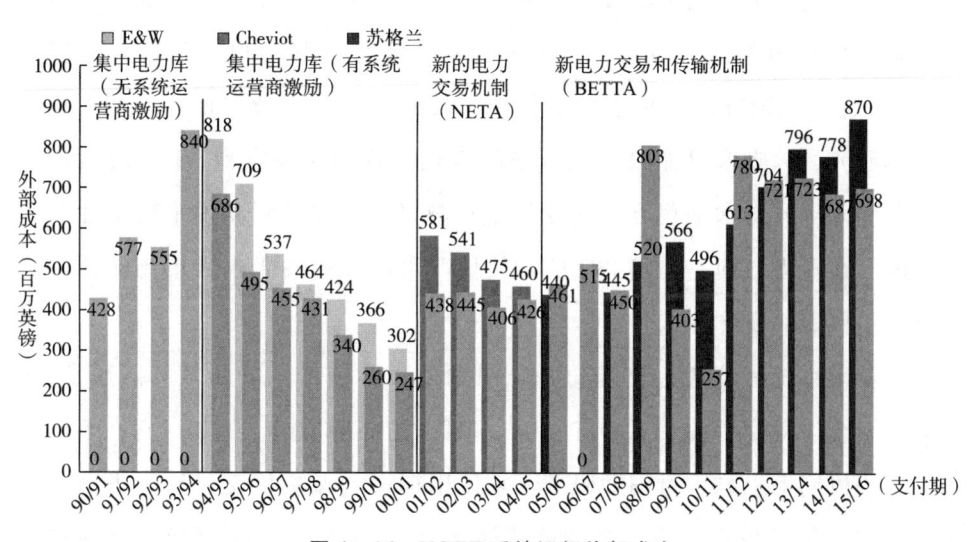

图 4-16 NGET 系统运行外部成本

资料来源：NGET（2018）。

系统运营商的角色随着时间的推移而发展。私有化前（即1989年之前），它涉及CEGB（英格兰和威尔士）发电和输电资产的实时运营。1990~1994年，英格兰和威尔士输电系统运营商向市场提供了中央调度服务。1994~2000年，NGET的系统运营商是一家输电系统运营商和中央调度代理，承担着平衡成本的风险。2001~2004年，新的电力交易规则开始实行（具有自调度市场），平衡激励仍然存在。从2005年起，英国电力交易和传输规则已经就位（苏格兰加入新的电力交易机制）。此外，英国国家电网还负责苏格兰的系统运行和平衡。2014年，NGET的系统运营商被定位为电力市场改革交付代理（职能包括中央政府容量机制和低碳差额合同的管理）。2015年，在Ofgem的综合输电规划和监管项目之后，NGET的系统运营商被赋予了更大的系统规划责任。

2019年4月，NGET将系统运营商职能置于一家完全独立的公司中，即NGETSO。Anaya和Pollitt（2017）借鉴了美国、南美洲国家和澳大利亚独立系统运营商（ISO）的经验，就如何监管这家更独立的系统运营商向Ofgem提出了多项建议。良好的监管不仅包括评估ISO要求的有效收入，还包括确保其采购方法（基于市场）和系统优化（采购水平）的效率。利益相关方（发电商、电网公司、零售商和客户）在设计最佳ISO的详细规则方面发挥了关键作用。人们遵守了复杂的投票规则，这值得研究，以吸取可能给英国带来的教训。我们还观察到，ISO决策的内部和外部监督水平很高，这变得越来越复杂，并受到高度不确定性的影响。在电力方面，美国ISO的发展情况可以提供关于未来市场设计的优秀示例。

英国系统运营最近出现的一个问题是采购辅助服务的效率。通常，英国系统运营商提前一天签订3GW~5GW的储备合同。例如，它在不同的采购机制下采购大量辅助服务。它使用拍卖（按标价支付）来平衡市场，实现公司快速响应、短期运营储备（STOR）、STOR通道、增强型最佳STOR、公司频率响应（FFR，一级、二级和高级）和增强型频率响应（EFR）。它使用双边招标来处理平衡机制启动、需求增加、强制频率响应、需求侧管理（DSM）的频率控制、FFR 桥接合同、传输约束管理、应急平衡储备、最大发电量、中间跳闸、冷启动和系统运营商之间的交易。此外，一些服务（如无功功率）是以固定价格采购的。

正如上文所示，市场上存在大量的辅助服务。2016 年，在英国有 30 种辅助服务，2019 年减少到 22 种左右。然而，有人提出是否可以进一步减少（减少到 4 种：储备、安全、频率支持和电压支持）。Greve 等（2018）讨论了辅助服务定义问题，有太多定义不明确的服务。国家需要证明采购数量的合理性，并透明地表达权衡。博弈的机会很可能存在，而且随着辅助服务变得越来越重要，特别是如果缺乏对创造辅助服务需求的惩罚措施，博弈机会会越来越多。由于系统运营商的对手方的性质不确定，最佳合同目前还不清楚。随着配电系统运营商（DSO）增加其提供辅助服务的相对能力，DSO 与 TSO 的冲突需要得到解决。

在英国，尽管 RES 份额大幅上升，但对辅助服务的需求没有增加太多。同时，由于竞争加剧，一些辅助服务的价格最近有所下降，包括电能储存（EES）和低需求增长条件下的互联网络（National Grid ESO，2019）。固定频率响应服务的价格变化可见图 4-17。

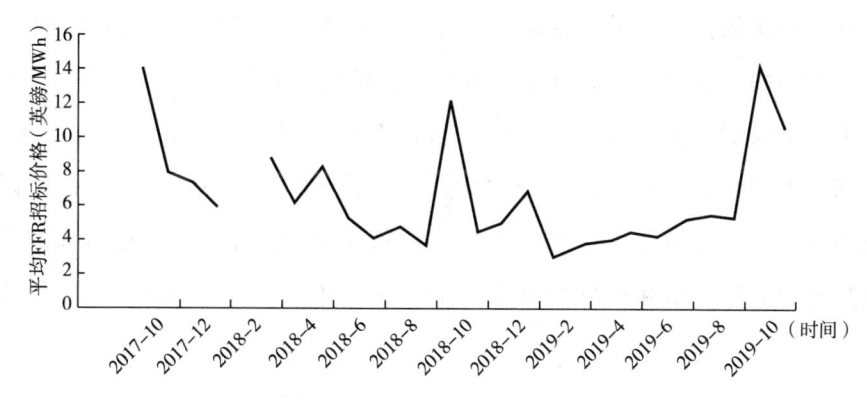

图 4-17 固定频率响应服务的价格

资料来源：https://www.auroraer.com。

最近，英国政府引入了一个由系统运营商管理的容量机制。容量机制在英国有一段历史，但直到1989年才有中央计划的容量，以满足CEGB每世纪九个冬季的负荷损失概率。1990~2000年，零售商每世纪有九个冬季可以免除从中央电力库购买电力的义务。电力库购买价格＝SMP＋(VoLL－SMP)×LOLP，其中SMP是系统边际价格（市场清算价格），VoLL是负荷损失的价值，LOLP是负荷损失的可能性。容量支付为VoLL×LOLP。

然而，人们担心SMP和LOLP会被具有市场势力的发电商操纵。2001~2004年，在新的电力交易机制（NETA）下，只有固定双边能源合同和LOLP义务被取消。这种情况在BETTA下继续存在。2012年，政府能源市场改革（EMR）确定了对容量机制的需求。2013年，监管机构对兑现定价（包括VoLL）做出了最终决定。从2013年开始，引入补充平衡储备（SBR）和需求侧平衡储备（DSBR），以提供额外的冬季容量。这些计划为额外的应急能力付费。2014年，容量市场开始了T-4年拍卖（2018年冬季），以19.4英镑/千瓦的价格清算。[①]然而，在2020年1月举行的T-3年拍卖会上，成交价是6.44英镑/千瓦。

中国可以借鉴英国的一些发展经验。系统运营商的功能很重要，因为它是系统的核心。系统运营商需要一个激励机制来管理自己的内部成本。在英国，系统运营商每年有1.4亿英镑的内部收入，并有50%的激励率。更重要的是，要激励系统运营商有效地采购外部服务。在英国，外部成本约为每年8.5亿英镑。目前，激励区间是±3000万英镑。[②]国有企业不需要与输电运营商（TO）整合就能有效运作。系统运营商的功能越来越受到竞争和市场的检验。在所有先进的电力系统中，共同优化

[①] 也有T-1年的容量拍卖。
[②] 见Ofgem（2018d）。

能源和辅助服务批发市场的工作①（实际上是进一步共同优化整个电力批发市场和网络投资）仍然是一项正在进行的重要工作。

第八节 配电费用

配电费用的激励性监管已经导致了配电费用的相对大幅下降。从 1995 年监管机构首次重启收费到 2005 年，英格兰和威尔士的配电公司的平均价格大幅下降（见图 4-18），在一些地区（如英格兰西南部的 SWEB）下降幅度更大。② 同时，服务质量大幅提高，每百家客户分钟损失从 1991/1992 年的 100 分钟以上下降到 2016/2017 年的 30 分钟左右，如图 4-19 所示。

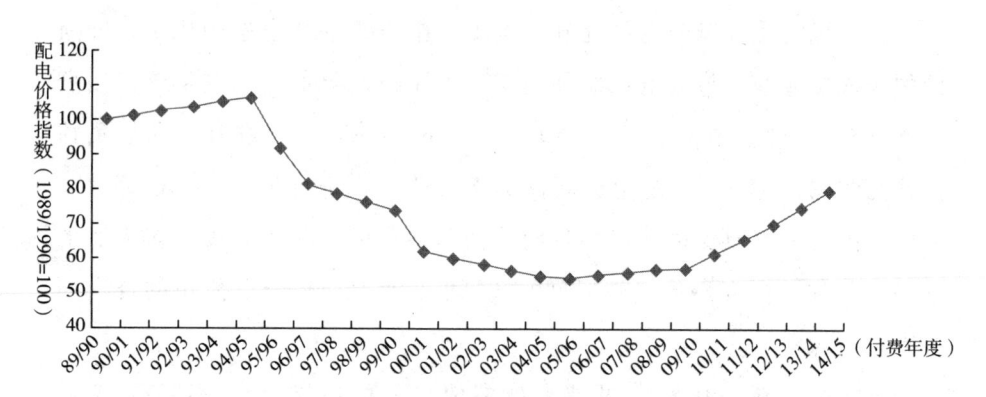

图 4-18 私有化以来英格兰和威尔士配电价格指数
资料来源：英国国家电网。

需要强调的是，如第五节所述，配电公司的总体收入由监管机构决定，然后通过一个统一的收费方法向每个配电公司所在地区的各个客户群收取费用。

---

① 见 Anaya 和 Pollitt（2018）对共同优化的讨论。
② Domah 和 Pollitt（2001）发现，在对拥有配电和零售资产的区域电力公司（RECs）进行私有化和激励性监管之后，社会获得了巨大的收益。

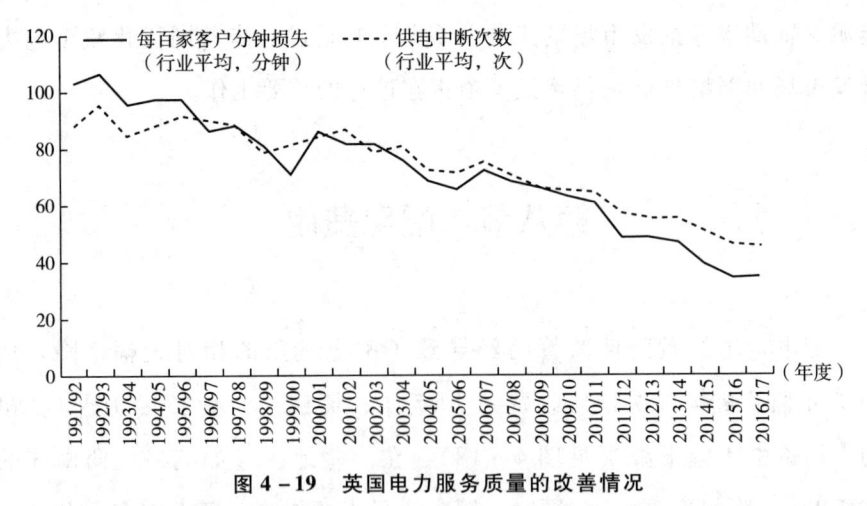

图 4-19 英国电力服务质量的改善情况

资料来源：Ofgem（2018a）。

连接费是向申请连接的发电机和负荷/分配器收取，用于支付唯一使用的资产。

发电机需要分摊配电系统升级到下一电压级别变电站的成本，即所谓的浅连接成本。与输电系统使用费（TNUoS）类似，配电系统使用费（DNUoS）是向发电商和负荷收取的：发电商按连接的兆瓦支付，负荷按兆瓦和兆瓦时支付。配电公司的大部分收入都来自负荷，而这部分收入主要由居民用户支付。正如我们前面所指出的，服务质量还有大额的激励（例如减少客户的损失时间），这可以大大提高配电公司的资产回报率。

近年来，新一代发电机越来越多地接入配电网（132/133kV 及以下）。自 2011 年以来，英国已经接入了大约 13GW 的太阳能（全部连接到配电网），而峰值需求为 5GW。收费方法基本上是基于每兆瓦时的费用，较小的客户没有半小时电表。有人担心这没有反映出电网的固定成本，因此会过度激励自发电（和存储）。[①] 然而，这可能会被配电网内电动汽车充电的有节制的增长所抵消，不会显著增加系统的峰值需求，而

---

① 参见 Pollitt（2018b）对此进行的讨论。

第四章　改革后的电力市场中工业电价是如何确定的：来自英国的经验对中国的启示

是会更多地利用现有配电网。①

随着分布式发电（DG）的增加和对国家输电系统的需求下降，输电公司、系统运营商和配电公司的角色也在不断变化。谁应该承担平衡责任？应该如何履行这一责任？配电公司和第三方（如客户和微电网）有可能在系统平衡和输电网络等系统运营商的传统领域中承担更多责任。系统平衡可以通过基于市场的解决方案或通过监管资产来实现。配电系统是一个被动的网络。然而，分布式发电的增加意味着这一系统要变得更加主动。这带来了部分网络的无功功率（电压）问题，可以通过在当地采购或通过配电公司的行动来缓解这些问题。任何新安排的好处都需要为客户证明，同时带来的问题则需要新的解决方案。②

中国可以从英国的经验中得到如下启示。配电费用是电力成本的一个重要组成部分，激励性监管可以带来令人印象深刻的结果。在一个更加活跃的电网中，分摊总体费用的方式是非常重要的，也很容易被高度扭曲。因此，有必要仔细考虑如何提供地区性的激励。回收电网固定成本是配电网络的一个主要问题，特别是目前被动的居民消费者没有承担大量的电网成本。技术的发展将加剧包括中国在内的世界各地的电价计算方法问题。

第九节　环境税与税收

英国工业电价中有许多重要的税收，这些税收是可再生能源支持计划的一部分，即可再生能源义务（RO）、小型发电商的上网电价（FIT）和差价合约（CFD，最终将包括核电）。此外，工业用户为水力

---

① 参见 Küfeoğlu 和 Pollitt（2018）关于电动汽车对英国居民配电费用支付的影响的分析。
② 例如 NGEP 和 UKPN 的电力潜力项目，Anaya 和 Pollitt（2018）讨论了其背景。

发电补贴计划做出贡献，以支持苏格兰北部的消费者，并根据欧盟排放交易计划（EU ETS）为气候变化税/碳减排承诺（CCL/CRC）和碳定价进行支付，以及以碳价格支持（CPS）的形式支付碳税。我们将依次讨论各个元素。

RO 是一个可交易的绿色证书计划。供应商/零售商必须提供按销售额百分比计的可更新义务证书（ROC）。可再生能源发电商必须在 Ofgem 的可再生能源和热电联产登记簿上登记，才能获得 ROC。[①]

例如，2014~2015 年有 7130 万份 ROC，每份为 1 兆瓦时，占供应商总义务的 99.1%。行政上设定的买断价格为每份 ROC 43.30 英镑。买断价格决定了所提交的 ROC 的价格。买断收入被回收给 ROC 的实际供应商，这意味着每份 ROC 对可再生能源发电商来说价值 43.65 英镑（回收价值 0.35 英镑加上 43.30 英镑的买断价格）。[②] 能源密集型用户有 85% 的豁免权，但通常情况下，零售商会按所有负荷的全部兆瓦时数进行回收。[③] RO 导致英国在 2017 年关闭了一些新的发电机，但是它是目前英国最重要的可再生能源支持计划。

FIT 向不同功率的发电机（通常小于 5 兆瓦）提供固定的每兆瓦时价格。受影响的技术包括风能、太阳能、水力和厌氧降解。[④] 鉴于光伏价格的迅速下降，这一措施最初非常有利于太阳能发电。

CFD 现在是英国政府支持可再生能源（包括新核电）的主要方式之一。随着由 CFD 资助的项目的完成，它将变得非常重要。2015 年 2 月、2017 年 8 月和 2019 年 8 月都进行了 CFD 的拍卖，这些拍卖提供了大量比以前临时管理的差价合约价格更低的合约。在第一次拍卖中，陆上风

---

① 见 https://www.renewablesandchp.ofgem.gov.uk/Public/ReportManager.aspx?ReportVisibility=1&ReportCategory=0。
② 见 https://www.ofgem.gov.uk/environmental-programmes/renewables-obligation-ro。
③ 见 Grubb 和 Drummond（2018）。
④ 见 Helm（2017：101）。

电的中标价比行政差价合约价格低17%，海上风电的中标价比行政差价合约价格低18%。① 在第二次拍卖中，中标价再次下降，海上风电项目以57.50英镑/兆瓦时的价格中标，2022/2023年度交付。② 这距离第一次拍卖（140英镑/兆瓦时的行政价格）只有两年半的时间。第三次拍卖时，海上风电价格再次下降到41.61英镑/兆瓦时，2024/2025年度交付。

水电补贴计划是一个有趣的交叉补贴，由英国的所有客户支付，以降低人口密度最低地区的高配电成本。在1990年的自由化改革之后，电力批发市场的引入威胁到了解除苏格兰北部的水电地区的低发电成本和高配电成本之间的内部交叉补贴（在一个综合的公共事业中）的计划。最初，水电补贴计划对水力发电征税，并对苏格兰水电地区的配电费用进行补贴。后来则对整个英国的所有消费征税，以补贴高额的配电费用。③

工业用户可以被征收两种能效税，虽然名义上与气候政策有关，但并不直接对碳征税，而是对能源使用征税。气候变化税（CCL）在2018年4月被设定为5.83英镑/兆瓦时，是向大型能源密集型用户征收的。如果有自愿的气候变化协议，则可获得90%的退税。2018/2019年度，将大型商业电力用户的碳减排承诺（CRC）定为17.20~18.30英镑/吨二氧化碳，以鼓励对能源管理的投资。这一标准是根据对电网供电的碳含量计算得出的，已于2019年被废除。

碳定价对工业电价有重大影响。这体现在两个方面：通过英国电力部门参与欧盟碳排放交易计划和通过碳价格支持（CPS）对英国发电所用的化石燃料额外征收碳税。CPS有效地提高了英国电力部门的碳排放

---

① 见 https：//assets.publishing.service.gov.uk/government/uploads/system/uploads/attachment_data/file/407465/Breakdown_information_on_CFD_auctions.pdf。
② 见 https：//assets.publishing.service.gov.uk/government/uploads/system/uploads/attachment_data/file/643560/CFD_allocation_round_2_outcome_FINAL.pdf。
③ 见 DECC（2015），https：//assets.publishing.service.gov.uk/government/uploads/system/uploads/attachment_data/file/488271/decc_consultation_hydro_benefit_review_22_dec_15__2_.pdf。

价格，高于欧盟排放交易计划的其他参与国家的价格。CPS 是碳价格底线（CPF）的一部分，它为英国的 EU ETS 的综合价格设定了一个目标。CPS 开始于 2013 年 4 月，目标 CPF 为 30 英镑/吨（以 2009 年标准计算）——2020 年的 EUA 价格 + CPS（2030 年可能为 70 英镑/吨）。然而，现在 CPS 的上限为 18 英镑/吨。CPS 通过提高边际化石燃料发电的价格直接影响批发价格。2013 年 7 月，EUA 价格为 14.08 英镑/吨。到 2017 年，18 英镑/吨的 CPS 足以将大部分剩余的燃煤发电挤出系统。[1]

在英国，这些征税对工业电价的综合影响是巨大的。中国面临的一个关键问题是，工业用户在多大程度上可以也应该为低碳发电、能源效率和碳定价付费。其他一些国家（如德国）已经免除了大部分工业用户的付费义务，这只有在工业用电占总电力需求比重相对较低的系统中才有可能。中国的情况并非如此。所有的电力消费者都应该支付真实的电力成本，这包括反映发电厂碳排放的外部成本和清洁技术的成本。然而，能源转型的部分成本是否应该从电力消费者身上转移到一般税收上，这仍然是一个开放的问题，因为目前可再生能源的成本相对较高是其技术不成熟的结果，因此在补贴的"干中学"效应中，有更广泛的公共利益。[2] 因此值得思考的是这些政策是否公平，特别是当较贫穷的电力用户最终支付了过多的费用时。

第十节 英国电价形成机制对中国的启示

根据 Schweppe 等提出的电力现货定价理论[3]，每个工业用户的价格应该因地点、时间、数量和接受中断的意愿的不同而不同。然而，在自

---

[1] 见 Wilson 和 Staffell（2018）。
[2] 见 Newbery（2017）。
[3] 见 Bohn 等（1984）。

由化市场的现实世界中，由于最终用户重视定价的确定性，账单的实际变化要比基本的价格构成要素的变化小得多。一般来说，自由化市场的重点是用户得到了什么，除了生产者需要公平的资本回报外，生产者的其他问题并不是重点。在一个最初有利可图的系统中，例如在中国，改革应该重新平衡电力系统中从生产者到消费者的利益，也就是说，从高成本、高利润转向更便宜、更清洁、更可靠的电力供应。

在一个自由化的市场中，利润动机作为决策指南发挥着关键作用。价格构成的透明度对于促进更好的监管和更多的竞争非常重要。从长远来看，通过使用批发现货市场来指导化石燃料发电厂的短期调度和长期投资，可以降低批发电力和辅助服务的成本。输电费用和配电费用是电价的重要组成部分，即使在英国，这些费用也占工业用电价格的20%（发电成本占33%），对电网费用的激励性监管可以在成本效率和电网服务质量方面带来巨大改善。在中国，有必要了解并扩大零售商的作用，将其与配电完全分开。国家电网和南方电网的省级零售应该在法律上与配电完全分开，并允许其在全国范围内竞争零售用户。发电和零售的竞争需要得到监管机构（国家能源局）和反垄断部门的有效监督和管理，因为很可能出现市场集中的压力和不良的价格歧视。

在中国，需要关注大局（如总价格、效率、利润的变化），而不是仅仅关注细节（如分区定价与节点定价、中央调度与自行调度）。目的应该是使电力行业不再受制于国内技术和国内自然资源的路径依赖（在英国，电力行业最终摆脱了昂贵的英国煤炭）。在中国，地方税收和非外部性相关费用会扭曲生产决策，并将不必要的产业政策成本强加给其他工业电力用户。相反，电力行业的关键作用应该被理解为通过有效（且充分反映成本的）定价来促进更广泛的经济发展。重要的是有效地生产电力，并利用税收推动价格上涨，以促进能源效率提升和低碳化，而不是以能源效率为理由为高价格辩护。

随着新的分布式能源技术的兴起，包括中国在内的所有国家在电力行业的未来发展中仍然面临着挑战。目前电力系统的特点是待收回的固定成本高，很难防止为避免支付这些固定成本而进行表后投资。这表明可能有必要使电力成本反映一些支出（如能源研发、能源效率支出）。在中国，随着配电量的增长放缓，对固定成本的关注将增加。更多的竞争和更好的电网监管将降低电力行业利润率，使消费者受益，并阻止浪费性投资，这将减少对电力行业的私人和外国所有权的担忧，正如在英国发生的那样。

参考文献

Anaya, K. , & Pollitt, M. (2017). *Regulating the electricity system operator: Lessons for Great Britain from around the world.* EPRG working paper, No. 1718. Cambridge: University of Cambridge.

Anaya, K. , & Pollitt, M. (2018). *Reactive power procurement: Lessons from the leading countries.* EPRG working paper, No. 1829. Cambridge: University of Cambridge.

BEIS. (2018). *Digest of UK energy statistics* 2018. London: Department of Business, Energy and Industrial Strategy.

Bohn, R. E. , Caramanis, M. C. , & Schweppe, F. C. (1984). Optimal pricing in electrical networks over space and time. *RAND Journal of Economics*, 15(3), 360 – 376.

CMA. (2016a). *Energy market investigation.* Appendix 7. 1: Liquidity. London: Competition and Markets Authority.

CMA. (2016b). *Energy market investigation.* Appendix 5. 2: Locational pricing in the electricity market in Great Britain. London: Competition and Markets Authority.

CMA. (2017). *Market studies and market investigations: Supplemental guidance on the CMA's approach.* London: Competition and Markets Authority.

DECC. (2009). *Digest of United Kingdom energy statistics:* 60*th anniversary.* London: Department of Energy and Climate Change.

DECC. (2011). *Digest of United Kingdom energy statistics* 2011. London: TSO.

DECC. (2015). *Hydro – benefit replacement scheme and common tariff obligation, three year review of statutory schemes: Consultation.* London: Department of Energy and Climate Change.

Domah, P. D. , & Pollitt, M. G. (2001). The restructuring and privatisation of the regional electricity companies in England and Wales: A social cost benefit analysis. *Fiscal Studies*, 22(1), 107 – 146.

Evans, J. , & Green, R. (2003). *Why did electricity prices fall after* 1998? Cambridge Working Papers in Economics No. 0326. Cambridge: University of Cambridge.

Greve, T. , Teng, F. , Pollitt, M. G. , & Strbac, G. (2018). A system operator's utility function for the frequency response market. *Applied Energy*, 231, 562 – 569.

Grubb, M. , & Drummond, P. (2018, February). *Industrial electricity prices: Competitiveness in a low carbon world*. Report Commissioned by the Aldersgate Group. London: UCL Energy Institute.

Helm, D. (2017). *Cost of energy review*. https://assets.publishing.service.gov.uk/government/uploads/system/uploads/attachment_data/file/654902/Cost_of_Energy_Review.pdf.

Henney, A. (1994). *A study of the privatisation of the electricity supply industry in England and Wales*. London: EEE Ltd.

Henney, A. (2011). *The British electric industry 1990 – 2010: The rise and demise of competition*. http://alexhenney.com/order_the_book.htm.

Hirst, D. (2018, January 8). *The carbon price floor and the price support mechanism*. Briefing paper No. 05927. London: House of Commons Library.

Hogan, W. W. (1992). Contract networks for electric power transmission. *Journal of Regulatory Economics*, 4(3), 211 – 242.

Jamasb, T. , & Pollitt, M. (2005). Electricity market reform in the European Union: Review of progress toward liberalization and integration. *The Energy Journal*, Special Issue on European Electricity Liberalisation, 11 – 41.

Jamasb, T. , & Pollitt, M. (2007). Incentive regulation of electricity distribution networks: Lessons of experience from Britain. *Energy Policy*, 35(12), 6163 – 6187.

Küfeoğlu, S. , Pollitt, M. (2018). *The impact of PVs and EVs on domestic electricity network charges: A case study from Great Britain*, EPRG working paper, No. 1814. Cambridge: University of Cambridge.

Mansur, E. , & White, M. (2012). *Market organization and efficiency in electricity markets*. mimeo. https://www.dartmouth.edu/~mansur/papers/mansur_white_pjmaep.pdf.

MMC. (1996a). *National Power plc and Southern Electric plc: A report on the proposed merger*, Monopolies and Mergers Commission, Cm 3230. London: HMSO.

MMC. (1996b). *PowerGen plc for Midland Electricity plc, A Report on the proposed merger*. Monopolies and Mergers Commission, Cm 3231. London: HMSO.

National Grid. (2011, September 20). *Managing Intermittent and Inflexible generation in the*

Balancing Mechanism. National Grid.

National Grid. (2018, January). *Final TNUoS Tariffs* 2018/19. National Grid.

National Grid ESO. (2019). *Power responsive: Demand side flexibility annual report* 2018. National Grid ESO.

Newbery, D. (2000). *Privatization, restructuring, and regulation of network utilities: The Walras – Pareto lectures.* Cambridge, MA: MIT Press.

Newbery, D. (2005). Electricity liberalization in Britain: The quest for a satisfactory wholesale market design. *The Energy Journal*, 26. (Special Issue: European Electricity Liberalisation), 43 – 70.

Newbery, D. (2012). Contracting for wind generation. *Economics of Energy and Environmental Policy*, 1(2), 19 – 36.

Newbery, D. (2017). *How to judge whether supporting solar PV is justified.* EPRG working paper, No. 1706. Cambridge: University of Cambridge.

Newbery, D., & Pollitt, M. G. (1997). Restructuring and privatisation of the CEGB – Was it worth it?. *Journal of Industrial Economics*, 45(3), 269 – 304.

Nillesen, P. H. L., & Pollitt, M. G. (2011). Ownership unbundling in electricity distribution: Empirical evidence from New Zealand. *Review of Industrial Organization*, 38(1), 61 – 93.

Offer. (1991, December). *Pool price enquiry.* Birmingham: Office of Electricity Regulation.

Offer. (1992). *Report on constrained – on plant.* Birmingham: Office of Electricity Regulation.

Offer. (1993, July). *Pool price statement.* Birmingham: Office of Electricity Regulation.

Offer. (1998). *Review of electricity trading arrangements: Proposals.* Birmingham: Office of Electricity Regulation.

Ofgem. (2009a). *Electricity distribution price control initial proposals, incentives and obligations.* Ref. 93/09. London: Ofgem.

Ofgem. (2009b). *Electricity distribution price control final proposals.* Ref. 144/09. London: Ofgem.

Ofgem. (2009c). *Regulating energy networks for the future: RPI – X@ 20 principles, process and issues.* London: Ofgem.

Ofgem. (2014a). *RIIO – ED1: Final determinations for the slow track electricity distribution companies, detailed figures by company*. London: Ofgem.

Ofgem. (2014b). *RIIO – ED1 draft determinations for slow track electricity distribution companies*. London: Ofgem.

Ofgem. (2016). *Wholesale power market liquidity: Annual report* 2016. London: Ofgem.

Ofgem. (2018a). *State of the energy market report* 2018. London: Ofgem.

Ofgem. (2018b). *Ofgem annual report and accounts* 2017 – 18. London: Ofgem.

Ofgem. (2018c). *Consumer impact report financial year* 2017 – 18. London: Ofgem.

Ofgem. (2018d). *The electricity system operator regulatory and incentives framework from April* 2018. London: Ofgem.

Onaiwu, E. (2009). *How does bilateral trading differ from electricity pool trading?*. University of Dundee. https://archive.uea.ac.uk/~e680/energy/energy_links/electricity/.

PA Consulting Group. (2016, May). *OFGEM – Aggregators barriers and external impacts*. London: PA Consulting Group.

Pollitt, M. G. (1999). The survey of the liberalization of public enterprises in the UK since 1979. In M. Kagami & M. Tsuji(Eds.), *Privatization, deregulation and institutional framework* (pp. 120 – 169). Institute of Developing Economies: Tokyo.

Pollitt, M. G. (2008). The future of electricity(and gas) regulation in a lowcarbon policy world. *The Energy Journal*, 29(S2), 63 – 94.

Pollitt, M. G. (2012a). The role of policy in energy transitions: Lessons from the energy liberalisation era. *Energy Policy*, 50(November), 128 – 137.

Pollitt, M. G. (2012b). Lessons from the history of independent system operators in the energy sector. *Energy Policy*, 47(August), 32 – 48. https://doi.org/10.1016/j.enpol.2012.04.007.

Pollitt, M. G. (2018a), *The European single market in electricity: An economic assessment*. Energy Policy Research Group working papers No. 1815. Cambridge: University of Cambridge.

Pollitt, M. G. (2018b). Electricity network charging in the presence of distributed energy resources: Principles, problems and solutions. *Economics of Energy and Environmental Policy*, 7(1), 89 – 103.

Pollitt, M. G., & Haney, A. B. (2014). Dismantling a competitive retail electricity market: Residential market reforms in Great Britain. *The Electricity Journal*, 27(1), 66 – 73.

Pollitt, M. G., & Stern, J. (2011). Human resource constraints for electricity regulation in developing countries: Developments since 2001. *Utilities Policy,* 19(2), 53 – 60.

Sioshansi, R., Oren, S., & O'Neill, R. (2008). The cost of anarchy in selfcommitment – based electricity markets. In F. P. Sioshansi(Ed.), *Competitive electricity markets: Design, implementation and performance*(pp. 245 – 266). Amsterdam: Elsevier.

Stoft, S. (2002). *Power system economics: Designing markets for electricity.* Piscataway: Wiley – IEEE Press.

Sweeney, J. L. (2002). *The California electricity crisis.* Hoover Institution Press.

Taylor, S. (2007). *Privatization and financial collapse in the nuclear industry – The origins and causes of the British Energy crisis of* 2002. London: Routledge.

Taylor, S. (2016). *The fall and rise of nuclear power in Britain: A history.* Cambridge: UIT Cambridge.

Vona, F., & Nicolli, F. (2014). *Energy market liberalization and renewable energy policies in OECD countries.* IEB working paper.

Wilson, I. A. G., & Staffell, I. (2018). Rapid fuel switching from coal to natural gas through effective carbon pricing. *Nature Energy,* 3, 365 – 372.

有关英国电力改革的其他有用资源

英国国家图书馆的电力行业私有化口述史档案中包含了非常丰富的采访资料：

- Cecil Parkinson – 英国能源大臣

– http：//sounds.bl.uk/Oral-history/Industry-water-steel-and-energy/021M-C1495X0021XX-0001V0

- John Wakeham – 英国能源大臣

– http：//sounds.bl.uk/Oral-history/Industry-water-steel-and-energy/021M-C1495X0048XX-0001V0

- William Rickett – 参与电力行业私有化的公务员

– http：//sounds.bl.uk/Oral-history/Industry-water-steel-and-energy/021M-C1495X0033XX-0004V0

- Brian Pomeroy – 电力行业私有化问题顾问

– http：//sounds.bl.uk/Oral-history/Industry-water-steel-and-energy/021M-C1495X0048XX-0001V0

- Fiona Woolf – 电力行业私有化问题顾问

– http：//sounds.bl.uk/Oral-history/Industry-water-steel-and-energy/021M-C1495X0047XX-0001V0

第五章 展望中国电力行业改革

本章主要总结了前几章中阐述的关于中国电力行业改革需要考虑的关键问题。第一节概括了前四章的主要结论,第二节梳理了中国电力行业改革试点省份的最新进展,第三节为深化电力行业改革提出了几点建议,第四节讨论了电力行业改革可能会引起的相关问题,第五节从电力行业各利益相关方的角度总结了改革的要点,包括政策制定者、监管机构、发电集团、售电公司和电网公司(特别是国家电网和南方电网)。

第一节 第一章至第四章总结

第一章重点介绍了中国电力行业的规模和结构。无论从哪个角度来衡量,中国的电力行业都是世界上最大的。随着中国经济的腾飞,中国电力行业和企业定会在全球电力行业中占据一席之地。为了进一步与美国、欧洲和澳大利亚等以用户为主导的电力市场抗衡,中国开启了新一轮的电力市场化改革,逐步建立具有竞争性的电力市场。中国电力市场对全球环境的影响、中国电力企业在全球电力设备供应中的地位及其对未来电力行业技术发展的影响,使其得到了国际社会的广泛关注。

第二章借鉴国际电力改革的经验,对提高中国电力行业的效率提出了若干建议。2015年以前，相较于燃料成本，中国工业电价较高。如果能够合理激励该行业提高效率（降低利润率），就能使工业电价大幅下降。降低电价可以与减少中国电力部门碳排放并行，从而进一步创造社会效益。同时，第二章也讨论了降低电价的具体措施，包括引入经济调度、制定对输配电价的激励性监管政策、减少对电力系统的过度投资，以及完善居民电价形成机制以反映供电成本。

第三章以广东省为例阐述了首批电力改革试点的现状，将其年度、月度和日前电力市场设计与国际经验进行比较。通过观察广东试点市场，我们注意到零售商数量的大幅增加以及电力市场化改革对市场内和市场外用户得到的工业电价的影响。电力批发市场价格和受监管的输配电价都有了实质性的下降。这表明到目前为止，竞争性批发市场的引入和输配电价的激励性监管对电力行业产生了积极影响。然而，电力改革仍存在一些有待解决的问题，中国电力企业仍要大力、全面深化改革，才能达到国际优秀水平。

第四章着重阐述了工业电价的形成机制，尤其针对欧洲的典型电力市场——英国电力市场工业电价的每个主要组成要素逐一做讨论。以2016年的英国为例，工业电价的40%是由"市场"决定的，即批发市场价格和零售利润之和；工业电价的20%是输配电价和系统运营商成本，这是对自然垄断行业实施激励性监管的结果；剩下的40%是政府征税，主要包含碳定价（源自欧洲排放交易计划和英国发电化石燃料碳税）和可再生能源补贴两部分。因此可以看出，电力市场对工业电价的影响是有限的，这也强调了监管机构在输配电价的激励性监管方面和政府（在中国可能是中央政府、省级或市级政府）在税收政策方面所发挥的关键作用。

第二节　中国电力行业改革最新进展

中国电力行业改革是一项艰巨的任务。一方面，经济的高速发展推动了电力需求的迅猛增长；另一方面，电力行业拥有丰富的人力资源，从业人员达400万人。中国电力行业生产每兆瓦时电力所需人数远高于美国，管理人员数更是达到了美国的3倍，中国电力行业效率的提升存在很大的空间（Rawski，2019：350）。

目前，中国电力行业发展进入新常态，即电力需求以略低于GDP增长率但高于国际水平的速度快速增长。这意味着，电力体制改革要与满足不断增长的电力需求同时进行。这与美国、欧洲和澳大利亚的情况截然不同，这些市场的电力需求早在十多年前就达到了峰值，目前也没有任何增长的趋势（Sioshansi，2016）。

近年来，中国电力市场化改革力度很大，相应的制度建设也取得了重大进展。截至2017年底，全国约有3000家零售商注册参与省级电力市场，到2020年，这个数字增加到了4500家。[①] 它们都是初创企业，仅有一部分得到了现有公司的资金支持。截至2018年1月，已成立电力交易所35家（其中省级33家，北京和广州各有1家区域性交易所），是电网公司的子公司（Alva & Li，2018：38）。电网公司的调度中心已逐步开始根据年度和月度市场（以及即将投入运行的日前市场）的交易结果进行调整规划。作为负责监督国家和省级电力市场改革的部门，国家能源局和国家发改委已投入大量资金以促进建立和完善电力市场。国家能源局和国家发改委正在继续积极推进改革，并在2019年7月印发了《关于深化电力现货市场建设试点工作的意见》。[②]

正如在第三章广东省的案例中所见，年度和月度电力市场的推行使得电价与受监管电价相比实现了大幅下降。受监管的工业电价也有所下降，这可能是多方面因素影响的结果，包括电力市场的建立、对输配电

[①] 感谢冯永晟查阅核对相关数据。
[②] NDRC（2019）。

价的监管和政府征税的减少。

以名义美元计算，2018年美国工业电价比2014年低2.4%。① 相比之下，2018年广州受监管工业电价以人民币计算比2014年低8%（以美元计算低14%）。② 对于电力市场的工业用户（在支付任何零售保证金前）来说，尽管2019年的市场折扣更低，2018年的电价降幅以人民币计算达到了17%（以美元计算为23%）③。Xie等（2020）发现，与2012年相比，2019年12月广东和浙江的工业电价以名义人民币计算分别下降了27.7%和30.4%，与得克萨斯的价格趋势相同。这表明，电力改革正逐步实现第一章所说的高水平目标。

2017年，国家能源局共指定8个电力市场建设试点省份，分别是内蒙古、福建、广东、山东、浙江、四川、甘肃、山西。2021年初，新增6个试点省份：江苏、安徽、辽宁、河南、湖北、上海。2017年各试点省份的经济情况有所不同，各省份在平均收入和单位电价方面有显著差异，经济领先的省份电价明显较高（最高的高出40%，见表5-1）。

表5-1 2017年首批试点省份概况

省份	人均GDP（元）	总数人口（百万人）	监管电价（元/kWh）10 kV	监管电价（元/kWh）35 kV	监管电价（元/kWh）110 kV	监管电价（元/kWh）220 kV
内蒙古	68302	25.34	0.4489	0.4379	0.4279	0.4234
福建	91197	39.41	0.5802	0.5602	0.5402	0.5202
广东	86412	113.46	0.6084	0.5834	0.5834	0.5584
山东	76267	100.47	0.6206	0.6056	0.5906	0.5756

---

① 见EIA（2019）。
② 广州35kV以上的客户。2014年1美元=6.1428元人民币，2018年1美元=6.62元人民币。
③ 假设2018年度双边合同折扣为0.0782元/kWh。

续表

省份	人均GDP（元）	总数人口（百万人）	监管电价（元/kWh）10 kV	监管电价（元/kWh）35 kV	监管电价（元/kWh）110 kV	监管电价（元/kWh）220 kV
浙江	98643	57.37	0.6644	0.6344	0.6124	0.6074
四川	48883	83.41	0.5774	0.5574	0.5374	0.5174
甘肃	31336	26.37	0.4632	0.4532	0.4432	0.4342

注：内蒙古电价为西部和东部平均价格。
资料来源：NBS（2018）、中国电力知库。

如表5-2所示，这些省份的发电量和用电量、电力净输入和净输出也不尽相同。可以看出，表5-1中电价较低的省份同时也是电力净输出较高的省份（内蒙古、四川和山西），而电价较高的省份则是电力净输入省份（广东、山东和浙江）。在这些试点省份中，福建和甘肃的交易量较为有限。

表5-2　2017年首批试点地区发电用电情况

单位：MWh

省份	用电量	发电量	净输入	净输出
内蒙古	289.2	442.4		153.2
福建	211.3	218.6		7.3
广东	595.9	434.8	161.1	
山东	543.0	486.0	57.0	
浙江	419.3	334.8	84.5	
四川	220.5	356.9		136.4
甘肃	116.4	134.2		17.8
山西	199.1	276.6		77.5

资料来源：NBS（2018）。

如表5-3所示，各省份的发电构成截然不同，四川和甘肃的火力发电（主要是煤电）占总发电量的比例远低于其他省份。

表 5-3 2017 年首批试点省份发电结构

单位：%

省份	水电	火电	核电	风电	太阳能发电
内蒙古	2.05	69.09	0.00	22.58	6.28
福建	23.35	54.92	15.56	4.50	1.64
广东	13.55	70.82	9.54	3.05	3.03
山东	0.86	82.31	0.00	8.45	8.38
浙江	13.04	68.93	7.38	1.49	9.15
四川	79.35	17.10	0.00	2.16	1.39
甘肃	17.38	41.22	0.00	25.67	15.74
山西	3.02	78.86	0.00	10.80	7.31

资料来源：《2018 年中国电力年鉴》。

2017 年，所有试点省份都已开启了年度电力市场，但它们进一步深化改革的速度略有不同（见表 5-4），这可以从它们启动月度竞价市场（参见第三章讨论的广东案例）的起始日期看出。实际上，浙江省在 2014 年准许发电企业和用户之间进行年度合同交易，但截至 2021 年 9 月，仅进行了月度竞价市场的试运行，允许已注册的售电商进行交易。至 2017 年，不同省份电力市场覆盖的负荷需求水平（包括年度和月度）已经有了一定的差距，从四川的 22.91% 到内蒙古的 49.76% 不等。

表 5-4 2017 年首批试点省份电力市场进展

省份	月度竞价市场启动日期	2019 年市场交易电量占比（%）
内蒙古	2019 年 4 月 17 日	49.76
福建	2019 年 5 月 18 日	27.64
广东	2019 年 2 月 17 日	29.20
山东	2019 年 7 月 17 日	25.30
浙江	试运行已终止	27.82
四川	2019 年 6 月 17 日	22.91
甘肃	2019 年 12 月 17 日	22.83
山西	2019 年 4 月 17 日	43.72

资料来源：www.cec.org.cn。

如前文所述，电力市场的引入使得电价相较于监管电价大幅下降，零售商的数量也有显著增加。自电力市场化改革以来，参与电力市场交易的发电企业的利润率明显下降。① 主要的电网公司利润也随着输配电价的下调而下降。② 因此，与世界上其他国家一样，中国的电力市场化改革正逐渐发挥积极作用：降低用户电价，刺激相关企业降低成本以避免自身利润率的下降。

电力市场化改革也正逐步在其他省份展开，2021年新增6个试点省份。其中的江苏省（2017年GDP排名全国第二，仅以微小差距落后于广东省）在2018年底有212家注册售电商，月度和年度合同市场价格相较于监管价格降低了0.02元/千瓦时。与之相比，浙江省共有300家注册售电商（均未在市场上交易），2018年的年度合同市场价格相较于监管价格下降约0.03元/千瓦时。因此，这些试点市场的电改进展将很可能快于2017年的试点市场。

尽管电力市场化改革在年度和月度合同市场方面已取得重大进展，但向全面一体化的日前和实时市场的转变颇具挑战性（正如在第三章广东案例中所见）。这是因为要实现软件平台与调度决策的结合需要一些时间。所有2017年的试点省份，以及其他拥有运营合同市场的省份，都已通过电力交易所建立了年度和月度合同市场。但是，向与调度决策相协调的日前市场转变，需要电网公司调度中心的指挥——它们都是独立的组织（尽管目前都是省级电网公司在其相关领域的全资子公司）。

日前（现货）市场的试运行已经在若干市场中展开，但受新冠疫情影响不得不中断。浙江省在2017年为其现货市场所需软件平台进行了国

---

① 四大售电商的利润总和从2016年的24.61亿美元下降到2019年的9.67亿美元；国电在此期间与另一家大型能源公司（神华）合并，其利润不具有可比性。

② 2019年国家电网和南方电网的利润分别为81.74亿美元和17.82亿美元，而2016年分别为102.01亿美元和22.23亿美元。

际招标，PJM（美国最大的独立系统运营公司）中标，现已完成了软件编写并进行了现货市场运行模拟。广东省同时与中国的软件开发商合作，完成了 PJM 型节点价格制度所需的软件平台建设。自 2019 年 5 月以来，已完成了多次试运行。然而，截至 2021 年 9 月，这两个省尚没有计划持续运行现货市场。

部分原因是引入经济调度的影响是巨大的。当日电价可能受当日省内电价波动的影响，而进一步影响电厂的运营决策。同时，电网运营决策也将影响节点电价和省内电价，而不仅仅是涉及发电企业和用户的行为。电网公司做决定需考虑市场波动，例如，当其线路停止运行时，需及时且无差别地通知市场参与者，同时，电网公司所做的每一个决定都应将其市场成本降到最低，尽量减少容量损失，并审慎规划维护和升级的周期和顺序。全节点现货定价机制同时也给市场参与者带来了利用短期市场和本地市场的机会。个别发电企业可利用其在限制条件下的垄断地位及其在用电高峰期的发电量来获利。这给监管流程带来挑战，也对识别高价竞标和判断下线合法性的监管流程提出了更高要求。

因此，日前市场的全面运转及其对调度、网络运行和监管的影响使市场面临更加严峻的挑战。不出意外的是，辅助服务市场的进展要小得多，其中最可行的领域是通过燃煤发电企业输电权的交易，促进可再生能源的利用。[①] 广东省一直在运行发电控制自动化市场以管理系统频率。其他省份正在尝试通过竞争的方式提供辅助服务（Cao et al., 2019）。

目前，关于中国电力市场化改革的讨论主要集中于实施过程的具体技术细节上，比如怎样建立一个完整的电力市场，特别是如何建立一个现货市场。但是，一旦技术细节问题得以解决，市场得以全面实施，重心将会转移到让这一系列建设真正服务于用户上。中国电力市场的用户

---

① 详见 Alva 和 Li（2018：43 - 44），他们讨论了东北的辅助服务市场，包括辽宁、吉林和黑龙江。

目前已经通过年度和月度合同市场获得了较低的电价,接下来的问题是现货市场的进一步引入将如何为用户提供额外的好处。

第三节 对下一步电改工作的建议

在国际电力改革经验的基础上,对下一步电改工作提出如下建议。

一、提高监管能力

世界各地多个电力市场的改革经验都已证明,电力市场机制本身可以提供充分的竞争性。电力市场真正需要的是能对参与者行为进行监督、能快速干预和避免市场滥用行为的有效竞争政策。同时,激烈的竞争也可能导致个别公司倒闭,比如售电商甚至是发电企业,管理市场参与者的财务问题需要一套行之有效的方法。电力市场的监管制度和竞争政策十分复杂,中国需要成立有效的机构,负责监管制度和竞争政策的制定,以确保电力市场化改革不会因滥用市场或过度竞争(大多数情况下竞争具有积极作用)而脱轨。要实现高效运转的电力市场,同时需要完成监管体系的改革,这就要求监管体系应具备与市场相适应的能力并能应对市场的本质变化。

二、改进监管报告

改进关于市场绩效的监管报告。这方面可以借鉴美国、英国和澳大利亚的定期电力市场报告。在美国,联邦能源管理委员会(FERC)负责监管美国能源市场并发布年度市场报告,美国的各个市场也会出具自己的详细报告,比如PJM的市场报告有两卷,篇幅长达750多页;在英国，Ofgem 负责发布能源市场报告；澳大利亚的能源监管机构 AER 也出具类似的报告。①

值得一提的是，这些报告的侧重点各有不同。FERC 的报告涵盖了整个美国的电价波动、容量市场价格和新容量的来源情况。PJM 发布了每个子市场的内部竞争状况（比如能源、容量、计划备用、同步备用、频率调节），对于每个子市场，年度报告评估了总体市场结构、地方节点市场、参与者行为和市场绩效表现以评估市场的竞争性、非竞争性或部分竞争性。报告同时也提供了关于该市场设计的有效、尚可或者待改进的总体结论。PJM 报告还包括过去 10 年不同市场的价格数据。英国 Ofgem 发布的报告包含了发电商的盈利分析、电价趋势、用户市场参与度调查、平均电价的变化和对各价格组成要素的分析（Ofgem，2018）。澳大利亚 AER 发布的报告包括新投资和"去产能"、配电公司收益、发电行业的竞争性评估以及一些关键发电商的相关状况（AER，2018）。

三、从试点市场中总结经验教训

不同试点市场为中国提供了大量的参照，中国可以从中总结经验教训。尽可能鼓励多地公布试点市场改革进展的数据，并在网站上免费发布，而不局限于仅向市场参与者公开。同时，应鼓励总结试点的经验教训，以促进各地相互学习。提高透明度可以更高效地解决电改的市场设计问题。

国家能源局的职责是监督不同省份的电力市场化改革。对于已取得阶段性成效的省份，应积极推广它们的经验；对于遇到问题的省份，要及时应对解决。比如，广东省已在月度和现货市场的运行方面取得了很大进展，而浙江省似乎碰到了一些问题。对比这两个具有相似起点和相似资源状况的省份就尤为重要。比如，美国 FERC 就在推广成功的 ISO

---

① 详情见 Pollitt（2021）。

市场中发挥了重要作用。与之相似，欧盟借鉴了北欧国家 20 世纪 90 年代电力市场的成功经验，在 2004 年设计了欧洲电力市场模型。[①]

四、将发电、用电全部市场化

要建立一个全面的批发市场，就要将发电、用电全部市场化。美国、欧洲、澳大利亚和南美洲已建立了有序的电力市场，它们的所有用电需求，包括来自电价受监管的居民用户的用电需求，都由市场来满足。受监管用户由现有售电商替其在市场中采购电力。这意味着所有的发电和用电都参与竞争，市场化得到了全面发展。在中国，受监管用户的用电需求占据了较大份额（全国平均为 30%，某些省份更多），目前都未加入批发市场。如何将其引入市场，是一项极具挑战的任务。因为这意味着将国家电网和南方电网纳入现有年度和月度合同市场中，作为零售参与者。这虽然增强了市场竞争性，但同时也带来了一个问题，即是否要像其他国家的电力市场那样，将国家电网和南方电网的售电业务与其电网业务分开。要实现这一点，首先要在法律上将电网业务和售电业务分割，未来再将所有权拆分，以创造更多的零售竞争。

五、考虑将至少一家发电企业全部或部分私有化

中国电力行业目前仍由大型国有企业主导，尤其是发电行业。鉴于利润动机在企业响应市场价格波动中的核心作用，应考虑将五大发电企业中的至少一家全部或部分私有化，这也参考了国际上其他国家的经验，即以利润为导向的发电企业会追求竞争所带来的利益，积极响应市场价格信号，但一个由国有企业主导的行业则很难利用市场价格所提供的机

---

① 详见 Pollitt（2019）关于欧洲单一电力市场发展的讨论。

会。发电企业的私有化将是证明竞争存在潜在价值的审慎且重要的一步。实际上，中国可以先私有化五大发电企业中最小的一家（按容量计算），以带动其他企业的行为。不需要实现百分之百私有化，只需让私人投资者获得有效控制权，并适当调整相应的管理激励政策。

六、分阶段实现跨省电力市场

中国电力行业改革的重点是建立地方层面的竞争关系，因为交易秩序和市场设计在这个层面相对容易统一。这与美国单个州或欧洲单个国家规模相似。在美国，州际市场是通过各州自愿通过州际独立系统运营商（如 PJM 和 MISO）进行交易来建立的。欧洲的情况类似，如第四章所讨论的，欧洲统一电力市场的建立是各国形成联合市场，最终通过电价联合出清算法（EUPHEMIA）进行耦合。

建立跨省交易的前提是省级市场本身具有竞争性，并且要让利益相关方充分适应本省份的市场运行，才有可能实现跨省电力交易。跨省交易需逐步推广完善，以达到全面开放市场的目的。其中十分重要的一点是，需能够有效地对省际交易进行建模，以更准确地预测价格波动并管理各省份之间以及省份内的福利分配。初始价格较低且有电力盈余的省份（如内蒙古）需考虑如何应对价格上涨的问题，以及是否需要用电力输出所产生的额外收入对省份内用户进行补贴。美国和欧洲的经验教训是，跨区域交易并不能保障每个区域的参与，很可能会受到个别区域（通常是电价较低区域）反对建设必要输电基础设施的限制。

七、减少电力行业改革所带来的社会影响

关于电力行业改革的另一个重要经验是，电力行业改革同时也会波及其他领域，比如设备制造商和煤炭行业。对于设备制造商来说，电力

行业改革的影响可能是积极的。它们为了满足客户需求，积极投资以降低成本（例如，提高电厂灵活运行的能力以应对波动的市场价格），因而创造更多竞争。然而，对于煤炭行业来说，降低成本的需要和竞争性燃料采购的引入，可能意味着对煤炭需求的减少以及降格下降的压力。在英国，竞争性批发市场的引入导致了煤炭优惠合同的终结。煤炭成本高、燃煤机组热效率提高、促进燃气发电以及高碳价格等因素综合起来，最终导致了英国国内煤炭需求的大幅减少。

中国电力行业改革也必将导致对煤炭需求的减少。就煤炭需求减少的程度而言，可能需要对某些受到影响的群体进行补贴。相应地，如果燃煤电厂被迫关闭，就业率的降低可能会对企业所在地造成一定社会影响。改革应本着对社会负责的态度，尽可能减少这类社会影响。然而，鉴于燃煤对企业所在地和全球环境的破坏性影响，维持煤炭产量和使用量不应作为减少社会影响的手段。在英国，受改革影响，电力部门对煤炭需求显著降低，引起了政府的重视，为了缓解其带来的社会影响，政府进行了大量投资。与降低煤炭需求相比，关闭燃煤电厂并不会带来很大的社会性问题，因为工人可以从发电企业自身节约的成本中获得补贴，而且工人具有再就业的能力，可以向风电和光电产业转岗，因此煤炭企业几乎没有出现强制裁员的情况。

中国电力体制改革对电力行业也将产生额外的财务影响。由于电改政策可能会降低发电企业的价值，甚至可能会威胁其资产价值及其为债务和股息融资的能力，所以可能需要对国有资产进行减记，并在中央政府和省级政府之间进行转移支付。

第四节　中国电力行业改革面临的挑战

尽管世界上很多国家和地区都尝试进行电力行业改革，但仅有少数国家和地区（如英国、挪威和美国得克萨斯州）取得了成功。并且在这些少数成功的国家或地区中，电力行业改革仍颇具争议，尤其当个别事故发生时（如2021年2月的极端严寒天气导致得克萨斯州的停电事故）。中国的电力行业改革能否成功，仍有待观察。

一、中国准备好迎接全面电力市场化了吗？

由于电力市场能够有效且快速地传递成本波动信号，电价会变得很不稳定，这给再平衡和减少交叉补贴特别是针对居民用户的补贴带来了压力，可能会出现电力公司破产的情况，现有的4500家售电企业也似乎很难都在未来的电力市场中生存。一旦售电企业服务不佳或者破产，用户可能会面临合同中止的风险和其他不便。发电企业、聚合商和金融对冲工具的提供者也同样会面临风险。所以，一个关键问题是，中国监管机构能否应对全面电力市场化给监管带来的挑战。

特别是，中国电力市场能否经受住挑战和压力？例如，批发价格受国际大宗商品价格影响持续走高。需要注意的是，很多省份的电力现货市场现在仅处于试运行阶段，并没有进入持续运行的状态，部分原因就是受2021年试运行阶段较高的电力现货价格影响。鉴于电改在美国、澳大利亚和英国引起了极大的政治争议，尤其是当出现高电价或大范围停电时。中国电力市场能否比其他国家或地区更具可持续性，仍有待观察。美国超过半数尚未开放电力市场的州现依然处于2001年加州电力危机的阴影之下。

二、是否有更好的改革路线以释放电改红利？

如果中国很难进一步重组电力行业，在保证相同（或更高）水平的发电和售电收益的前提下，单一买方模式不失为一种更简单的方式。国家电网和南方电网只需切换到以成本或投标价格为基础的优先顺序调度，不需要在全国各地新增1000家零售商，也几乎不需要增加现有监管制度的复杂性。鉴于目前电力市场的大部分交易是通过长期双边合同（而不是通过零售商参与竞标）实现的，需要零售商参与的交易量十分有限。国家电网和南方电网的基本任务是大幅降低购电成本，并尽可能高效且低风险地完成交付，至少在短期内，以成本为基础的经济调度仍是最具潜力的方法。

对电网公司进一步引入激励性监管制度可以独立于购电侧改革进行。这将只涉及通过"总收入减去发电成本"这一指标来激励国家电网和南方电网来降低成本和提高服务质量。

三、电力行业改革能否持续且全面地开展？

电力行业改革可能会损害电力系统的既得利益。从根本上说，电力行业改革将利益相关方的权益从现有电网和发电企业向代表消费者而非生产者利益的监管者和售电企业转移。同时改革也降低了电力系统和电力供应链公司工人的权益。实际上，改革对于现有企业（乃至整个经济）可能是不利的，而美国和欧洲电力部门改革中出现问题正是因为未听取现有企业的声音。电力行业改革需要强有力且可持续的政策支持，以防止其脱轨。

有趣的是，对于电力系统来说，完全依托于竞争性能源市场并不能提高用户满意度，反而会引起舆论上的争议。国际民意调查得到的一致结论是，用户认为能源产业的可信赖度来自政府对能源市场的干预，而不是单纯依赖市场本身的运作，即使不恰当的能源政策导致总体成本升高、服务质量和环保绩效降低。[①] 这或多或少与能源市场竞争激烈的国

[①] 根据国际民调公司爱德曼2018年的数据，中国普通民众对能源部门的信任度为88%，澳大利亚为39%，英国为43%，美国为63%（Edelman，2018）。

家的用户对政府的信任度较低有关。① 中国电力市场化改革曾在 2007 年停滞不前，这是因为电力市场化改革在很大程度上受政策变化和能源市场价格上涨的影响。中国的政策制定者需将全面深化电力市场化改革坚持到底，改革"没有回头路"。

四、如果没有大规模的私有化，中国的电力市场化改革能否成功？

电力市场和激励性监管能够发挥最佳作用的前提是，私营企业积极响应并抓住市场价格信号和激励性监管政策带来的机遇。美国和英国改革成功的原因在于其私有化制度，特别是在零售竞争方面。诚然，在澳大利亚、新西兰和挪威，电力行业的国有企业依然占据很重要的地位，它们同时也有自己的竞争性电力市场，但这些国家的国有企业和私营企业之间存在激烈的竞争关系。与典型的中国省份相比，这些国家规模较小，并且国有企业一贯以利润为导向。正如第二章所讨论的，大型国有企业追求利润的动力相比私营企业有所不足。

五、中国是否愿意拆分国家电网和南方电网以促进电力市场发展？

国家电网和南方电网在居民供电领域依然占据主导地位。为了促进电力市场发展，它们至少需要从法律上严格拆分出电网业务、系统运营业务和零售业务。然而，要实现真正的零售竞争，国家电网和南方电网的零售业务需要与各自的其他业务实现完全分离，否则，中国的电力行

---

① 根据国际民调公司爱德曼 2018 年的数据，中国普通民众对政府的信任度为 84%，澳大利亚为 35%，英国为 36%，美国为 33%（Edelman, 2018）。

业所有权结构将和世界其他自由电力市场脱节，同时也会导致中国电力设备制造商难以实现与世界其他地区的新技术、新模式同步发展，比如分布式发电、产销者在跨平台能源市场竞争。在世界其他国家，很可能会看到石油公司加入售电行业、公用事业公司与其客户之间对电力供应的直接竞争以及大型非能源零售商（如亚马逊、谷歌和各连锁超市）进入零售电力市场。如果国家电网和南方电网不进行重组，繁荣的零售市场（如中石化、中石油、阿里巴巴、百度等加入零售市场）将很难在中国实现。

六、中国将如何实现电力行业改革和减碳并行？

2020年9月，中国承诺将在2060年前实现"碳中和"，并于2021年7月启动碳排放交易市场，涵盖整个电力行业。深度脱碳将对电力行业产生深远影响，这可以从英国的案例中看出。在英国，工业电价中的40%由政府决定，并可大致分为碳定价和可再生能源补贴两部分。中国同样也需要激励和补偿电力部门脱碳。每吨二氧化碳25美元的碳价格（与欧盟碳排放交易计划基本一致）会导致2014年的工业电价增加20%以上。[①] 2018年中国的工业电价包括国家重大水利工程建设基金、水库移民后期扶持基金、农网还贷基金和可再生能源电价附加费四项。[②] 大幅脱碳将进一步增加电力成本，并抵消电力行业改革所带来的价格红利。然而，要实现中国的碳中和目标，继续支持可再生能源发展并进一步建设中国碳排放交易市场依然是重中之重。

---

① 如果中国电力系统的边际燃料是煤炭，并且估算每千瓦时发电的二氧化碳排放量为1千克，这就意味着每千瓦时的成本增加了0.025美元（2014年的工业用电价格为每千瓦时0.1068美元）。

② 见Alva和Li（2018：51）。

七、改革对中国电力消费者的启示

如果改革改变了电力系统的导向，从满足电力生产者需求转变为满足用电用户需求，这能否体现在用户的消费意愿上？任何未经改革的电力系统的核心假设都是电力行业是了解用户需求的。电力行业改革将从根本上改变这种观点，由用户根据自己的意愿购买电力。监管部门代表用户的利益，合理质询投资的必要性和有效性。监管部门侧重于用户所重视的评价指标，如价格、环境绩效和服务质量（比如对用户需求的响应速度等）。

在已开展电力市场化改革的地区，电力用户的消费需求正逐步释放出来。[①] 用户主要有两方面需求：一是服务有保证，二是电费不上涨。几乎没有用户愿意承担节点价格的波动（事实上，也没有发电商愿意承担此风险）。然而，也有一定数量的用户表示愿意签订更复杂精细的用电合同，但这往往取决于其电费的多少。用户有时愿意为地下或离岸电力资产项目付费，然而，这又违背了他们不希望电费上涨的初衷。用户的消费需求和意愿是中国电力行业改革能够也应该揭示出的重要内容之一。

第五节 中国电力行业利益相关方视角下的电改要点

通过借鉴国际经验，我们为中国电力行业的不同利益相关方总结了电力行业改革的要点，并指出了其他国家在引入电力市场后所遵循的成功策略。

[①] 见 Sioshansi（2019）的最新观点。

一、政策制定者

电力行业改革所带来的总体社会福利效益是正的,但相对较小。电改带来的最主要好处是减少了国家电力管理部门因承担电力管理的责任而产生的政治风险。将电力部门外包给市场,削弱了政府对监管机构在围绕市场的有效运作方面的作用,但在面对发电行业的脱碳要求时,则增加了做出战略决策的难度。在这方面比较成功的案例有欧洲和美国得克萨斯州。欧盟已成功推进了欧洲各个国家的电力市场化改革,得克萨斯州的政策制定者也已建立了可以说是美国最具竞争性的州级市场。两者都在电改的同时实现了低碳发电量的显著增长。

二、监管部门

电力系统监管部门的职责归根结底是确保电力系统运行符合消费者的利益,包括监督和鼓励批发和零售市场的竞争以及对电网实施有效的激励性监管政策。电力系统的经济监管部门需致力于这两个要素。在这方面表现较好的两个例子是英国的 Ofgem 和澳大利亚的 AER。

三、发电企业

电力市场应关注如何提高发电机组的效率,合理规划未来投资。发电企业应致力于提高自身运行效率、有效模拟未来市场走势、合理对冲市场风险和规划自建成本,以提高自身利润和竞争力。这方面的成功案例有比利时的 Engie 和美国的 Duke 电力公司。

四、售电商

具有竞争性的电力市场应能代表消费者的利益。售电商是其中的重要角色，它们应致力于零售市场的公平竞争，并以给客户带来价值作为其企业宗旨，通过为客户提供物有所值的服务来提高竞争力和自身利润。在这方面表现杰出的售电企业有英国的 Centrica 和美国的 NRG。

五、电网公司

核心电网垄断将得以在批发和零售竞争性市场中幸存。退出零售业务并将重点放在提供电网容量方面符合电网公司的利益。电网公司应以降低成本和提高服务质量为重点，有效分割为输电、配电和系统运营三个部分，力求成为电力系统内令其他利益相关方信任的第三方，比如英国国家电网。

参考文献

AER. (2018). *State of the energy market* 2018. Melbourne: Australian Energy Regulator.

Alva, H. A. C., & Li, X. (2018). *Power sector reform in China: An international perspective*. Paris: IEA Publications.

Cao, Y., Lin, R., Liu, B., Meng, Z. & Wetzel, D. (2019). *Tracking China's Provincial Spot Market Designs*. Rocky Mountain Institute, October.

Edelman. (2018). *2018 Edelman trust barometer: Attitudes toward energy in a polarized world*. Available at: https://www.slideshare.net/EdelmanInsights/2018-edelman-trust-barometer-attitudes-toward-energy-in-a-polarizedworld.

EIA. (2019). *Electric power monthly with data for June* 2019. Washington, DC: US Energy Information Agency.

FERC. (2019). *State of the markets report* 2018. Washington, DC: Federal Energy Regulatory Commission.

Monitoring Analytics LLC. (2019a). *State of the market report for PJM, Volume I: Introduction*. Eagleville, PA: Monitoring Analytics LLC.

Monitoring Analytics LLC. (2019b). *State of the market report for PJM, Volume II: Detailed analysis*. Eagleville, PA: Monitoring Analytics LLC.

NBS. (2018). *China electric power yearbook* 2018. Beijing: China Electric Power Press.

NDRC. (2019). Opinions on deepening the electricity spot market construction inpilot areas. http://www.ndrc.gov.cn/gzdt/201908/t20190807_943964.html.

Ofgem. (2018). *State of the energy market* 2018. London: Ofgem.

Pollitt, M. G. (2019). The single market in electricity: An economic assessment. *Review of Industrial Organization*, 55(1), 89–109.

Pollitt, M. G. (2021). Measuring the impact of electricity market reform in a Chinese context. *Energy and Climate Change*, 2, 100.

Rawski, T. G. (2019). Growth, upgrading, and excess cost in China's electric power sector. In

L. Brandt & T. G. Rawski(Eds.) , *Policy, regulation, and innovation in China's electricity and telecom industries*(pp. 304 – 372). Cambridge: Cambridge University Press.

Sioshansi, F. P. (2016). What is the future of the electric power sector? In F. P. Sioshansi (Ed.) , *Future of utilities – Utilities of the future: How technological innovations in distributed resources will reshape the electric power sector* (pp. 3 – 23). London: Elsevier.

Sioshansi, F. (Ed.) . (2019). *Consumer, prosumer, prosumager: How service innovations will disrupt the utility business model.* London: Academic Press.

Xie, B. C. , Xu, J. & Pollitt, M. G. (2020). What effect has the 2015 power market reform had on power prices in China? Evidence from Guangdong and Zhejiang. EPRG Working Paper. No. 2010.

图书在版编目（CIP）数据

镜鉴：中国电力行业改革与全球经验／（英）迈克尔·波利特（Michael Pollitt）著；冯永晟等译. --北京：社会科学文献出版社，2024.5
书名原文：Reforming the Chinese Electricity Supply Sector: Lessons from Global Experience
ISBN 978 - 7 - 5228 - 2105 - 4

Ⅰ.①镜… Ⅱ.①迈… ②冯… Ⅲ.①电力工业 - 经济体制改革 - 研究 - 中国 Ⅳ.①F426.61

中国国家版本馆 CIP 数据核字（2023）第 127228 号

镜鉴：中国电力行业改革与全球经验

著　者／〔英〕迈克尔·波利特（Michael Pollitt）
译　者／冯永晟　张　驰　等

出 版 人／冀祥德
责任编辑／恽　薇　武广汉
责任印制／王京美

出　　版／社会科学文献出版社·经济与管理分社（010）59367226
　　　　　地址：北京市北三环中路甲29号院华龙大厦　邮编：100029
　　　　　网址：www.ssap.com.cn

发　　行／社会科学文献出版社（010）59367028
印　　装／三河市尚艺印装有限公司

规　　格／开　本：787mm × 1092mm　1/16
　　　　　印　张：14.5　字　数：197千字

版　　次／2024年5月第1版　2024年5月第1次印刷
书　　号／ISBN 978 - 7 - 5228 - 2105 - 4
著作权合同
登 记 号／图字01 - 2024 - 2251号
定　　价／89.00元

读者服务电话：4008918866

版权所有 翻印必究